T0267019

La novia grulla

A*

CJ Hauser

La novia grulla

Unas memorias en forma de ensayos

Traducción de Catalina Martínez Muñoz

LIBROS del Asteroide

Primera edición, 2023
Título original: *The Crane Wife*

Queda rigurosamente prohibida, sin la autorización
escrita de los titulares del *copyright*, bajo
las sanciones establecidas en las leyes, la reproducción
total o parcial de esta obra por cualquier medio
o procedimiento, incluidos la reprografía
y el tratamiento informático, y la distribución
de ejemplares mediante alquiler o préstamo públicos.

Copyright © 2022 by CJ Hauser
Publicado por acuerdo con DeFiore & Company Literary Management, Inc.

© de la traducción, Catalina Martínez Muñoz, 2023
© de esta edición, Libros del Asteroide S.L.U.

Imagen de la cubierta: © Elliana Esquivel / Elesq Art
Fotografía de la autora: © Beowulf Sheehan

Publicado por Libros del Asteroide S.L.U.
Santaló, 11-13, 3.º 1.ª
08021 Barcelona
España
www.librosdelasteroide.com

ISBN: 978-84-19089-67-0
Depósito legal: B. 17716-2023
Impreso por Liberdúplex
Impreso en España - Printed in Spain
Diseño de colección: Enric Jardí
Diseño de cubierta: Duró

Este libro ha sido impreso con un papel ahuesado, neutro y satinado de ochenta
gramos, procedente de bosques certificados FSC® bien manejados, materiales
reciclados y otras fuentes controladas, con celulosa 100 % libre de cloro,
y ha sido compaginado con la tipografía Sabon en cuerpo 11.

mi gratitud por

la familia que se nos ha dado
las familias que elegimos
y las ideas de hogares con espacio suficiente para ambas

Otro tropiezo
tonto
y vuelta
a la casilla
de mi propio cuestionamiento.

FORREST GANDER, «Tell Them No»

Índice

PARTE I

… a veces ni siquiera nuestra boca es nuestra. Oíd,
en los años veinte, pagaban a las mujeres por pintar con radio
la esfera de los relojes, y así los hombres no tenían que

preguntar la hora en callejas oscuras. Les decían que no era malo,
que podían chupar los pinceles para afilar la punta.
Las mujeres se pintaban las uñas y la cara, y valoraban

quiénes tenían la piel más luminosa. Se pintaban los dientes
de modo que sus novios se vieran los mordiscos
con la luz apagada. Lo milagroso de esto

no es que aquellas mujeres se tragaran la luz. Es que
cuando se les quemó la piel y perdieron la mandíbula,
la Radium Corporation proclamó que habían muerto

todas ellas de sífilis. Es que me estáis hablando
de mínimas astillas de santos fallecidos, mientras
estas mujeres irradian resplandor a nuestros pies.

Paige Lewis, «The Moment I Saw a Pelican Devour»

Sangre: Veintisiete historias de amor

I. Ponte las botas, 1918

Cap Joyce era vaquero y dirigía en Arizona un rancho para turistas conocido como Spur Cross, porque hacer de vaquero para los turistas era más lucrativo que ir con el ganado de un lado a otro. Tenía un caballo, Parches, que sabía hacer reverencias, rodar por el suelo y asentir con la cabeza para responder preguntas de aritmética. A veces, Cap se subía al lomo de Parches y tocaba la guitarra. Entonces llegó la Gran Guerra. Cap vendió a Parches, dejó a su mujer a cargo del rancho y se fue a combatir a Francia, donde sobrevivió a un ataque con gas mostaza y lo condecoraron con montones de medallas, por las molestias. Era mi bisabuelo.

Cap llevaba una semana en casa cuando los empleados del rancho se lo llevaron aparte para contarle que su mujer se había liado con el capataz. No se lo habrían contado, dijeron, si la cosa se hubiera acabado, pero no lo parecía.

—¿Dónde está el capataz? —preguntó Cap.

Y se fue a los barracones. El capataz se estaba vistiendo.

—¿Te estás follando a mi mujer? —dijo Cap.

El otro se quedó de piedra.

—Sí —contestó.

—Ponte las botas —le ordenó Cap.

El capataz se puso las botas.

Cap le pegó un tiro y lo mató. Dicen que no sangró demasiado.

II. *La sindicalista, 1984*

Mi primer beso me lo dio un comunista. Se llamaba Jack. Formaba parte de un grupo de juegos infantil de Nueva York. Todas las madres estaban afiliadas al Sindicato Internacional de Trabajadoras de la Confección de Ropa de Señoras, menos la mía. La participación de mi madre sigue siendo un misterio.

En el grupo de juegos, las madres compartían jarras de café y los bebés gateaban por la alfombra y en general iban desnudos, o si no iban desnudos llevaban petos. Los buenos bebés comunistas llevan petos.

Veamos algunas cosas que yo llevaba: unos pantalones de cuero diminutos (Alemania), un kimono de seda auténtica con un pájaro rojo bordado en el pecho (Japón), un abrigo de pelo de conejo con botones de madera (Rusia). Mis abuelos habían viajado y siempre me enviaban regalos, por ser la nieta mayor.

Hay una foto de este primer beso. Jack lleva un peto, tiene largos tirabuzones negros y está a cuatro patas. Yo estoy prácticamente calva, inclinada hacia él, con las manos plantadas en la alfombra. Llevo una chaquetita de terciopelo rosa (París).

Una semana después, las trabajadoras del sindicato le dijeron a mi madre: «No puedes seguir viniendo si vistes así a la niña». La semana siguiente, mi madre me llevó al grupo con el abrigo de conejo, pensando que las mujeres no iban en serio. Iban en serio.

III. *La Oficina del Catastro, 1921*

A su salida de prisión, Cap fue a la Oficina del Catastro con la idea de montar un nuevo rancho en Wyoming. Había una secretaria en la recepción. Se llamaba Robbie Baker.

—¿En qué puedo ayudarlo? —preguntó.

—Voy a casarme contigo —dijo Cap— y necesito unas tierras.

Esa era mi bisabuela.

IV. *Picadura de abeja, 1989*

Brian Katrumbus era el niño que más corría de todo el jardín de infancia y tenía el pelo sedoso como las barbas del maíz. Era el día de San Valentín. Una semana antes, a mí me había picado una abeja mientras fantaseaba en la ventana, y cuando me puse a llorar bajito, sin saber qué hacer, fue *Brian Katrumbus* quien le dijo a la profesora que me pasaba algo. Le tiró de la manga y dijo: «Le pasa algo».

Yo había elegido una tarjeta de San Valentín muy especial para Brian Katrumbus. Llevaba una tirita en la picadura el día que él se puso a abrir sus sobres y yo lo miraba para ver cómo recibía mi tarjeta. Pero Brian Katrumbus tenía un sistema. Rasgaba un sobre y lo sacudía, de manera que si en el sobre había un caramelo se caía en su sitio de la alfombra.

Luego tiraba la tarjeta. Como si estuviera desvainando guisantes.

V. Negocios, 1932

Cap y Robbie se casaron. Pasaron la Gran Depresión viviendo en un coche con sus dos hijos. Uno de los hijos era mi abuelo Eddie. Cap iba en el coche por todo el país haciendo negocios con los indios. Les ofrecía espacio publicitario para sus «puntos de venta» en su revista del «salvaje Oeste», a cambio de artesanía para los turistas: tocados, arcos y abalorios. Cap vendía luego estos artículos o los cambiaba por comida. Falsa artesanía «india». Falsas revistas de «vaqueros».

—¿Qué pensaba Robbie de todo esto? —pregunto—. ¿Dónde está la mujer en esta historia?

—Robbie siempre le daba la razón —dice mi familia.

Cap encontró trabajo en Nueva York.

Odiaba el trabajo y la ciudad. Bebía.

(Esta es una tradición familiar que se transmite de generación en generación. Odiamos algunas cosas y bebemos. Nos encantan otras y bebemos. Tenemos mala suerte y bebemos. Tememos a la buena suerte y bebemos. Es por una especie de tristeza que llevamos en la sangre. Mi madre guarda un recorte de papel pegado con celo en su diario, una cita de Yeats que dice: «Como irlandés, tenía un pertinaz sentido de la tragedia que lo sostenía en las etapas de alegría», y la primera vez que leí esta frase se me quedó vibrando en la cabeza como la varilla de un zahorí.)

Cap estuvo a punto de hacer un papel en una película de vaqueros, pero se lo quitó Tom Mix.

Cap se llevó una desilusión. Y bebió.

—Pero ¿y Robbie?, ¿quería ella que Cap fuese actor? —pregunto.

—En eso también le daba la razón —dice mi familia.

Quiero entender qué falló en el pasado, pero a veces parece como si todo lo que vale la pena saber se hubiera tachado. Como si la ignorancia fuese lo único que permite a cada nueva generación tropezar con el amor, aunque sea brevemente, y engendrar a la siguiente.

VI. *Todos los cactus son suculentas pero no todas las suculentas son cactus, 1994*

Mis padres van de vacaciones a Arizona. Nos traen cactus de recuerdo a mi hermana Leslie y a mí. Son como muñones peludos en una maceta de grava.

Al cabo de un mes, a las dos se nos han muerto los cactus.

El de mi hermana está seco y encogido. Ha muerto de sed.

El mío está podrido y blando. Lo he regado de más y he encharcado las raíces.

Nuestros padres se miran, como si ya supieran que el amor no va a ser fácil para nosotras. Que estamos las dos jodidas, cada una a su manera.

VII. *Tan cierto como que estas piedras, 1948*

Mis abuelos se conocieron en el teatro.

Cap no llegó a ser actor pero, años más tarde, su hijo adolescente, mi abuelo Eddie, hizo el papel de «niño paralítico que se cura gracias a un milagro» en una obra en el Blackfriars Guild. Maureen Jarry era la encargada de atrezo. Era mayor que él. Seguimos sin saber cuánto mayor. Se niega a decirlo. Eddie mintió sobre su edad, claro. Le dijo que tenía veinte años. Maureen lo mandó a freír espárragos. Por aquel entonces salía con el actor principal, que era mayor y muy famoso.

Mi abuelo siempre ha sido un hijo de puta muy perseverante.

Estuvo semanas trabajándose a mi abuela.

Nada.

Hasta que un día:

Parte del atrezo de la obra era un puñado de grava que Maureen recogía todas las noches de un solar que había detrás del teatro. En la escena final de la obra, el protagonista sostenía la grava en la mano extendida y decía: «Tan cierto como que estas piedras caen al suelo, yo te curo». Entonces giraba la mano, las piedras caían, y con este milagro, el personaje de mi abuelo podía volver a andar. Pero una noche de invierno, mi abuela cogió unas piedrecitas del solar y resultó que eran lo que mi abuelo describe con entusiasmo como «zurullos de perro congelados».

Y así, unas horas después, cuando el protagonista dijo su frase y abrió la mano, no cayó ninguna piedra, sino que se quedó con la mano pringada de mierda de perro descongelada.

—¡Estoy curado! —dijo mi abuelo de todos modos. Y echó a andar por el escenario sin muletas—. ¡Estoy curado!

VIII. *Sirope de maíz, 1997*

En secundaria montamos *Macbeth*. Danny hacía el papel de segundo asesino.

El segundo asesino me dio mi primer beso en condiciones. Yo era ayudante de dirección y me gustaba merodear entre bambalinas vestida de negro, con mi carpeta en la mano. Era la noche del estreno. Danny salió de escena después de asesinar a Banquo. Me encontró en la oscuridad y cuchicheamos. Le había salido bien. Estaba exultante, cubierto de sangre de sirope de maíz.

—Quiero abrazarte —dijo—, pero...

—Abrázame —dije.

Y me quedé cubierta de sangre falsa. Así es el amor.

Mi mejor amiga empezó a salir con el mejor amigo de Danny y por las noches hablábamos todos por teléfono. El procedimiento para hablar los cuatro a la vez era muy complicado y, cuando por fin lo conseguíamos, nos hacíamos un lío.

—Qué gracioso eres —decía yo, creyendo que hablaba con Danny.

—No he sido yo —decía él.

Después de estas conversaciones, mi mejor amiga y yo hablábamos directamente. ¿Quién ha dicho que le gustaba Nirvana? ¿Quién quería ser cocinero? ¿La madre de quién podía llevarnos al cine? Nunca estábamos seguras.

IX. *Sangre, 1967*

Mi madre me ha contado mil veces la historia del chico que vendió su sangre para comprarle flores.

—Tenía una moto —dice—. No tenía dinero, pero quería invitarme a salir, así que fue y vendió un par de litros de sangre.

Litros.

—Se mareó mientras cenábamos —dice mi madre—. No podía comer nada. Parecía que iba a desmayarse. Pero me compró flores. Lirios. ¿Verdad que es muy romántico?

Esta historia me fastidia. Es incómoda para mi padre, y en parte por eso no me gusta, pero también es por cómo esgrime mi madre esas flores, como si fueran un falso barómetro del amor.

Como si su generación fuera digna de sangre y la mía solo de sirope de maíz entre bambalinas.

Todos los años, desde que tengo catorce, mi madre me pregunta, el día de San Valentín:

—¿Te ha comprado flores?

—Le he dicho que no me compre —digo.

—¿Por qué le has dicho eso? ¿Qué tipo de normas quieres establecer?

—No quiero ese tipo de relación —contesto—. No quiero flores.

Me entran ganas de decirle: «Deja de fingir que lo importante son los lirios y no la sangre».

X. *Campeona de Scrabble, 2000*

La primera vez que me acosté con él creía que iba a sangrar, porque eso es lo que les pasa a las vírgenes. Pero no había nada en las sábanas. Ninguna bandera roja que él pudiera colgar en la ventana o con la que hacer cualquier otro gesto grandioso para que sintieras lo importante que era el momento. Yo montaba a caballo desde que era pequeña. El momento había pasado muchos años antes sin que lo supiera.

Creíamos que su madre pasaría toda la tarde fuera de casa, pero volvió antes de lo previsto y llamó a la puerta de la habitación cuando estábamos en plena faena.

—¿Qué estáis haciendo? —preguntó, desde el otro lado de la puerta, no porque le preocupase sino porque era de esas mujeres a quienes les gusta tener compañía.

—Jugar al Scrabble —dijo él.

—¿Quién va ganando? —preguntó su madre.

—Los dos —contestó él.

XI. *No hay futuro, 1969*

Mi madre, Brenda, Boo para abreviar, iba a tener una cita a ciegas, en grupo, con un tal Doug Bush. Pero Doug Bush se puso enfermo, y la amiga de mi madre no quería ir si Boo no iba. Así que el que ahora es mi tío Paul convenció a su hermano Tom, mi padre, para que lo acompañara.

—No fue una cita —dice mi madre, y eso es nuevo para mí.

Para mi padre también es una novedad.

—¿Por qué dices que no fue una cita? —pregunta mi padre—. Fue nuestra primera cita: por supuesto que fue una cita.

Mi padre recuerda que en la cena se encontraron con unos amigos, y él se puso a hablar con uno de ellos sobre el Triumph verde que este le acababa de vender muy barato. Por lo visto no paraba de estropearse y mi padre intentaba arreglarlo.

Recuerda que mi madre dijo algo así como: «¡Qué típico de los hombres hablar de sus coches!».

Y recuerda que él contestó: «¡Qué típico de las mujeres protestar cuando se habla de coches!».

—Nos reímos —dice mi padre.

Mi madre casi no se acuerda de nada, solo de que cuando mi tío Paul la dejó en casa esa noche...

—¡Fui yo! —protesta mi padre.

—¿Fuiste tú? —dice Boo.

El caso es que cuando la dejaron en casa, mi abuela Maureen le preguntó qué tal le había ido, y ella contestó: «No tenemos futuro. Está estudiando en Washington D. C.».

—Que dijeras eso demuestra que sí era una cita —insiste mi padre.

—Recuerdo lo que llevaba puesto.

—Claro que lo recuerdas —digo—. Tú *siempre* te acuerdas de esas cosas.

—¿Tú te acuerdas? —le pregunta a mi padre.

Mi padre es un hombre práctico. Guarda camisetas de los años setenta en continua rotación.

—Llevabas un vestido azul —dice—. Con cuello, y un cinturón como así —añade, imitando una especie de cincha.

—Sí —asiente Boo—. Ese vestido me lo hizo mi madre.
¿Por qué ha suprimido lo que sintió esa noche y en cambio se acuerda del vestido? ¿Por qué falta aquí justo la información que más necesito?

Un año después de esta quizá primera cita, mi padre terminó los estudios y mi madre seguía en la universidad, y él quemó su Triumph yendo a verla montones de veces. El coche explotó literalmente en el arcén de la autopista.

XII. *El deporte más masculino, 2001*

Estoy en un pícnic con familia y amigos cuando conozco a Doug Bush, el hombre que tendría que haber ido a esa cita a ciegas con mi madre. Tengo dieciséis años y he intentado coquetear con el único chico del pícnic que puedo asegurar con toda certeza que no es de mi familia: el violinista contratado, que está tocando en el granero. Cuando veo que la cosa no va a ninguna parte, termino bebiendo cerveza y jugando a la herradura con Doug Bush.

—La herradura —me dice Doug Bush— es el juego más masculino, porque no necesitas soltar la cerveza para jugar.

Doug Bush parece un robot cuando me dice esto, porque tuvo un cáncer de garganta, por fumar, y le han sustituido las cuerdas vocales por una caja que tiene que apretar con un dedo para hablar.

Doug Bush aprieta el botón y me dice:

—Yo podría haber sido tu padre.

XIII. *El chico de la geoda, 1970*

Cuando mi padre hizo un viaje de tres horas en coche para ir a la universidad para chicas de mi madre, al norte del estado de Nueva York, no se quejó de la distancia ni del frío. Fueron a un bar que se llamaba Tin & Lint, donde mi padre tomó Schlitz y mi madre cócteles de ginebra. Fueron al hipódromo y apostaron: mi padre pagaba y mi madre siempre elegía a los ruanos, sin tener en cuenta el pronóstico. Pero si este noviazgo y mi existencia dependen de un único momento ese es el de la geoda.

—¿Adónde vamos? —preguntó mi madre.

—Al aparcamiento —dijo mi padre—. Tengo un regalo para ti.

Las amigas de mi madre espiaban desde las ventanas de la residencia de estudiantes.

Mi padre sacó algo del maletero del coche. Una piedra del tamaño de un melón pequeño.

—Gracias por la piedra —dijo mi madre.

—Es una geoda —explicó mi padre—. Tiene cristales dentro. —Sacó un martillo del maletero y se lo pasó a mi madre.

—¿De qué color son los cristales? —preguntó ella.

—No lo sé. Podrían ser azules, violetas, marrones o grises. Tenemos que romperla para saberlo.

—Rómpela tú —dijo mi madre—. Espero que no sean marrones como el barro.

(Lo que hay que entender de mi madre es esto: lo decía en serio.)

Mi padre dio el golpe. La piedra se partió. Mi madre la examinó.

Cristales de amatista.

Le dio un beso a mi padre y se fueron al bar.

Unas horas después, cuando él la acompañó a la residencia, oyeron risitas en el tercer piso. Las chicas estaban asomadas a las ventanas.

—El chico de la geoda —dijeron—. Vuelve y regálanos una piedra, chico de la geoda.

La geoda está en la sala de estar de mis padres.

A mí me da miedo. La piedra. La historia. Porque pienso: si esos cristales hubieran sido de cualquier otro color, ¿habría llegado yo a este mundo?

XIV. Cuchillos, 2002

Viene a casa una tarotista a echarnos las cartas a mi hermana y a mí. Le dice a mi hermana que se casará con un hombre que trabaja con cuchillos.

Mi hermana piensa: un médico.

Yo pienso: un carnicero.

Decidimos estar atentas a los cocineros guapos.

—¿Y yo? —pregunto—. ¿Con quién acabaré yo?

—Veo un avión —dice la tarotista—. Veo que te vas lejos de aquí.

—¿Y qué se supone que hago yo con esa información? —le digo.

XV. Lo que podemos esperar, 1950 y 1973

Mi abuelo se casó a los diecisiete años: era tan joven que su madre tuvo que firmar el certificado de matrimonio.

Mi madre se casó con mi padre un mes después de licenciarse en la universidad. Estoy segura de que es difícil casarse joven y sincronizar tu evolución con la de otra persona. Pero también me imagino que es más fácil.

Es increíble que quienes no encontramos el amor de jóvenes reunamos valor para intentarlo de nuevo, con una ristra de años de historia entrechocando a la espalda como las latas detrás del coche de los recién casados.

XVI. Newport, 2003

Trabajé de camarera en un restaurante diminuto donde apenas ganaba nada. En la cocina me llamaban «la rusa», porque tenía tan mala letra que daban por hecho que escribía en cirílico. El cocinero tenía treinta y ocho años y yo diecinueve, pero a mí me daba igual, porque era maravilloso, y fantaseaba con que me seguía hasta el cuarto congelador, me quitaba el delantal y me follaba contra las bolsas de tortellini y gambas congeladas. Nunca pasó. Pero yo lo intenté.

Por «intentarlo» me refiero a que me convencí de que, si en la pausa para fumar salía con los demás y con el cocinero, llegaría a conocerlo y, aunque yo nunca abría la boca, él *intuiría* que me moría de ganas de que hiciera eso.

Así que un día aparecí con una cajetilla.

—¿Fumas? —me preguntó.

—De toda la vida.

Encendí mi primer cigarrillo. Era Newport mentolado.

Diez años después del primer cigarrillo, dejé de fumar igual que había empezado: por un chico.

Escribí un mensaje a una vieja amiga fumadora:
LO DEJO. POR UN CHICO. ERA PREVISIBLE.
Me contestó:
LO ÚNICO QUE TIENES QUE DEJAR POR UN CHICO ES DE
FOLLAR CON OTROS.

XVII. Tíos y muñecas y ellas, 2004

Voy a la universidad, me apunto a una *troupe* de teatro, y
eso preocupa a mi madre. Son las vacaciones de Navidad
y estamos en el sofá del cuarto de estar.

—No salgas nunca con un chico que se sepa más canciones de musicales que tú —me dice.

Mi padre la oye desde la habitación de al lado. Entra
en escena en el cuarto de estar por la derecha, bailando
el charlestón.

—«Aquí tengo al caballo —canturrea—. Se llama Paul
Revere.»

Sale bailando el charlestón, por la izquierda.

—Lo digo en serio —dice mi madre.

Mi padre vuelve, otra vez por la derecha, cantando
otra canción:

—«¡Te voy conociendo! ¡Te voy conociendo a fondo!»

XVIII. La mediadora, 1999

Mi tío Randall, el hermano de mi madre, es periodista.
A finales de los años noventa viajó por los Balcanes para
dar cuenta del problemático y poco riguroso enjuicia-
miento de los criminales de guerra serbios. Quería ir de

incógnito a entrevistar a un hombre que había cometido docenas de violaciones y asesinatos, y que vivía a la vista de todo el mundo en un pueblecito bosnio, protegido por su propia milicia personal. Todos los mediadores locales le dijeron que era un disparate, una locura, una idea probablemente letal, y nadie quiso acompañarlo. Hasta que un día alguien le dijo:

—¿Ha hablado usted con Goca Igrić? Creo que es la persona que está buscando.

Goca también es periodista. Es serbia, fuma Marlboro Rojo como un carretero, se toma varias jarras de café turco al día y, por aquel entonces, estaba amenazada de muerte por todas las organizaciones políticas y criminales, después de haber pasado los años de la guerra denunciando públicamente, desafiante, a Slobodan Milošević.

Una vez le pregunté a mi tío cuándo se enamoró de Goca.

Aunque no empezaron a salir hasta siglos después, me dijo que quizá fue cuando se vieron por primera vez, en un café, y él le contó qué quería hacer y le pidió que fuera su mediadora. Dice que Goca se quedó callada cuando él le planteó aquel disparate, aquella locura, aquella idea probablemente mortal. Vació los pulmones de humo y contestó: «Creo que no puedo *no* hacer esto».

—Puede que lo supiera en ese momento —dijo mi tío.

Eso fue lo primero que mi familia me enseñó sobre el amor que me pareció tan sincero como la sangre. No puedo *no* hacer esto.

XIX. Alfabetización, 2004

Stanley era un actor maravilloso, le gustaba leer en voz alta y, una vez, cuando lo nuestro casi había terminado, me leyó un pasaje de la *Ilíada*.

Llevaba quince minutos leyendo cuando de golpe comprendí que a veces las personas, más que estar enamoradas, necesitan público. Yo trabajaba entre bambalinas: cosía, soldaba y manejaba las mesas de luces, y quizá por eso tardé en caer en la cuenta, pero cuando por fin lo vi empecé a desaparecer. Como una buena empleada. Como una buena mujer.

Stanley no tuvo la culpa de que yo creyera que aquello era lo que tenía que hacer. Fueron los años de historias familiares que ocultaban cómo llegaban las mujeres a saber con las tripas lo que estaba mal y lo que estaba bien. Una verdad escondida bajo el velo del romanticismo, o peor aún, del destino.

Desaparecí despacio, como se amortigua la intensidad de la luz en la mesa de control. Poco a poco, tal como los focos se atenúan y se apagan definitivamente con un fundido a negro.

XX. Daltonismo, 2003

Mi hermana, Leslie, hace el mayor acto de amor que he visto en la vida.

Llevaba tiempo saliendo con Doug cuando se enteró de que él era daltónico.

Mi hermana se volvió loca, porque todos sus conjuntos tan bien coordinados no servían de nada. Mi hermana se toma la ropa muy en serio.

—Tal como tú me ves, desentono —le dijo a Doug—. Tengo una pinta horrible.

—Eres preciosa —le dijo Doug.

Pero a mi hermana le parecía intolerable que los rojos se convirtieran en verdes. Le horrorizaba el verde.

Cuando volví a ver a Leslie, llevaba un jersey verde. Lo llevaba con una falda azul marino.

—Bonito jersey —dije.

—Es espantoso —protestó.

—Entonces ¿por qué te lo pones?

—Porque Doug me ve como si fuera de rojo y azul. Y los colores náuticos ahora están muy de moda.

XXI. *El Black Cat*, 2006

Un grupo de chicas pensaba ir al Black Cat la noche de pop británico, a bailar música de los Smiths y los Sex Pistols, fumar, ponerse toneladas de perfilador de ojos y no pensar para nada en los chicos ni en que en cuestión de unos meses, casi todas nos habríamos licenciado y nos largaríamos de allí. Yo iba a ir porque me apetecía bailar, pero también en parte porque iría Maggie, una chica alta que llevaba gafas grandes y camisas con botones y las mangas enrolladas, con un aire de «vamos al lío» que a mí me volvía loca de deseo. En las reuniones del grupo de teatro, Maggie tomaba cantidad de notas y yo tomaba cantidad de notas, y siempre me daba la impresión de que ella levantaba la cabeza de las notas para mirarme justo cuando yo la miraba.

Pero al final no llegamos al Black Cat, porque hubo un temporal de nieve.

(Al final, llegamos a besarnos. Al final, nos acostamos. Al final, fallé por no decir «bisexual», por no decir «queer». Fallé por no decir la verdad y no salir del armario como tenía que haber hecho. Al final, le fallé *a ella*. Al final, os contaré toda esta historia.)

Nos llevamos un buen chasco por culpa de la nieve. Porque hubo que cancelar los planes. Así que fuimos todas a la misma fiesta aburrida de la que nos queríamos escaquear y fingimos que nos lo pasábamos bien.

Salí a la terraza a fumar mientras veía caer la nieve. Había un grupito de gente fuera. Vi a Maggie. No llevaba las gafas. Llevaba una camiseta negra sin mangas. Me saludó con la mano desde el otro lado de la terraza. Le devolví el saludo. Nos miramos como en las reuniones de teatro y ella se levantó un poco la camiseta. Se había escrito en la tripa, con pintalabios rojo:

PREFERIRÍA

ESTAR

EN EL BLACK CAT

XXII. *La despedida de Ashokan, 2007*

Un amigo mío trabajaba en una de esas granjas donde se visten con ropa antigua, llevan gafas de montura metálica y hacen de hojalatero o del que toca el banjo o de hombre de 1901 para los turistas, a quienes les encantan esas cosas. El caso es que iba totalmente vestido a la antigua usanza, y trabajaba el latón y tocaba el banjo, así que no era tan fácil saber cuándo actuaba y cuándo no.

Fui a verlo.

—Voy a presentarte a Frank —me dijo.

Frank preparaba comida rápida, fumaba como un carretero, tenía el pelo como una puta cascada de tirabuzones y vivía en la granja. Pero resultó que allí también había un burro que se llamaba Frank, y cuando mi amigo me llevó a conocer a Frank yo no estaba preparada, porque esperaba encontrar un burro y me encontré con este chico de los putos tirabuzones.

Una cosa llevó a la otra.

Frank me llevó abajo por las escaleras y, cuando me estaba quitando la camiseta, yo dije:

—¡Espera!

En la repisa de la chimenea había visto de reojo una foto antigua, en sepia, de una pareja con un bebé en brazos, y le pregunté quiénes eran, porque eran guapísimos.

Dijo que eran sus padres y que el niño era él, pero que cuando sus padres se divorciaron se odiaban tanto que ninguno de los dos soportaba ver esa foto: querían tirarla, y él se quedó con ella.

Volví a ponerme la camiseta, porque a lo mejor al final todo acababa fatal y entonces no tendría ningún sentido, y no podíamos follar con toda esa tragedia observándonos, ¿no?

Frank volvió a quitarme la camiseta, aunque con delicadeza.

XXIII. Esperanza, 2008

Mi relación con Bob duró un año más de lo que habría tenido que durar, porque Barack Obama se presentó a las elecciones y había elevado tanto nuestras expectativas de redención que creímos que a lo mejor podría salvarnos de hacernos daño de esa manera tan insidiosa y mezquina. También nosotros podíamos cambiar.

Gracias, Obama.

Cuando dejé a Bob, él escribió un cuento sobre nosotros y lo llevó a nuestro taller de escritura. En el cuento él era una estrella del rock y yo era panadera. En el cuento se inventaba que mi primer novio me había contagiado la clamidia y tuvieron que extirparme los ovarios y me había quedado estéril. En el cuento yo me llamaba Zoë y le gritaba a la estrella del rock en mitad de la calle. Le gritaba lo mismo que le había gritado en mitad de la calle la semana anterior.

—Este diálogo rezuma vida —dijo el profesor—. Es un gran avance en tu trabajo.

—Pero ¿tienes ovarios? —me preguntaron mis amigos.

XXIV. Bender, 2009

Al me invitó a Long Island a mediados de invierno porque yo nunca había probado un Slurpee de 7-Eleven. Era absurdo, pero dije que sí porque me lo pidió formalmente:

—¿Te gustaría quedar el sábado a las dos en Long Island, a tomar un Slurpee y a lo mejor a dar un paseo por la playa?

Hice un viaje de dos horas en tren, pasando por pueblos con nombres como Islip y Wantagh. En los lavabos de la estación me pinté los labios, y la chica que estaba a mi lado, con las tetas prácticamente fuera de la camiseta, me miró a los ojos en el espejo y dijo: «Cielo, tú no necesitas eso». Al vino a buscarme, fuimos a comprar los Slurpees y nos los bebimos en la playa, con el anorak puesto.

Nuestros padres eran distintos pero nos habían hecho iguales a los dos. Creo que nos daba miedo convertirnos en ellos. Creo que nos daba miedo encontrar el uno en el otro más de lo que creíamos merecer.

Ese día, en la playa, Al llevaba una petaca de whisky. Me ofreció un poco y dije que sí.

Lo que dijo en realidad fue: «¿Te has pillado una borrachera alguna vez?».

Lo que dije en realidad fue: «Siempre he querido pillarme una borrachera».

Nos pasamos cuatro años de borrachera.

XXV. *La corona de yedra, 1979*

—¿Cuál era ese poema que leíste en tu boda? —le pregunté a mi madre—. Ese de Rilke, tan cursi.

—No era de Rilke y no era cursi. Era un poema de William Carlos Williams, y tu abuelo lloró al leerlo.

—¿Cómo se llamaba?

—No recuerdo el título, pero decía algo así como «El amor es crueldad», y blablabá.

—¿El amor es crueldad? —pregunto.

—Es un buen poema —dice mi madre.

Sí,
el amor es cruel
y egoísta
y totalmente obtuso...
...
Pero...
...
hemos sobrevivido,
da igual cómo,
por pura voluntad.
...
Así lo disponemos
y así está
libre de todo trance.

XXVI. *Recuerda la matanza de abejas de Wilsonville, 2013*

Fui a Oregón en avión después de ver a Arlo, un antiguo novio, y después de decidir que seguíamos enamorados y teníamos que casarnos. Pensamos que quizá debía olvidarme de hacer el doctorado en Florida y mudarme a Oregón.

Hicimos un viaje de tres horas en coche hasta la costa para sentarnos en las dunas a contemplar el Pacífico. Fue una tarde romántica, hasta que llegaron los helicópteros buscando entre las olas con sus reflectores. Nos tapamos los oídos mientras los veíamos rastrear con los focos la superficie del agua en busca de un cadáver.

Volví a casa hecha un lío. Tiré a mi amiga Cora encima de la cama, lloré en su hombro y le dije:

—¡Lo quiero, pero no estoy enamorada de él! ¡Pero quizá deberíamos casarnos de todos modos! ¡Quizá debería mudarme a Oregón! ¡Quizá esto sea amor verdadero!

Cora es una buena amiga, y por eso no señaló que yo había pronunciado las palabras «amor verdadero».

—No pasa nada —dijo—. Ahora te vas a callar y luego te vas a ir a Florida, donde no conoces a nadie, tal como habías planeado. Y de vez en cuando me llamarás y me contarás cómo va todo. Y todo saldrá bien.

—Pero...

—Calla —me ordenó—. Calla y verás cómo todo va bien.

El último día en Oregón, camino del aeropuerto, habíamos pasado con el coche al lado de un montón de gente que iba gritando, disfrazada de abejas. La gente disfrazada de abejas protestaba por un pesticida que vendían en la ferretería del barrio que estaba afectando a las abejas. A esas alturas, Al y yo estábamos muy cansados. Las cosas no iban bien, pero estábamos esperanzados y no sabíamos qué pasaría cuando yo subiera a ese avión, y por eso estábamos preparados para ponernos histéricos cuando vimos a un hombre-abeja con un cartel que decía:

¡RECUERDA LA MATANZA DE ABEJAS DE WILSONVILLE!

Es fácil que algunas matanzas, vistas con perspectiva, parezcan pequeñas. Que a pesar de la cantidad de sangre derramada se diluyan en la memoria. Pero hay otras que se pasean con carteles y te gritan todos los días de tu vida, señalando: *Mira toda esta sangre. Mírala.* Hay algunas matanzas que las provocas tú.

Nos miramos y nos preguntamos:

—¿Te acordarás?

Y dijimos:

—¡Cómo olvidar la matanza de abejas de Wilsonville!

XXVII. Cíclico, 2013

Estoy en un centro comercial casi desierto en Tallahassee, Florida, donde hace unas semanas no conocía a
nadie. Voy a ver una peli con un grupo de nuevos amigos, entre los que se encuentra Nick, un chico que creo
que me gusta y a quien intento no prestar demasiada
atención para que no se note.

Paso por delante de los muchos escaparates vacíos del
centro comercial hasta que, allá, a lo lejos, veo a este
grupo de gente nueva y distinta. Me están esperando,
pero me suena el teléfono y es mi hermana, llorando.

—¿Qué te pasa?

Es su novio, dice. Lo quiere pero no está enamorada
de él.

Leslie añade: «A lo mejor esa es la clave. A lo mejor el
amor es así y nunca vuelvo a sentir nada más que esto».

No lloro cuando dice eso, aunque mi hermana es como
un apéndice de mi cuerpo y cuando sufre lo siento profundamente. No lloro, aunque noto cómo me invade por
dentro esa tristeza que llevamos en la sangre familiar,
que me dice al oído que todo es inútil. Porque parece
injusto que, habiendo cometido yo los mismos errores,
no se los haya ahorrado a ella. Que todo lo que ha ocurrido antes, a nuestra familia y nuestras amistades, incluso a nosotras, nos pese tanto y al mismo tiempo no nos
proteja en absoluto de la estupidez y del dolor en el

futuro. Que no sea en modo alguno una promesa de no volver a caer en los mismos errores.

No me río cuando mi hermana dice eso, aunque me asalta el eco absurdo de mis propias palabras en los pasillos de un centro comercial muerto de Tallahassee. Lo absurdo que es que hace unos meses pensara que mi vida había terminado y sin embargo, aquí estoy, en un sitio nuevo y corriente, tan contenta.

Lo que le digo es:

—Explícame a qué te refieres cuando dices que lo quieres pero no estás enamorada.

A lo lejos, mis nuevos amigos siguen esperándome. Veo que el chico que creo que me gusta se agacha a atarse los cordones. Se inclina con una gracia que me sobrecoge y hago como si no notara el latido de la sangre en las muñecas.

En vez de eso, le digo a mi hermana:

—Cuéntamelo todo.

En vez de eso, finjo que nada de esto ha ocurrido antes.

Tengo que actuar como si todo esto estuviera ocurriendo por primera vez.

Acto primero: Los tramoyistas

Te acuerdas de que estaban construyendo un muro al lado de su casa. Siempre ibas deprisa y casi te pasabas la esquina, hasta que veías a los hombres con sus piedras, y retrocedías y girabas a la derecha. Era como si los dos llevarais toda la vida enamorados, pero todo el tiempo que estuvisteis juntos estuvieron construyendo ese muro. Entonces ¿cuánto tiempo podíais llevar en realidad?

El chico llevaba camisas hawaianas en invierno. Tenía una boca que no paraba de moverse. Tenía una perra tonta y con las patas cortas que siempre se perdía, y una vez, antes de que os conocierais, tus padres se la encontraron en la cuneta y la llevaron en coche a casa del chico. Podía cantar como Freddie Mercury. Como Paul McCartney. Como Tom Waits. Tú tenías diecisiete años y ni la más remota posibilidad.

Tenía costumbres de chico, como coleccionar figuritas de *La guerra de las galaxias*, tirarse pedos debajo de las mantas y poner vocecillas tontas cuando quería hablar en serio. Tenía cosas de adulto, como una espalda fastidiada que requería zapatillas ortopédicas y lo había vuelto adicto a los analgésicos. Como escuchar a Wagner al volante del sedán de su madre, circulando despacio por carreteras secundarias cuando tenía insomnio.

Te llevó al lago. Os sentasteis juntos en la silla del socorrista y te dijo que te quería, y todo fue muy romántico hasta que os disteis cuenta de que había otra pareja a unos veinte o treinta metros, follando en la arena. La verdad es que siguió siendo muy romántico. La verdad es que sigues pensando que las sillas de los socorristas son un objeto sagrado.

Teníais acordado aparcar cada vez que vierais una juguetería. Os lanzabais pelotas el uno al otro, adoptabais animales de peluche y tratabais de encajar los lánguidos cuerpos adolescentes en los coches de carreras de plástico hasta que alguien os decía a grito pelado que os largarais. Ese era el acuerdo. No irse nunca antes de que al menos una persona os hubiera gritado.

Él te metía en líos. Se olvidaba de ti en las fiestas de sus amigos, y tenías que buscar a alguien que te llevara a casa. Te hacía pelearte con tus padres. Siempre, siempre le decía a la camarera que era tu cumpleaños cuando no lo era, solo por el trozo de tarta gratis, aunque a veces se iba sin pagar de todos modos. Cuando llorabas, te preguntaba si un helado lo arreglaría todo. Como si los problemas de las chicas se arreglaran así de fácil. Tú le pegabas y lo insultabas, pero entonces él te llevaba al Carvel abierto veinticuatro horas que estaba al lado de la autopista, y una vez que ya te tenía sentada en una silla de pícnic viendo pasar los coches a ciento treinta mientras tomabas helado de vainilla rociado con virutas de colores y respirabas el olor de los tubos de escape, te decía: «Reconoce que te sientes mejor, ¿a que sí?». Tú volvías a pegarle.

Su madre daba clases de interpretación shakespeariana a alumnos de secundaria. Su grupo ensayaba en la granja del pueblo, que tenía muy pocas vacas para ser una buena lechería pero terreno más que de sobra para que cuando montó *El sueño de una noche de verano*, el jardín fuera exactamente como debía ser. A ti te gustaban las escenas en que los jóvenes amantes se perdían en el bosque y discutían y se besaban, pero no entendías la otra mitad de la obra, cuando los artesanos y tramoyistas intentaban montar su propia función dentro de la función. Los tramoyistas no eran ni jóvenes ni guapos, y el espectáculo que intentaban montar era muy malo. Se titulaba *Píramo y Tisbe*. En esta función, un hombre hacía de mujer y una mujer hacía de muro, y no paraban de hablar del tremendo rugido de un león. A ti te resultaba todo extraño. A él le parecía la mejor parte, y no entendías qué te estabas perdiendo.

Te estrellaste con el coche y tuvieron que llevarte al hospital. Él vino a verte, a pesar de que a tus padres no les caía bien. Te llevó un cono de tráfico sucio que había robado en la carretera, lleno de flores silvestres. Esto significaba: *Te quiero*. Esto significaba: *Ten cuidado*.

En su casa había sauna, piscina y una colección de máscaras africanas. Os sentabais en la sauna y luego echabais a correr por la hierba para tiraros a la piscina desnudos. Chapoteabais y él te perseguía hasta debajo de las banderas de oración tibetanas que colgaban de los árboles y, cuando te pillaba, se apretaba contra ti hasta que no podías resistirlo y entonces te llevaba a la casa, te tumbaba en el suelo y te follaba mientras tú mirabas las caras talladas en las máscaras de madera. Fue el primero, y el sexo siempre parecía un refugio seguro y siempre sabía bien, y por eso, por la seguridad y el buen sabor, a la larga resultó letal.

De todos modos, si tuvieras que comparar vuestra dinámica con algo, dirías que fijo que se creía Jean Reno en *El profesional (León)*, de Luc Besson, y tú su Matilda, su triste niña Natalie Portman. Solo que vosotros follabais. Solo que vosotros os llevabais un año nada más. Sabes que supuestamente no debería gustarte esa peli ahora que eres adulta y superculta, pero te sigue gustando verla a ella —ver cómo la mira él a ella— de todas esas maneras problemáticas en que se supone que no se debe mirar un melocotón magullado y encontrarlo hermoso. Se supone que no debes querer *comerte* ese melocotón o *ser* ese melocotón. Este peculiar uróboro de ser el salvador y ser salvado también ha resultado letal a la larga.

Podías llegar a su casa en cuestión de diez minutos si te saltabas una señal de stop, si no te pasabas la esquina, si no tenías que esperar a que los que estaban construyendo el muro retiraran las piedras y herramientas de la calle.

Cuando el chico se fue a la universidad, te dijo que tenía miedo, aunque eras tú la que te quedabas sola con tus padres, que estaban enfadadísimos porque te acostabas con él. Te quedabas sola para defender esta relación que ya ni siquiera tenías porque él se había marchado. Estabas muy enfadada y no tenías a nadie que te comprendiera, y así lo convertiste a él en todo. En la historia que te definía. Tenía que ser una historia importante, porque si no, ¿de qué servía todo eso?

La mayoría de la gente pensaba que lo tuyo era un capricho adolescente, pero no lo era. Incluso ahora, a veces te acuerdas de la intimidad de alto voltaje que había entre vosotros y te preguntas si alguien con más años habría sobrevivido a eso. No quieres decir que fuera único, solo que era auténtico.

Su voz sonaba como si estuviera muy lejos cuando te llamaba por teléfono desde la universidad, aunque solo estaba en California. A veces estaba raro y se disculpaba diciendo que eran las pastillas las pastillas las pastillas. Decía que iba a dejarlas y tú lo animabas a que se mentalizara, y lo hacía. Las echaba al váter y las oías caer, plas, plas, y luego tiraba de la cadena. En realidad no sabías si era verdad, porque iba a clases de teatro. Al cabo de unos días veías que sí era verdad, que tenía el mono, porque se volvía frívolo y cruel y estaba escuchando música de Frank Zappa.

Rompiste con él el verano antes de irte a la universidad, cansada de no corresponder a los chicos que te tiraban los tejos en casa, que solo querían sentarse contigo en una roca a beber bourbon, inventar nombres para las estrellas y de paso manosearte un poco. Luego, en la universidad, todos los chicos habían ido a colegios católicos y pedían permiso para tocarte. Por aquel entonces no sabías apreciarlo. Planeaban citas a las que llamaban «citas» y te regalaban flores envueltas en celofán, y esto tampoco sabías apreciarlo, así que mentías y decías que eras virgen y que te reservabas para el matrimonio.

Él te escribía cartas y tú le contestabas.

Casi volvisteis después de la universidad, cuando él vino a verte a Brooklyn y pasasteis una semana juntos, recordando viejos tiempos. Echando carreras por la sección de Armas y Armaduras del Met para que los de seguridad os gritaran. Bailando en tu dormitorio de noche, después de tomar unos cócteles con mucho azúcar mientras el vecino de arriba tocaba el bajo.

Tenías veintitantos, qué mayor, y nadie podía impedirte estar con él. Era él, estabas segura. Y de pronto, te dejó. Llevabas un fular azul que seguramente era muy guay en Williamsburg, en Brooklyn, en 2006, pero cuando te dijo que se había acostado con una profesora de yoga a la que había conocido en casa de un amigo dos noches antes, el pañuelo te hizo sentir aún más idiota e indigna, y prometiste no volver a ponerte nada que no te permitiera sobrevivir a la humillación de que te dejaran tirada. Esto resultó ser una buena norma.

Luego él volvió a casa y empezó a publicar en Facebook largas reflexiones sobre cómo entraba la luz de la mañana por la ventana de tu casa en Brooklyn, cómo iluminaba a tu pez betta, que vivía en la repisa de la chimenea: todo esto para describir la melancolía de haberte follado y haberte dejado desnuda en la cama por última vez. Después empezó a publicar fotos de la profesora de yoga.

La sensación de haberte equivocado con él, por partida doble, intermitentemente, a lo largo de seis años, fue casi peor que la tristeza del desamor. Casi.

No respondías a sus cartas. Cortaste con todo y resististe hasta que él hizo los doce pasos de la rehabilitación, cinco años más tarde, y te escribió una de esas largas notas de disculpa que son parte del paso de reparar el daño. Has recibido, en esta vida, demasiadas cartas como esa. En la carta enumeraba un montón de cosas que había hecho de las que tú ni te acordabas. No decía nada de lo cruel que había sido cuando tú lo antepusiste a tus amigos y tus padres y él se fue a la universidad, ni de las llamadas de teléfono empastillado, ni de la profesora de yoga, más adelante.

Un año después os invitaron a los dos a la misma boda en un viñedo. Tú seguías fumando y bebiendo bourbon y él lo había dejado todo, y eso, al margen de lo que hubiera ocurrido entre vosotros, te pareció muy bien y te impresionó. Paseasteis entre las viñas y él te pidió que le permitieras arreglar las cosas. Le dijiste que ya estaban arregladas. Que lo borrase de la lista. Que lo diera por hecho. Apagaste un cigarrillo con la bota y lo enterraste en la tierra. Le diste un beso en la mejilla cuando te dejó en el motel cutre en el que te alojabas, y pareció una manera estupenda de decir adiós a alguien para siempre.

Al día siguiente, la recepcionista te dijo que un hombre había venido de madrugada preguntando por ti, a eso de las cuatro, y que le había dicho que no había nadie con ese nombre en el motel. Le devolviste la llave con su anilla de plástico y le diste las gracias. Te diste cuenta de que esa mujer generosa que hacía el turno de noche en el maldito Sea Breeze tenía más sentido común que tú, y eso que solo estuvo con él dos minutos.

Vas de visita a tu ciudad. Circulas sin rumbo hasta que ves el muro. Frenas y retrocedes despacio para girar a la derecha. Lo han terminado. Ahí está, entero y con las piedras sujetas con cemento, y sientes una punzada. Aunque te deshagas de todo lo demás, de los números de teléfono y de las fotos, estos detalles seguirán resonando por dentro.

Es la primera vez que entiendes que, cuando la gente habla de «pasar página», no quiere decir que olvides o que deje de doler. Solo quiere decir que pasarás a otras cosas. Conocerás a otra gente. Y aun así, en mitad de un día normal, algo tan sencillo como un muro de piedra puede destruirte de repente, sin que se note. Y, como hay demasiadas cosas que explicar, la mayor parte de los días, cuando te pasa esto, te limitas a seguir conduciendo. No le hablas a nadie del muro ni de lo que evoca. Y es este silencio, más que nada, lo que define «pasar página».

El muro que han construido es de lo más mediocre.

Te acuerdas de la parte divertida de la trama de *Píramo y Tisbe*. Píramo se ha quitado la vida y Tisbe se ha quitado la vida, pero la obra no termina ahí. No solo porque es insufrible sino porque, a continuación, la persona que interpreta el muro se desploma como si estuviera muerta. Un muro muerto y *aun así* la obra no termina. Porque aún queda la luz de la luna, representada por un disco de papel, y el león, con una mopa por melena. La obra ha terminado. Terminó hace muchos años. Y aquí estás tú, atascada en este triste atrezo.

Hepburn en calidad de Hepburn

Siempre me pareció evidente que Tracy Lord no estaba predestinada a casarse con George Kittredge. George es una caricatura del hombre rico que ha triunfado en la vida sin ayuda de nadie: no tanto un hombre de carne y hueso del que alguien podría enamorarse como la personificación de la Decisión Ideal para una mujer en materia de Casarse Bien. Casarse con un George era aceptar lo que el mundo entendía por éxito, a expensas de lo que yo, con mucha grandilocuencia, entendía por amor verdadero.

En mi defensa: tenía trece años.

El verano en el que mi visión romántica quedó marcada por la adaptación cinematográfica de 1940 de *Historias de Filadelfia* fue el de 1998, y me pasaba la mayor parte del tiempo en los sagrados pasillos de neón del videoclub del barrio, discutiendo con mis amigas por qué película ver. Yo estaba harta de someterme a las cintas que elogiaban con tanto entusiasmo los chicos de mi vida y por eso recurrí a la lista de «Las 100 mejores películas estadounidenses de todos los tiempos» del Instituto de Cinematografía de Estados Unidos. Di por hecho que los expertos de la academia me rescatarían de los gustos de tantos gilipollas. Soy consciente de la ironía.

Hoy, *Historias de Filadelfia* figura en el número cuarenta y cinco de la lista del ICE, aunque por aquel entonces se encontraba entre las primeras (donde *Ciudadano Kane* ha estado de okupa casi veinticinco años). Pero la clasificación era irrelevante, porque ninguna de las películas que vi en esa época ha cambiado mi manera de ver el mundo tanto como *Historias de Filadelfia*.

Historias de Filadelfia es a la vez una película de amor y una comedia de enredo. Los diálogos se suceden a un ritmo mareante. Es una chaladura en tres actos en la que Tracy (Katharine Hepburn), una chica de la alta sociedad, va a casarse con un cotizado soltero, el nuevo rico George (John Howard). La boda se complica por la circunstancia de que el escritor de relatos —convertido, a su pesar, en periodista de una revista de sociedad— Macaulay «Mike» Connor (Jimmy Stewart) va a cubrir el enlace, y su profundo desprecio por los ricos, aunque comprensible, tiene ese toque caricaturesco de bolchevique, tan común entre los hombres de cierta educación. Pese a todo, Mike llega a encontrar atractiva a Tracy y compite por su afecto. «La estadounidense joven, rica y voraz —dice, momentos antes de mirarla, embelesado—. No existe en ningún otro país.»

A Tracy la han chantajeado para que acepte que la prensa haga un reportaje de su boda, bajo la amenaza de que la revista *Espía* difunda una aventura que tuvo su padre con una bailarina (una *bailarina*.) La situación se lía aún más cuando el primer marido de Tracy, un tipo de buena familia de Filadelfia, C. K. Dexter Haven (Cary

Grant), se presenta en casa de los Lord con los periodistas, haciéndolos pasar por amigos del hermano ausente de Tracy. Dex confiesa de inmediato la argucia a los Lord, pero disfruta viendo el escrutinio al que los someten los periodistas, porque sigue enamorado de Tracy y no quiere que se case con otro. El caso es que Dex participa en los preliminares de la boda, cosa que resultaría extraña de no ser porque, en la familia, todo el mundo lo adora.

La pregunta que acompaña al espectador a lo largo de toda la película es la siguiente: ¿cuál de los tres hombres de la película —George, Connor y Dex— es el mejor para Tracy Lord?

En 1998, como ser humano aspirante a ser besado, yo tenía esta cuestión de Cuál de Ellos muy presente. Acepté enseguida *Historias de Filadelfia* como una especie de manual educativo que me enseñaba las costumbres de las mujeres y el amor, y me encantaba todo de la película.

Menos el final.

Porque para mí, en aquel entonces, estaba clarísimo que Tracy tenía que casarse con Connor, el personaje interpretado por Jimmy Stewart. Y sin embargo, al final Tracy acaba volviendo con Dex (Grant).

—¡Qué narices! —protesté en la sala de televisión vacía, encima del garaje de mis padres. Y tiré al suelo la cinta de vídeo. Luego rebobiné el final y volví a verlo, tratando de no perderme en los diálogos mientras Hepburn tomaba su decisión. Tratando de ver si estaba de acuerdo con ella. Buscando las claves.

Historias de Filadelfia sigue siendo mi película favorita y sigo rebobinándola y volviéndola a ver. Siempre tengo la seguridad de haber descubierto todas sus verdades y siempre me hace cambiar de opinión. La película sigue siendo la misma, pero yo cambio. Nunca estoy segura de por quién voy a decantarme o qué voy a sacar en claro.

❖

Parte de la insulsa emoción que provoca *Historias de Filadelfia* reside en la seguridad y la fortaleza del personaje de Tracy, interpretado por Hepburn, y al mismo tiempo, las dudas sobre una decisión fundamental en su vida, su matrimonio, la debilitan. Ver titubear a una mujer con tanta confianza en sí misma es un tipo de espectáculo en el que se deleita la película. Hepburn es a la vez la protagonista de la película y su espectáculo. Consigue ser la heroína, a costa de convertirse en blanco de la mayoría de los chistes.

A los trece años no me daba cuenta de esto, claro. Solo veía su fortaleza, su inteligencia y su belleza. Interioricé que una mujer tiene que adelgazar su ego si quiere encajar en un traje de novia.

Lo que más me atraía era cómo la película permitía que los tres pretendientes le mostraran a Tracy distintas versiones de su futuro, al presentarle diferentes versiones de ella misma. Mi amiga Olivia hizo una descripción perfecta de *Historias de Filadelfia*: «Hombres que explican a Katharine Hepburn quién es Katharine Hepburn». De hecho, esa es la clave. Se nos presenta como una diosa, una reina y una chica de oro a lo largo de toda la película, y al final comprendemos que si Tracy elige a uno en vez de a otro no solo tendrá una vida distinta sino que *será* una versión distinta de sí misma. *Se convertirá* en una persona distinta. Y así, de esta manera, Tracy puede elegir quién quiere ser... en la medida en que puede elegir a su marido. El abanico de opciones de su identidad se limita a lo que le ofrecen los hombres. De ahí que las opciones no sean tan ideales.

Combinar la elección de tu pareja sentimental con la elección de tu propia identidad puede parecer retrógrado; sin embargo, para una chica de catorce años como yo, que andaba probando distintas identidades, tenía todo el sentido del mundo. ¿Quién era yo? Buscaba a alguien que me lo dijera. Estaba acostumbrada a que se me ofreciera un abanico limitado de identidades disponibles... Las adolescentes que me caían bien funcionaban así: sombra de ojos acorde con el estado de ánimo, signos del zodíaco, esmalte de uñas, pendientes con tu piedra natal y test de personalidad. Yo tomaba estas referencias baratas por un conocimiento más auténtico o más profundo de quién era o quién podía llegar a ser. No había verdadera libertad de elección. Solo cabía elegir entre las opciones disponibles. ¿Por qué el amor iba a ser diferente?

❧

CONNOR: Tracy, tú no puedes casarte con ese...
LORD: ¿Con George? Voy a hacerlo. ¿Por qué no?...
CONNOR: Creo que sois incompatibles.

En *Historias de Filadelfia* todo es cuestión de clase social. Connor siempre está sin blanca, en parte porque así lo ha elegido como artista, y viene de una familia de clase media de Indiana. C. K. Dexter Haven, como su nombre indica, pertenece a la flor y nata, como los Lord, que también son disparatadamente ricos. George Kittredge creció en un entorno pobre y ahora es un nuevo rico hecho a sí mismo.

Pero cuando Connor habla de «ser compatibles» no se refiere a que George nació pobre, sino más bien a que no está a la altura de Tracy, ni en lo intelectual ni en lo espiritual. George, eso da a entender Connor, es una buena persona, un hombre entero que conoce el esfuerzo, pero Tracy *comprende las verdades más profundas de la vida*. Comprende el sufrimiento. Como, por ejemplo, lo comprende Connor.

En una escena con tanta química y tensión que aún me deja pasmada, Connor se encuentra con Tracy en la biblioteca pública. Ella está leyendo los relatos de Connor y le sorprende ver que son maravillosos.

LORD: No le comprendo bien, se lo aseguro.

CONNOR: Ah, ¿sí? Creía que tenía un estilo fácil.

LORD: Eso pensé yo, pero no es así. Es usted... tan brusco y rudo, y luego escribe estas cosas. ¿Cuál de los dos es usted?

CONNOR: Supongo que los dos.

LORD: No, no. Yo creo que finge esa rudeza para que no hieran sus sentimientos.

CONNOR: ¿Usted cree?

LORD: Entiendo algo de eso.

CONNOR: ¿De veras?

LORD: Bastante.

¡Los dos sufrimos igual! ¡Somos especiales: los dos nos ocultamos! Esto es como una droga para mí.

Siempre he tenido fama de ser muy cabrona con los hombres que tienen costumbres o intereses con los que yo no disfruto. Y es porque he compartido el criterio del artista Jimmy Stewart sobre la necesidad de «ser compatible» con la persona de quien te enamoras. De sentir el mismo tipo de emociones. De moverse por el mundo del mismo modo.

¿Cómo iba a salir yo con un hombre apasionado por el fútbol? O apasionado por la banda Blink-182. Un hombre que jugara a videojuegos. Que encontrara gracioso a Adam Sandler. Que llevara pantalones militares. A quien no le gustara la comida picante.

Durante muchos años, he confundido los gustos con la identidad, con la profundidad.

Creía que era una cuestión de compatibilidad, pero en realidad me sentía amenazada por los gustos masculinos, *porque daba por hecho que tendría que hacerlos míos.*

Siguiendo la misma lógica retorcida, salía con gente con la que no compartía intereses pero aspiraba a compartirlos. Me encantaba la gente más amante del aire libre que yo. La que entendía más de arte. La que tenía más talento que yo para construir y crear objetos con las manos. Como si, en virtud de la propiedad transitiva, al salir con ellos yo también aprendería todo eso y sería como ellos.

Mi amigo Sean entró en el seminario para hacerse jesuita antes de enamorarse y decidir que prefería estar enamorado a ser jesuita. Pero aún conserva parte de esa energía jesuita y quizá por eso a veces me sorprendo contándole secretos. Incluso *confesándome.*

Una vez salí con un hombre de gustos muy distintos a los míos y le fui a Sean con la cantinela de siempre: «¿Es esto una amenaza para mi identidad?», y Sean me dijo que estaba siendo ridícula.

—Eso es lo malo de cómo se relaciona la gente ahora —dijo—. Todo el mundo quiere salir con gente que tiene sus mismos gustos.

—Es para poder compartir cosas —contesté.

Para no tener que dejar tus cosas por las suyas: eso no lo dije.

—Los fans del *death metal* sueco salen con fans del *death metal* sueco —añadió Sean—. Y eso está bien. Pero no sabes si en realidad compartes lo importante, ciertos valores, con la persona con la que vas a casarte.

—Lo de valores suena muy religioso —señalé.

—No tiene por qué —dijo Sean—. Seguro que esa era una de las razones por las que los católicos se casaban con católicos, porque se suponía que dos personas católicas compartían valores. Pero no tiene por qué ser una religión. También puedes estar con una persona que valora las mismas cosas que tú. Si no, lo único que te queda es el *death metal* sueco.

Lo que subyacía al buen consejo de Sean era que no tenía por qué hacer mía la identidad de otra persona si nos enamorábamos. Que su identidad no fagocitaría la mía.

Pero yo me dejo contagiar por los demás. Me cuesta no imitar la cadencia británica cuando hablo con amigos británicos. Tres años en el sur me volvieron incondicional de sus dejes y proclive a arrastrar un poco las palabras. Soy porosa al mundo, una especie de esponja feliz que absorbe los amaneramientos e intereses de mis seres queridos. Levantar una barrera algo más sólida a mi alrededor se ha convertido en la obra de mi vida, para saber dónde termino yo y dónde empiezan mis seres queridos.

En las relaciones hetero, mis elecciones y deseos siempre parecen más proclives a ceder que los de los hombres. No puedo confiar en que no me plegaré a lo que el próximo hombre requiera de mí. No puedo estar segura de no llegar a verme tal como él me ve.

✻

A pesar de la fuerza que Hepburn le imprime al personaje, Tracy Lord está totalmente convencida de las versiones de sí misma que le presentan los hombres.

C. K. Dexter Haven es el primero en explicarle a Hepburn quién es Hepburn. Están en la piscina de la finca de los Lord: Dex, con traje de chaqueta; Tracy, vulnerable, en bañador y albornoz.

LORD: No tienes que mostrarte tan despectivo.
DEXTER: No, pelirroja, contigo no, contigo nunca... Me da pena que haya algo en tu interior que no quieras o no puedas remediar. Tu pretendida energía. Tus prejuicios contra las debilidades. Tu franca intolerancia.
LORD: ¿Es eso todo?
DEXTER: Eso es, precisamente, lo importante. Porque no serás una mujer dulce y comprensiva ni un ser superior hasta que las debilidades humanas te inspiren compasión. Serías más comprensiva si cometieras alguna equivocación de vez en cuando. Pero tu sen-

tido de la divinidad no te lo permite. La diosa debe quedar intacta cueste lo que cueste.

Tracy responde a Dexter con desafío, pero mientras él pronuncia este discurso a ella se le llenan los ojos de lágrimas, le tiemblan las aletas de la nariz y no para de hacer muecas. La diferencia entre lo que dice Hepburn y lo que le revela al espectador con su cuerpo, con su cara, es enorme, y ahí reside su genialidad. Está claro que Dex, por su parte, pretende hacer daño a Tracy, pero también quiere que ella escuche lo que le dice. Habla con una especie de urgencia serena. «Mírate», parece decir.

Cuando George, el prometido de Tracy, aparece momentos después, Dex se retira. Tracy sigue alterada por la conversación. No quiere ser la mujer que Dex dice que es. Y entonces, por un glorioso instante, trata de soñar qué tipo de persona le gustaría ser *a ella*. Tracy Lord es rica y ciega a sus privilegios, pero también es inteligente, y está dolida, y su deseo no resulta absurdo para el espectador. Por espacio de un segundo, intenta responder *por sí misma* a la pregunta de: ¿quién soy y qué quiero?

LORD: Ay, George, quisiera salir de aquí, ¡ser útil de algún modo!

Esto no dura mucho.

KITTREDGE: ¿Útil?, ¿tú, Tracy? ¡Te voy a construir una torre de marfil con mis propias manos!

Hepburn parece consternada mientras George casi repite como un eco el discurso que Dexter ha soltado hace un momento.

KITTREDGE: Eso es lo maravilloso de ti, Tracy.

LORD: ¿Por qué lo dices?

KITTREDGE: Porque eres algo excepcional, distante, como una reina. Nunca te abandonas, nunca pierdes la serenidad. Hay una especie de pura belleza en ti, Tracy, como la de una estatua... Es algo grande, Tracy, algo que todos presienten en ti. Fue lo primero que me fascinó en ti... Solo que ahora te tengo más cerca, ¿verdad, querida?

LORD: Pero no quiero que me adoren, George, sino que me quieran.

KITTREDGE: Bueno, eso también, naturalmente que sí.

LORD: Que me quieran de veras.

KITTREDGE: Eso no hace falta decirlo, Tracy.

LORD: No, es que yo creo que no has sabido comprenderme...

Las palabras de amor de su prometido coinciden con la crítica de su exmarido. A Tracy le horroriza lo que, según George, todo el mundo cree: que es una broma que ella pueda hacer algo útil en el mundo. Que, como una estatua «que nunca se abandona ni pierde la serenidad», tenga que quedarse inmóvil y transmitir algo.

Y, claro, al día siguiente, Tracy tiene que casarse con George y comprometerse con esa versión de sí misma, hasta que la muerte los separe.

❧

Sería más fácil etiquetar *Historias de Filadelfia* como las correrías de una chica loca por los chicos, pero el guion mondo y lirondo parece más bien un *thriller* de Hitchcock.

❊

Cuando vi *Historias de Filadelfia* siendo adolescente, y después con veintitantos, no me fijé en la crueldad. Estaba muy ocupada intentando adivinar a quién elegiría Tracy.

¿Sería a George, que quería ponerse a sus pies y venerarla como si fuera una estatua sobre un pedestal, o a Dex, que le reprochaba ser una diosa con unas exigencias poco razonables?

Por supuesto que no.

La respuesta acertada, ya lo sabía entonces, era Macaulay Connor, porque él, como Tracy, era duro por fuera pero sensible por dentro. Una especie de alma gemela, a pesar de la diferencia de clase. Y si entonces me equivoqué tanto al pensar que Connor era el ideal, quizá fue porque un hombre divertido, larguirucho y que habla muy deprisa es mi kriptonita, y Jimmy Stewart es el rey en esas tres cosas.

O quizá fue porque Connor y Tracy comparten la escena más icónica de la película, y ¿cómo podía ser suya la escena más estupenda si él no era el ideal?

❊

Después de que su exmarido y su prometido la pongan de vuelta y media, Tracy —que, dicho sea de paso, lleva en esta escena una túnica/albornoz muy propia de una diosa— se va dando traspiés por una esquina de la casa, como un animal herido, mientras el ensayo del banquete despega sin ella. Colocan las mesas y las bebidas. Tracy las observa. Vacía, una detrás de otra, tres exquisitas copas de champán. Y así arranca la noche. La diosa, la estatua majestuosa, nuestra luna, será derrocada. Se derrocará ella misma. Y lo hará para demostrar que no es quien los hombres piensan que es. En cierto modo, es una apuesta por la libertad. Pero como sucede con la mayoría de las apuestas por la libertad que empiezan con cócteles, la cosa sale mal.

Cuando Tracy y Connor vuelven a encontrarse esa noche, mucho más tarde, los dos están borrachos. Así empieza la famosa escena en la que Stewart y Hepburn, hasta arriba de champán, se hacen arrumacos.

CONNOR: Tracy... eres excepcional. [...] Hay algo grande en ti, Tracy...

TRACY: Mike...

CONNOR: Hay algo grande en tu mirada, Tracy, en tu voz, en tu forma de andar, en tu porte... Algo que resplandece como el fuego. ¡Y es un fuego intenso, una gran hoguera!

TRACY: ¿A ti no te parece que soy de bronce?

CONNOR: No, eres una mujer de carne y hueso. Y eso es justamente lo extraño, lo sorprendente. Eres un sueño hecho realidad. Llena de vida, de ardor, de encanto... ¿Qué te ocurre? Tienes los ojos llenos de lágrimas.

TRACY: *[Deprisa.]* Cállate, cállate... no, Mike, habla, sigue hablando, continúa, ¿quieres?...

CONNOR: No, no, ya he terminado.

[Se abrazan.]

TRACY: ¡Caramba! Nunca me habían besado así.

Me dan ganas de besar a Jimmy Stewart por decir todas esas cosas de Tracy... conque a saber lo que haría si me las dijera a mí. Pero lo principal es que él le ha devuelto su humanidad. Un sueño hecho realidad, desde luego. Pero un ser humano lleno de calidez y capaz de sentir. En una película en la que Tracy no tiene el poder de transformarse, Connor le permite verse de un modo que no la horrorice, al menos por un momento. Y luego besa a la chica a la que acaba de describir.

(Un comentario al margen: Connor y Tracy se besan y después se bañan desnudos, pero no follan, y el motivo por el que Connor no se acuesta con Tracy es que ella está borracha. La lleva a su cama, se asegura de que está bien, y *entonces la deja en paz*. Al día siguiente, cuando todos se quedan de piedra al saber que la cosa no pasó de ahí, Connor dice que fue porque Tracy estaba «un poco, un poco...». «¿Piripi?», apunta Dex. «Sí —dice Connor—, ¡y en esos casos hay reglas!» Sin duda, las hay. Y gracias, Jimmy Stewart, por esta advertencia en 1940.)

Connor dice las palabras precisas en esta escena con Tracy. Y las dice de maravilla. Lo importante es que crea «un momento» para ellos, que los hace sentirse vivos, especiales y llenos de posibilidades. Da igual que Connor esté saliendo con Liz Imbrie, la fotógrafa de la revista. Da igual que Liz esté a dos terrazas de allí (¿cuántas terrazas puede tener una mansión?), tecleando a toda velocidad un artículo para el periódico que les permita salvar el día justo mientras tiene lugar esta escena. Todo eso da igual.

Me he pasado la mayor parte de mi vida saliendo con hombres como Macaulay Connor.

Porque a los trece años, y mucho tiempo después, creía que el amor era *eso*. Esa especie de sincronía de dos almas que se ven la una a la otra. Esta especie de Gran Momento de Pasión y Emociones. Y por eso he tenido ese tipo de novios.

Todos fueron maravillosos, como lo es esta escena, mientras duraron.

Lamentablemente, lo que pasa con un hombre como Macaulay Connor es que nunca puedes ser un sueño hecho realidad por mucho tiempo. Puedes serlo solo mientras estás en un Gran Momento de Pasión y Emociones. Pero el momento pasa. Y entonces te transformas en Liz Imbrie, fotógrafa de una revista de día, pintora de noche, la larga y complicada relación de Macaulay Connor. Una especie de chica de andar por casa con preocupaciones de andar por casa.

En un momento dado, Dex le pregunta a Liz por qué Connor y ella no se han casado.

> Liz: Aún le queda mucho que aprender. Y no pienso estorbarle por ahora...
> Dex: ¿Y si entretanto se interpone otra mujer?
> Liz: No dude de que le sacaría los ojos. A no ser que ella tuviera que casarse con otro al día siguiente.

Tenía alrededor de veinticinco años cuando empecé a ver en los rasgos de Liz Imbrie el dolor y la rigidez del dolor, cuando Connor, de un modo que no se diferencia mucho de lo que hace Tracy, se va detrás de la primera que le hace sentir que es la persona que quiere ser. Connor despotrica contra la injusticia de que un artista no tenga más remedio que trabajar para ganarse la vida a duras penas, mientras que Imbrie hace tranquilamente su trabajo de fotógrafa en vez de pintar, que es a lo que quiere dedicarse, porque sabe que necesita comer y pagar el alquiler.

Llevaba casi una década siendo Liz Imbrie hasta que me fijé en ella.

Y esto le quitó todo el brillo a Connor. Por eso, al ver *Historias de Filadelfia* ya casi en la treintena, empecé a sucumbir a la lógica de la película: que Cary Grant, C. K. Dexter Haven, es, al fin y al cabo, la mejor elección para Tracy.

❇

Historias de Filadelfia nos convence de que Cary Grant es el mejor para Hepburn al final de la película, porque la entiende más a fondo que nadie. A través de sus borracheras y sus travesuras, Tracy ha llegado a ver y aceptar la debilidad humana, y así, al día siguiente, derribada de su pedestal, es una mujer a la que Dex está dispuesto a amar por sus defectos y su humanidad en lugar de por su perfección, y Tracy se lo agradece.

> TRACY: Soy una calamidad... Pero durante toda mi vida, aunque viviera cien años, no olvidaré cuanto has hecho para darme el valor que hoy necesito.
> DEXTER: Ah, te veo en excelente forma.

Eso es lo que yo quería, decidí. Un Dex. Alguien que ve lo espantosa que eres, y *te elige*. Alguien que ve perfectamente tus defectos y te empuja a ser mejor. *Esa*, decidí, era la manera más honesta de estar enamorado.

Probé a aplicar esta visión del mundo. Volví con un ex, Arlo. Porque lo quería, por supuesto. Pero también porque era la única persona en la vida que me había dicho sin tapujos que era una mala persona. Era mi Dex.

Dejémoslo claro, no le faltaba razón cuando me dijo que era una mala persona. No era una manipulación, era un simple ajuste de cuentas con el pasado. Yo me porté mal con Arlo en el instituto. Y también me porté mal cuando volvimos a estar juntos. No me flagelo sin venir a cuento. Los pecados son reales.

Arlo me los recordaba a menudo. *Y eso me hacía sentir que alguien me veía.* Alguien me conocía. Me hacía sentir como si cualquier otra persona con la que pudiera salir, que me viese como una buena persona, el típico George Kittredge, el típico Macaulay Connor, eran unos memos que seguían sin caerse del guindo. Con el tiempo, ellos también verían lo mala persona que era, y entonces, se largarían.

O algo peor, nunca llegarían a verme tal como era en realidad. Y estaría eternamente sola conmigo misma.

Pero Arlo ya conocía lo peor de mí y, aun así, quería quedarse. El hecho de que me tuviera en tan baja estima era un consuelo. Tan convencida estaba yo de esto que me faltó poco para dejar el curso de posgrado y mudarme con él a la otra punta del país.

Me gustaría deciros que dejé la relación al darme cuenta de que lo nuestro no se parecía a lo que se supone que es el amor. Pero a pesar de que seguí con mis estudios de posgrado y no me mudé a la otra punta del país para estar con Arlo, haciéndole de esta manera mucho más daño del que ya le había hecho, me dije que esto era otro fracaso por mi parte. Que era demasiado cobarde para estar con alguien que me veía de verdad. Y una vez más volvía a hacerle daño. Otra cosa mala.

Me costó mucho tiempo entender que aunque, sí, me había portado mal en esta relación en muchas ocasiones, y sí, estaba llena de pecados y defectos, recibir el amor de alguien que veía lo peor de mí no equivalía a ser sincera y lamentar mis defectos. Que era posible reconocer y admitir los propios errores sin construir con ellos los cimientos de una relación.

Decir que Dex y Tracy estaban hechos el uno para el otro porque se querían a pesar de sus defectos es una interpretación bondadosa. Una forma más cínica de verlo es que Dex ha orquestado la debacle de la noche para darle una lección a Tracy, y que, ahora que está en el fango, como todos los demás, no se crea digna de merecer nada mejor. Dex disfruta derrocando de su pedestal a la diosa/estatua/sueño-hecho-realidad, y una vez que la ha derribado, como si fuera un muñeco de feria, se lleva a casa el premio.

Con todo esto quiero decir que la posibilidad de que Dex fuese el mejor también se ha esfumado para mí.

Si parezco demasiado suspicaz tal vez sea porque el motivo por el que C. K. Dexter Haven y Tracy Lord se divorciaron fue que él la tiró al suelo de un empujón. De hecho, es lo primero que ocurre en la película, pero resulta muy fácil olvidarlo.

La película empieza con una escena muda que da cuenta del trasfondo del matrimonio de Tracy y Dex. En la escena, parece que gritan y discuten. Tracy, en la puerta de casa, tira al suelo los palos de golf de Dex y rompe uno con la rodilla. Dex sube entonces las escaleras hasta donde está ella, se lo piensa un momento, y le pone la mano en la cara. Tracy cae al suelo de un empujón limpio.

En un resumen radiofónico de *Historias de Filadelfia*, basado en la película, el locutor relata así esta escena silenciosa: «El primer matrimonio de Tracy Lord con C. K. Dexter Haven se disolvió con un enérgico directo a la mandíbula».

Dos veces a lo largo de la película, la hermana pequeña de Tracy, Dinah (interpretada por la robaescenas Virginia Weidler) espía a Tracy y a Dex con la intriga de si él «volverá a darle un puñetazo».

Esto da a entender que sí, que el suyo era un matrimonio fogoso, apasionado y pendenciero. Pero también da a entender que Tracy ha dejado a Dex porque la maltrataba. Que se divorció porque no quería que él volviera a maltratarla.

Más allá de los ejemplos que señalo, la violencia no se trata en ningún momento de la película. Está implícita. En ningún momento del desarrollo dramático, que al final reúne de nuevo a Tracy y Dex, se reconoce la violencia.

Una vez más, en la familia de Tracy todos adoran a Dex.

¿Qué hacer con la noticia de que el propio Cary Grant fue acusado de maltratar a sus múltiples parejas en la vida real? ¿De qué manera la película nos pide que veamos y sepamos que Cary Grant es violento, y después *lo perdonemos*, porque debemos aceptar los defectos y las cosas malas de nuestra pareja? Al fin y al cabo, en este caso queda claro que él es el bueno de la película. Es el mejor para Tracy. Es el puto Cary Grant.

Hay una diferencia entre que una persona te quiera tal

como eres en realidad y que una persona vea lo peor de ti y te lo diga sin piedad. Tengo dudas sobre la relación de Tracy con Dex. Naturalmente, no creo que nadie deba quedarse con una pareja violenta. Por supuesto que no. Pero el mundo de *Historias de Filadelfia* es el de 1940, y por tanto la película no tiene ningún inconveniente en servirse de la violencia *como metáfora en lugar de como realidad.* Y metafóricamente, la película plantea la pregunta de qué significa perdonar a una persona a la que quieres por algo muy malo que te ha hecho. ¿Puedes perdonarla? ¿Puedes volver a estar con esa persona? ¿Es posible que estas experiencias sean beneficiosas para la relación en lugar de destruirla?

Si eliminamos todos los detalles, es una buena pregunta.

✷

En una escena fácil de pasar por alto, Dex encuentra a Tracy acurrucada en el asiento trasero de un coche, a la puerta de su casa. Está borracha y se ha quedado dormida. Dex sube al coche, y las dos caras, apoyadas en el respaldo del asiento, parecen las de dos enamorados mirándose en la cama. Dex le habla a Tracy con mucho cariño. Ella parpadea para abrir los ojos y los cierra cuando él la invita a entrar en casa.

> DEXTER: Estás preciosa, pelirroja. ¿Por qué no entras?
> LORD: ¿Para qué?
> DEXTER: Pues para beber un poco de champán, si quieres.
> LORD: Yo no bebo.

DEXTER: Es verdad, lo había olvidado.
[*Pausa. Tracy abre los ojos, segura de sí misma.*]
LORD: Yo no.

Hay un largo silencio entre que Dexter dice que lo había olvidado y Tracy dice que ella no. Mientras que un segundo antes era una chica adormilada y hasta las cejas de champán, cuando dice: «Yo no», está completamente despierta.

Tengo casi cuarenta años y sigo usando *Historias de Filadelfia* como mi test de Rorschach, y últimamente, este es el momento que me mata.

Porque cuando Tracy mueve la cabeza, cuando considera si entrar en casa con Dex, cuando dice que ella no ha olvidado, está hablando de *todo lo que ha ocurrido entre los dos*. Está diciendo que le gustaría entrar, pero que se acuerda, que se acuerda, que se acuerda del pasado, del daño que le hizo, y de la lección que le enseñó a tener cuidado, y por eso no puede. Aunque a una parte de ella le gustaría.

Lo que no ha olvidado basta para impedírselo.

Esta escena habla de mucho más que de ese empujón que Dex le dio a Tracy. Habla de que ella no puede evitar que todo lo ocurrido en el pasado guíe sus decisiones, sus actos, sus posibilidades.

En una escena anterior de la película, Margaret, la madre de Tracy, empieza a decir: «El camino del amor verdadero...», pero antes de que pueda terminar con «nunca ha estado libre de obstáculos», Macaulay Connor, que está borracho, apunta: «¡No se enmohece!». Es una frase sin importancia. El chiste de un borracho que confunde dos dichos.

Pero ¿qué significaría que el verdadero amor no se llena de moho?

¿No sería algo así como perdonar?

¿No es otra forma de decir que lo más necesario para el amor verdadero es una pizarra en blanco? ¿No cargar en el futuro con nada del terreno recorrido en el pasado? ¿Ser, en esencia, una piedra sin historia?

Hay otra alusión al «amor verdadero» en *Historias de Filadelfia*.

Amor eterno es el nombre de un barco en el que Dex y Tracy, hace mucho tiempo, navegaron por la costa de Maine en su luna de miel. Dex trae una maqueta de regalo de boda para Tracy, y es George quien desenvuelve el regalo y le da el barquito a Tracy cuando está nadando en la piscina, en bañador y con gorro de baño.

Tracy lo levanta en alto:

TRACY: ¡Pero si es la maqueta del *Amor eterno*!
KITTREDGE: ¿Del qué?
LORD: Un balandro que él diseñó e hizo construir. Recorrimos con él toda la costa del Maine en nuestra luna de miel. ¡Era tan manejable!
KITTREDGE: ¿Qué quieres decir con eso?
LORD: Pues… Me refiero a que era ágil, de timón dócil, alegre, rápido. Tal como ha de ser un balandro. Hasta que se le pudra el casco.

❊

La mañana del día de la boda de Tracy, *Historias de Filadelfia* plantea al espectador una especie de macabra pregunta de múltiples respuestas a la que debemos responder de una vez por todas: ¿quién es Tracy Lord?

Incluso, quizá, ¿cómo deberíamos ser para ajustarnos al ideal del Objeto de Amor?

La propia Tracy tiene que elegir, tiene que decidir si va a casarse y con quién. Entonces ¿qué versión de Tracy Lord debería elegir Tracy Lord?

A) Una diosa

B) Una estatua y/o reina

C) Un sueño hecho realidad

D) Una calamidad (la otra cara de esta moneda es: una mujer que cree que el hombre que le ha hecho daño es el hombre que mejor la entiende)

La escena que se desarrolla al final de la película es más o menos así:

George demuestra que no es digno de ella, al escribirle a Tracy una envarada carta de colegial en la que le dice que se merece una explicación sobre lo que ha pasado con Connor la noche anterior. Entonces, todo el mundo se confabula para manipular a George y hacerle pensar que es una mala persona por sospechar que Tracy se ha liado con Connor, pese a que la propia Tracy está convencida de que probablemente se ha acostado con él. Pero eso da lo mismo. Tracy rechaza a George por suponerlo, y así nos libramos de él, cuyo mayor delito era ser muy aburrido porque, al haber sido pobre, ha estado tan ocupado ganando dinero con un trabajo de verdad que no ha tenido tiempo para desarrollar un estilo único de conversación de terraza que pueda llamar suyo y lo haga merecedor de nuestro amor.

Aunque George se va, nadie se ha acordado de anular la boda: los invitados ya están sentados, el sacerdote preparado con su biblia en la mano, suena la marcha nupcial y se supone que Tracy va a entrar por el pasillo *ya*...

En un Grandioso Gesto Romántico, más por salvar la boda que por otra razón, Connor le pide a Tracy que se case con él. Le dice que está dispuesto a casarse ya mismo. Tracy dice que no, con el buen juicio de no ver en una sola noche de besuqueos más posibilidades de las que caben en la fantasía. También señala que NO CREE QUE A LIZ LE GUSTARA MUCHO. Es decir, a la novia de Connor, que, de nuevo, como siempre, está delante.

Rechazado Connor, nos queda la opción D)ex.

Dex le ha insinuado a Tracy que los demás siempre tienen que sacarla de los líos en los que se mete, y eso, aunque parezca una crítica en general justa para una chica rica, no hemos visto que ocurra precisamente en esta película, pero para entonces Tracy ha aceptado a Dex como *la autoridad en la cuestión de quién es ella*, y decide que tiene razón y que es ella quien debe hacerse cargo de la incómoda papeleta de anunciar a los invitados que la boda no se va a celebrar.

Abre la puerta del salón y les pide que presten atención, pero se le traba la lengua y le suplica ayuda a Dex. Dex empieza a dictarle lo que tiene que decir. Le hace decir a Tracy que la boda va a celebrarse a pesar de todo, y que va a casarse de nuevo con Dex.

Dice: «Oh, Dexter, seré como tú quieras, lo prometo».

Y Dex responde: «No importa cómo seas. Eres mi pelirroja».

Y todo es de lo más romántico. Y se casan. Y la boda sale en las revistas. Tracy ha elegido. Fin.

❉

Sería sencillo decir que esta historia, en la que una mujer confunde su elección de un compañero con su elección de una identidad, es absurda, de otra época. Qué horror, podríamos decir, que en 1940 todavía se tuviera esta idea sobre la identidad de las mujeres.

¡Chicos, chicos, chicos! ¿A quién elegirá Tracy? ¡Qué ridículo que una mujer dé tanta importancia a los hombres, que hable tanto de ellos! ¿Por qué no centrarnos en Tracy? ¿Por qué no dedicarnos a Hepburn en calidad de Hepburn? ¡Dejadla que elija su identidad!

A menos, claro, que tu última pareja te humillara y después no volvieras a sentirte la misma del todo. Que ya no estuvieras segura de quién eras.

A menos, claro, que te acordaras. Que te acordaras de todas las experiencias no precisamente buenas que has tenido con una pareja. De cómo te han hecho sentir recelo, enfado y miedo, y después te han dicho que dejes de actuar como si fueras de bronce o algo por el estilo. Que seas un poco más cariñosa, más amable y perdones más la debilidad humana.

Es dificilísimo ser *como se espera que seas* cuando has recorrido la costa varias veces de arriba abajo.

La periodista Barbara Walters se ganó una vez un buen corte por preguntarle a Hepburn qué árbol sería si fuera un árbol. (Un roble.) Creo que lo que hizo reír a la gente no fue solo lo mema que era la pregunta, sino la fantasía que encerraba. Como si, en cuestión de identidad, una persona pudiera elegir, sin más.

Historias de Filadelfia sigue estando para mí llena de misterio y romanticismo. Sigue siendo mi película favorita. Y ahora, cuando la veo, no me fijo en los hombres, ni siquiera me fijo en Tracy. Me fijo en Hepburn y le pregunto cómo consigue llevar a Tracy de escena en escena con tanta fuerza y tanta gracia.

La pregunta del árbol de Barbara Walters era ridícula, pero se redimió en otra entrevista, diez años después, con este diálogo, en el que se da la mejor respuesta que recibiré nunca.

WALTERS: Lloras a menudo en las películas. ¿Lloras alguna vez en la vida real?
HEPBURN: ¿Si lloro?
WALTERS: Si lloras.
HEPBURN: No, no lloro…
WALTERS: En las películas sí.
HEPBURN: Sí, para que sepan que estoy triste.
WALTERS: ¿Dudas alguna vez?
HEPBURN: Casi siempre…
WALTERS: ¡Y al mismo tiempo eres tan contundente!
HEPBURN: Sí, lo soy, pero puede que tú también lo seas.

El hombre que estaba detrás de la cortina

> No toda la magia está en el mundo de las hadas
> —dijo, muy serio—. Hay magia a montones en
> la naturaleza, y también puedes verla en Estados
> Unidos, donde vivíamos tú y yo.
>
> L. Frank Baum, *Tik-Tok de Oz*

Mi amigo y yo fuimos al Casino Camino de Baldosas Amarillas, a divertirnos un rato. No éramos muy optimistas pero creíamos que nos echaríamos unas risas. Ni él ni yo éramos jugadores. Nos fijamos un presupuesto de veinte dólares, porque no nos fiábamos de poner más.

Yo llevaba más de dos años pasando en coche por delante de este casino de Chittenango, en Nueva York. Está pintado de verde esmeralda y tiene una amplia marquesina amarilla. Sobre la marquesina está el cartel de Camino de Baldosas Amarillas, con las letras de neón parpadeando en espiral. Yo esperaba encontrar en el CBA algo de la magia de Oz. Diréis que qué ingenuidad, pero tenía esa esperanza, porque yo *conocía* al mago de Oz. Estuvimos muchos años en contacto. Le había echado el ojo al casino porque cuando murió el mago, me dejó huérfana de una magia que sigo buscando desde entonces.

En cualquier habitación, mi abuelo encontraba al niño más listo y más raro de todos y se aliaba con él contra los adultos. Le encantaban las bromas de calambrazos en la mano, las sorpresas con trampa, los vómitos de mentira, las margaritas que soltaban un chorro de agua, las perogrulladas de vaqueros, los chistes de «Toc, toc. ¿Quién es?» y el humor escatológico. El día que tocaba visita de los abuelos, cuando yo estaba en tercer curso, mi abuelo prometió a todos los niños de mi mesa en el comedor un helado de fresa, en contra de los deseos de sus padres. En vez de sacar el helado, nos dio un dólar a cada uno para que sintiéramos el poder del intercambio monetario.

A mí me parecía un mago. No es una metáfora. Lo que más le gustaba a mi abuelo Ed Joyce era *El maravilloso mago de Oz,* y cuando yo era pequeña nos hacía un truco muy obvio pero de lo más persuasivo a mi hermana pequeña y a mí, que consistía en convencernos, de forma sistemática y por todos los medios posibles, de que el Mundo de Oz existía en realidad.

¿Sería lícito decir que era un truco cuando él no buscaba que llegara el momento de «¡te pillé!»?, ¿cuando lo que buscaba era que creyéramos en él eternamente?

Por dentro, el Camino de Baldosas Amarillas no se parecía en nada a Oz. Su diseño era el típico de un casino. Peor todavía, yo llevaba tanto tiempo sin apostar que el funcionamiento de los casinos había cambiado por completo. En el complicado casino disneylandesco de Mohegan Sun, una vez me dieron un saco de terciopelo lleno de fichas, cargado de posibilidades. En un barco fluvial de Natchez, en Misisipi, muy similar al decorado de *Maverick,* me dieron un vaso de gomaespuma con fichas doradas que producían un tintineo muy bonito. Había algo mágico en la transubstanciación del dinero en estas monedas de nuevo cuño que tenían el poder de multiplicarse y convertirse en algo más.

No era el caso del Camino de Baldosas Amarillas. En el mostrador de recepción nos dieron unas tarjetas de fidelización con nuestro nombre oficial escrito. Fuimos con ellas a las tragaperras, que eran en su mayoría digitales: Fanático de las langostas, Leopardo de las nieves, Vikinga sexi… ninguna con la temática de Oz. Introduje la tarjeta en una ranura con la intención de cargarla de dinero, pero resultó que la tarjeta solo servía para acumular puntos de descuento en una gasolinera de los alrededores.

Me acerqué a un par de empleadas bien vestidas que andaban por la sala, para preguntarles cómo se suponía que tenía que darle mi dinero al casino. Las empleadas se llamaban «munchkins», como los gnomos de Oz. No es coña.

Las munchkins me dijeron que el Camino de Baldosas Amarillas era ahora un casino de vanguardia, como los de Atlantic City, como los de Las Vegas.

—¿Y eso qué quiere decir? —pregunté.

—Quiere decir —me explicaron las munchkins— que puedes meter la moneda en la máquina directamente.

Mi amigo y yo volvimos a las tragaperras digitales, que resultaron ser aburridísimas. Apretabas un botón para introducir la cantidad que habías metido, y la rueda digital giraba. El botón no daba ningún placer. No me producía la ilusión de estar guiando mi fortuna.

Las tragaperras analógicas eran mejores. Los tambores giraban y se iluminaban: caramelos, cerezas, signos de dólar. ¿Lo atractivo era el ruido de la máquina, o era que había visto a gente ganar dinero jugando a esto en alguna película? ¿O era que esta máquina tenía una palanca en lugar de un botón? Requería cierta destreza tirar de la palanca: había que *practicar*. Incluso tenía su técnica, me dije. Desarrollé una maniobra primero lenta y luego rápida que me acercó a las tres cerezas más que nunca.

Me gustaban las máquinas de antigua generación, porque en parte me hacían sentir como si tuviera un pelín de control sobre mi fortuna. Podía decidir cómo tirar de la palanca, y con cuánta fuerza, y cada vez que metía un dólar me convencía un poco más de que mi técnica iba mejorando.

Pronto, cuando tirase de la palanca, aparecerían las tres cerezas, porque me las había ganado. Había dedicado un buen rato a esta máquina, y mi país me había educado en la creencia de que el tiempo invertido siempre obtenía su recompensa. Volví a perder. Me encontré en ese territorio en que la realidad del sueño americano colisiona con la verdad de que la banca siempre gana.

La historia de los orígenes de mi abuelo de Oz se remonta a la Depresión. Era hijo de Cap, un expresidiario y héroe de guerra que, cuando su rancho de Arizona para turistas se fue al garete, se echó a la carretera con su familia. Mi abuelo pasó la mayor parte de sus primeros años yendo de un lado a otro, a veces viviendo en el coche familiar, ya que Cap se sumó al Cuerpo de Conservación Civil y dirigía una revista del «salvaje Oeste». A mi abuelo lo dejaban casi siempre aparcado en la biblioteca de la ciudad en la que estuvieran, y allí encontraba a sus únicos amigos: Dorothy y el Espantapájaros, el Hombre de Hojalata, el Hada de las Nubes y todos los demás personajes de la serie de Oz de L. Frank Baum. Mi abuelo se prometió a sí mismo que algún día, si tenía algo de dinero, se compraría todos los libros de Oz. Los trece originales escritos por Baum, y los otros veintiséis escritos por otros autores.

Resultó que de mayor tuvo dinero. Bastante.

Cómo ocurrió esto se parece un poco al cuento del sueño americano del hombre «hecho a sí mismo», al que nadie se puede resistir y que en mi infancia era tan ubicuo como los cuentos de Oz. Ed Joyce pasó de ser un niño de la Depresión que vivía en un coche a trabajar en la radio. Presentaba un programa de jazz como el Jazzista Joyce. A esto le siguió un programa infantil de televisión, *Breadtime Stories,* patrocinado por una empresa de repostería, en el que salía un mono auténtico que se llamaba *Cookie.* Hizo también un programa de entrevistas de radio, *The Talk of New York,* al que invitaba a personajes como Malcolm X y Timothy Leary. Cuando pasó a dedicarse al periodismo de actualidad, fue él quien destapó la noticia del accidente de Ted Kennedy en Chappaquiddick. En la década de 1980 llegó a presidente de CBS News, donde se ganó la fama de ser tan bruto como encantador, de ahí el apelativo de «la navaja de terciopelo».

A lo largo de estos años y éxitos, mi abuelo siguió comprando la colección completa de primeras ediciones de los libros de Oz. Se los leía a sus hijos, y luego nos los leía a mi hermana y a mí. Vivíamos todos en la misma pequeña ciudad de Connecticut.

Estos cuentos eran lo que más me gustaba del mundo.

Mi abuelo tenía el don del locutor de radio y sabía interpretar a todos los personajes con mucha pasión, en una especie de espectáculo polifónico. Os puedo decir *exactamente* cómo se supone que hablan el rey Nome, la princesa Ozma y el Hombre de Hojalata.

Las lecturas de Oz solo se interrumpieron una temporada cuando mis abuelos volvieron al Oeste, a un rancho de caballos en Santa Ynez, California. Yo tenía siete años y mi hermana cuatro.

La solución que encontró el locutor para salvar la distancia fue, naturalmente, grabar cintas.

Todos los días, al volver del colegio, mi hermana y yo mirábamos a ver si había en el buzón un sobre acolchado con una cinta de casete. Un capítulo de Oz. Mi abuelo también nos enviaba fotocopias de las ilustraciones correspondientes a la lectura. Situaba la escena al principio de la grabación, diciéndonos dónde estaba sentado y si alguno de sus perros andaba por ahí. Y al final siempre nos contaba lo que iba a hacer a continuación, normalmente dar de comer a los caballos, y luego nos decía que nos portáramos bien con nuestros padres y siguiéramos siendo «alegres y dicharacheras».

Fue entonces cuando mi abuelo empezó a convencernos de que Oz existía en realidad.

Todavía conservo un fragmento de cinta relacionado con esto. A mitad de un capítulo, en mitad de la grabación, a mi abuelo le llaman por teléfono, y se oye el melodramático lamento del pitido a lo lejos. Nos pide disculpas por interrumpir la lectura. «Creo que tengo que atender esta llamada», dice, y hace como que apaga la grabación. Luego dice: «¡Ah, hola, mago!», con una voz de absoluto placer. Luego acuerda un encuentro en un campo de amapolas, y le asegura a quien lo ha llamado, el puto mago de Oz, que ha practicado mucho los trucos de magia que él le enseñó, para poder hacérnoslos a los niños en Navidad. ¿Que si les ha dicho a los niños que Oz existe en realidad? No, no, todavía no se lo ha dicho. Pero se lo dirá cuando llegue el momento. «¡Adiós, mago!»

La primera vez que mi hermana y yo oímos esta parte de la cinta nos miramos sin decir ni mu. El mero hecho de repetir lo que habíamos oído rompería el hechizo.

Era posible creérselo, porque mi abuelo hacía trucos de magia. Se sacaba pañuelos de la nariz, adivinaba el color de los dados que guardaba en unas cajas secretas y borraba los dibujos de los libros de colorear con gestos y florituras.

¿Por qué no íbamos a creernos que estaba aliado con el mago de Oz?

La ilusión crecía con cada viaje a California. Nos llevó al monte Figueroa y nos metió hasta la cintura en un campo de amapolas. Recogíamos piñas más grandes que un balón de fútbol, que él sumergía en bórax para que cuando las echáramos a la hoguera lanzaran llamas verdes. Fingía que sabía hablar con los animales (en Oz, los animales hablan) y enseñó a su caballo a responder a sus preguntas asintiendo con la cabeza y moviendo la pata: un truco del rancho para turistas que había aprendido de su padre. Escondía gemas en el jardín y nos daba a entender que el rey Nome las había dejado ahí, y que se enfadaría mucho si le robábamos su tesoro. Siempre nos quedábamos con el tesoro, y al día siguiente encontrábamos en el mismo sitio una nota que nos amenazaba, ¡qué emoción!, con «pisotearnos los deditos de los pies».

Mi abuelo era de los que siempre te estaban tomando el pelo y al mismo tiempo hacían que las cosas *reales* resultaran demasiado asombrosas para creerlas, con lo que era difícil detectar dónde residía la verdad. En aquella época, creo que yo sabía que tenía que creérmelo, aunque solo a medias, como un buen compañero de escena. Pero me lo creía con desesperación, con locura, como si hacer demasiadas preguntas pudiera ahuyentar la fantasía.

Tenía mis motivos para querer creer que el mundo que mi abuelo tejía para nosotras era posible. Era una niña muy corriente y con temor a no llegar a ser nunca nada más, y en los libros de Oz hasta las niñas muy corrientes de Kansas podían huir de sus tareas y sus deberes para vivir aventuras con reinas y robots. Daba igual que Dorothy no fuese especial: aun así, hacía unas cosas increíbles. Por aquel entonces yo no establecía diferencias entre creer en Oz y creer en el mundo de ensueño americano, en el que el hijo pobre de un vaquero expresidiario podía ascender en la escala social. Estados Unidos veía en ti algo que nadie más veía y te daría la oportunidad de alcanzar el maravilloso futuro al que aspirabas, fuera cual fuera. ¡Oz estaba al alcance de todo el mundo!

El capitalismo tardío no es un buen momento para creer en ninguno de estos dos tipos de magia.

Como adulta, el mundo real me decepciona muchas veces. Prefiero vivir dentro de mi cabeza, en los libros y en las fantasías, donde todo brilla un poco más que en la realidad. Muchas veces he querido volver a los tiempos en que las piedras del rey Nome aparecían en la puerta de mi casa, en los que algún animal me hablaba en secreto.

Las primeras grietas de la ilusión aparecieron en sexto curso, cuando nos pidieron leer la biografía de un personaje importante. Quizá sea significativo que, con mi obsesión por Oz, yo no eligiera la biografía de Baum sino la de Judy Garland, quien, como ya sabemos, interpretaba el papel de Dorothy en la película de 1939 de *El mago de Oz*. El Día de la Biografía teníamos que ir a clase vestidos como el personaje de nuestro libro elegido y hablar de nuestra vida… *en primera persona, metiéndonos en el papel.* Después nos mezclaríamos todos con nuestros compatriotas famosos en una «Merienda de Personajes».

Mi madre me ayudó a encontrar en la biblioteca municipal *Little Girl Lost: The Life and Hard Times of Judy Garland,* de Al DiOrio, Jr.

Me horrorizó y me obsesionó la trágica biografía de Garland y quería a dar a conocer la verdad a todo el mundo. Sin embargo, en un acto de lo más retorcido, *elegí presentarme ese día en el colegio vestida de Dorothy*, no de Garland. Iba con coletas, tacones de purpurina y unos calcetines azules cuando me puse delante de mis compañeros de sexto y me presenté como «Judy, Judy, Judy». Les dije que los rigores del rodaje me obligaban a tomar «estimulantes», que eran *drogas,* que también me ayudaban a perder peso, y eso «era bueno en Hollywood», y les conté que tenía dificultades para dormir, y eso me obligaba a tomar «tranquilizantes»

(¡que también eran *drogas!*), y que este círculo vicioso de estimulantes y tranquilizantes al final me había matado.

Luego susurré que corrían rumores de que mi muerte en realidad no fue un accidente sino un suicidio.

Cuando sonó el timbre, mi profesora propuso que en la inminente Merienda de Personajes mejor hiciera de Dorothy que de Garland.

—¿Puedo al menos contar lo de Carnegie Hall? —pregunté.

—Claro —dijo.

Ahora comprendo que el trabajo de clase consistía en leer y hablar de algo que sirviera de estímulo, de hacer como los demás niños, que se vistieron de Jackie Robinson o de Marie Curie, a quienes sus familias presumiblemente les ayudaron a encontrar biografías que no trataran de otros jugadores de béisbol negros que habían visto cómo les robaban la oportunidad de demostrar su talento, o sobre los efectos de la exposición a la radioactividad. Ese día teníamos que ser todos Dorothy y no Judy: recitar la versión del sueño luminoso, como en Oz, de nuestro personaje elegido. Dada mi inclinación a la fantasía, quizá os sorprenda saber que también era de esas niñas que no soportaba una mentira. Pero incluso entonces era consciente de la diferencia entre una fantasía y una mentira. Y ese día, en sexto curso, algo me olió a chamusquina.

—Hola, abuelo. Esta semana he sido Dorothy en clase —le conté en una de nuestras frecuentes llamadas.

—¿Cómo te ha ido?

—No demasiado bien. No demasiado bien en absoluto.

Cuando le conté lo que había pasado, se partió de risa.

Soy profesora, y una vez pasé un semestre completo con mis alumnos de literatura de la universidad en Florida, y en un lapsus me referí al sueño americano como el mito americano. Tuvimos que llegar a noviembre para que una alumna de origen cubano a la que conocía de un par de semestres se sintiera con confianza suficiente para corregirme, en plena clase, y le di las gracias.

—Qué equivocación tan rara y bochornosa —les dije a mis alumnos.

—Yo creo que te has equivocado pero en el fondo no te has equivocado —respondió la alumna, dando un golpe en la mesa con su ejemplar de *Los huesos del invierno*. Todos nos reímos. Hacía gracia aunque no tenía gracia.

Supongo que hay algo en la palabra *sueño* que no encaja para mí.

En los libros de Baum, la aventura de Dorothy con el mago es solo el primero de sus muchos viajes a Oz —en otros episodios, incluso lleva con ella a su familia, en un estimulante ejemplo de migración en cadena— y en cada una de estas visitas se reafirma la realidad de Oz. La película envía un mensaje distinto, no por falta de secuelas, sino porque, al final, Dorothy se despierta. Todo ha sido un sueño, le dice su familia. «No ha sido un sueño —contesta Dorothy—, ha sido un lugar.» Todos los trabajadores de la granja de los Gale están reunidos alrededor de su cama cuando Garland les dice que los ha visto en Oz, que allí eran el Espantapájaros, el Hombre de Hojalata y el León Cobarde. Y sin embargo, están aquí. Bolger, Haley y Lahr, ahora en la realidad en blanco y negro, con su ropa práctica y la cara tiznada con churretes por el trabajo, guapísimos.

¿Había hombres como ellos incluso en ese lugar?

No, cielo, dicen con la mirada, *no éramos nosotros: nunca hemos ido a un sitio así.*

No han salido de la granja.

Siempre me ha fastidiado que la película nos regale la promesa de Oz para arrebatárnosla al final, y lo que más me duele son estos tres amigos.

He dado clases en cinco universidades distintas a lo largo de los últimos diez años. Soy, en esencia, optimista y creo sinceramente en el futuro de mis alumnos. Unos venían de entornos difíciles, como mi abuelo; otros, de entornos incluso más difíciles; algunos eran chicos de clase media que nunca dudaron de que obtendrían un título universitario; algunos eran chicos de granja sin pulir; algunos habían superado una vida llena de obstáculos y por fin volvían a estudiar a los sesenta años; algunos eran veteranos de guerra; algunos habían salido de bandas callejeras; algunos venían de familias superprivilegiadas, y muchos eran estadounidenses de primera generación. Creo que todos estos estudiantes de distintos orígenes acabaron en mi clase en gran medida porque creían en un sueño americano que prometía que un título universitario les abriría muchas puertas.

Y quizá por eso mi fe en el sueño estalló y se quemó.

Porque es muy fácil creer en un sueño propio, pero contarlo en voz alta en un aula a un grupo de alumnos que confían en que les dirás la verdad es muy distinto.

Ya no me atrevo a venderles a mis alumnos ningún

producto retórico americano que prometa estar al alcance de todos por igual. No me atrevo a hablarles de un futuro en tecnicolor, a decir: *os veo allí, y os veo allá*. Porque, aunque realmente crea verlo, cabe la posibilidad de que un día todos nos despertemos, y entonces los habré traicionado, por soñar con tanto realismo en el aula.

Creo que si dije «mito» en vez de «sueño» fue porque presentar a los alumnos nuestra historia colectiva como un objetivo alcanzable y no como la forma de relato preferida de una generación en particular me hace sentir que estoy en sexto curso, que soy Dorothy por fuera pero Judy por dentro. Que algo me huele a chamusquina, y que ese olor soy yo.

Cuando estuvimos en el casino, fuimos a la ciudad que hoy se llama Chittenango, que está, en su mayor parte, en territorio oneida, u Onyota'a:ká. Chittenango es también el lugar de nacimiento de L. Frank Baum. Se supone que por eso los oneida decidieron llamar a su casino Camino de Baldosas Amarillas, y a una licorería que está al lado, la Petaca del Leñador de Hojalata.

De haber leído una biografía de Baum en vez de una biografía de Garland cuando estaba en sexto, habría sabido lo que descubrí la mañana anterior a nuestro viaje al casino, cuando busqué su relación con Chittenango.

El primero de mis resultados de búsqueda fue este, de un programa reciente de la Radio Nacional Pública: «Antes de escribir *El maravilloso mago de Oz*, L. Frank Baum dirigió un periódico en Dakota del Sur. Esto fue en los primeros años de la década de 1890, en la época de las guerras indias. Cuando Baum tuvo noticia de la muerte de Toro Sentado y de la matanza de Wounded Knee, escribió varios editoriales llamando al exterminio de todos los indígenas del país. Esto es un fragmento de su artículo sobre Toro Sentado: «Los blancos, por derecho de conquista, por justicia de la civilización, somos los dueños de este continente americano, y la seguridad de los asentamientos fronterizos únicamente podrá garantizarse con la aniquilación total de los pocos indios que aún quedan. ¿Por qué no aniquilarlos? Sus tiempos de esplendor se han esfumado, su espíritu está roto, su humanidad, borrada; es preferible que mueran a que vivan como los miserables despojos que son».

¿Por qué el pueblo oneida creó un casino inspirado en la obra de un hombre que publicó tan monstruoso editorial? Soy lo bastante mema como para confiar en que la decisión de convertir el mundo de Baum en algo lucrativo para los indígenas sería una ironía estupenda. Tan mema como para creer que quizá nadie lo supiera. Tengo la prudencia de no llamar al gobierno del pueblo Oneida ni al casino para preguntarlo. De ahorrarle a quienquiera que me atienda al teléfono mi horrorosa pregunta y, en lugar de llamar, preguntarme a mí misma cómo interpretar esto.

Me pregunto: ¿cómo es posible que lleve tantos años definiéndome como friki de Oz, superfán, y nunca haya buscado a Baum en Google?

A lo mejor prefería no saber quién estaba detrás de la cortina.

Estoy segura de que a mi abuelo no le habrían sorprendido la vida y los prejuicios de Baum. Hay verdades incómodas escondidas detrás de la cortina de la mayoría de las historias del sueño americano. El capitalismo rara vez ofrece un paseo en globo gratis. Cuando alguien prospera, suele ser a costa de otro del que no se habla. Ahí está la magia de la mayoría de los cuentos bonitos: el juego de manos, el despiste, el «mira *aquí*, no *allí*».

Creo que mi abuelo estaba al tanto de estas ideas. Porque resulta que tengo una biografía de Baum. *The Real Wizard of Oz*, de Rebecca Loncraine, lleva años olvidada en un estante, desde que mi abuelo me la regaló. Al abrirla vi que la dedicatoria de mi abuelo decía: «Sé que crees que me inventé todas esas aventuras. Pero este es el hombre de verdad. Con cariño, Tu abuelo».

Ya no sé qué hacer con Oz. Quiero que sepáis que para mí era real cuando era pequeña, cuando vivía mi abuelo, pero eso significaría que solo era real en la medida en que era fácil de creer.

Y es que, mientras mi abuelo y los demás de la mejor generación seguían vivos y nos contaban sus mejores trucos de magia, a mí me resultaba muy fácil creer en el sueño americano. Pero sin mi abuelo aquí, sacándose pañuelos de seda de las orejas, escondiendo cuarzo en el jardín, enseñando a los caballos a asentir con la cabeza y mover la pata, camelándoselos con terrones de azúcar, la ilusión se desinfla. Las posibilidades de éxito al estilo del sueño americano en este mundo empiezan a parecer mínimas y aleatorias. Y aun así, aunque no hay nada detrás de la fachada del casino Camino de Baldosas Amarillas que prometa algo parecido a Oz, aquí me tenéis, en Chittenango, territorio de los oneida, lugar de nacimiento de Baum, echando dólares en estas máquinas de vanguardia.

Mi amigo y yo nos dimos por vencidos y nos pusimos los anoraks. Era noviembre y había nevado. Al salir le pedí que me hiciera una foto. En el aparcamiento había un mural verde esmeralda a escala gigante de los amigos de Dorothy: el Espantapájaros, el Hombre de Hojalata y el León Cobarde. Los habían dibujado casi como en las ilustraciones antiguas que yo conocía. Mi amigo tuvo que retroceder y retroceder casi hasta llegar a la carretera para hacer la foto. Pero, sencillamente, las figuras eran demasiado grandes. Resultaba imposible enmarcarlos a ellos y a mí en la imagen.

La novia grulla

Diez días después de anular mi compromiso se suponía que me iba con una expedición científica a estudiar a la grulla trompetera en la Costa del Golfo, en Texas. Seguro que cancelo este viaje, pensaba mientras compraba unos pantalones de senderismo con cremalleras en las rodillas. Seguro que una persona que anula una boda debería quedarse en casa, triste, reflexionando sobre la gravedad de lo ocurrido, en vez de hacer lo que sea que estoy a punto de hacer y que exige que me compre unos zuecos de plástico con agujeros de drenaje. Seguro, pensé mientras me probaba un sombrero muy grande y flexible y tiraba de un cordón para ajustarlo debajo de la barbilla, que incluso estaría mal llevar un sombrero como este cuando algo en mi vida se ha ido al traste de una manera tan estrepitosa.

Diez días antes había llorado y gritado, me había subido al coche con mi perro y me había ido de la casa con dos sauces, que había comprado con Nick, mi prometido, al norte de Nueva York.

Diez días después no tenía ganas de hacer nada de lo que se suponía que iba a hacer.

Me fui a Texas, a estudiar a la grulla trompetera, porque estaba investigando para una novela. En mi novela había unos biólogos que hacían un trabajo de campo sobre aves, y como yo no tenía la menor idea de cómo era en realidad el trabajo de campo, los científicos de mi novela se dedicaban a revolver montones de papeles y a poner cara de preocupación. La gente maravillosa de la organización Earthwatch me acogió en su viaje con los brazos abiertos y me garantizó que durante esa estancia en el golfo podría participar en la «ciencia de verdad». Pero mientras esperaba a que el equipo viniera a recogerme a la ciudad de Corpus Christi, estaba nerviosa: me imaginaba que todos serían científicos u ornitólogos y llevarían unos prismáticos de lo más intimidantes.

El biólogo que dirigía el viaje apareció en una furgoneta blanca, con un remolque para barcos y el rótulo de CIENCIAS BIOLÓGICAS estampado en un costado. Jeff andaría por los cuarenta y tantos, llevaba gafas de sol y una gorra de béisbol puesta del revés. Tenía barba y una escayola de color verde neón en el brazo izquierdo. Se lo había roto jugando al hockey con sus hijos la semana anterior. Lo primero que dijo fue: «Vamos directamente al campamento, pero espero que no te importe que pasemos primero por la licorería». Me sentí más optimista con respecto a mi compatibilidad con la ciencia.

Poco antes de cancelar mi compromiso era Navidad.

La mujer que iba a ser mi suegra tenía un don extraordinario para tejer y hacía calcetines con los personajes de Beatrix Potter para toda la familia. La Navidad anterior me preguntó qué personaje quería ser (mi prometido era el Conejito Benjamín). Fue una tortura tomar la decisión. Me parecía importante, como si el personaje que eligiera se fuera a convertir en mi papel en esta nueva familia. Elegí a la Ardilla Nogalina, una ardilla con una impresionante cola roja: un personaje aventurero y épico que al final pierde la cola por su orgullo y su osadía.

Llegué a Ohio esa Navidad y busqué en la barandilla para ver si mi personaje había encontrado su sitio. En lugar de la ardilla encontré una ratona. Una ratona con un vestido y un delantal rosas. Una ratona con una escoba y un plumero, barriendo muy seria. Una ratona que se llamaba Hunca Munca. La mujer que supuestamente iba a ser mi suegra, dijo: «Iba a hacer la ardilla, pero al final pensé: Esta no es CJ. *Esta* es CJ».

El calcetín era monísimo. Ella era monísima. Le di las gracias con la sensación de ser una ingrata por querer un calcetín pero no *ese*. ¿Quién era yo para ponerme quisquillosa? ¿Para decir que aquel regalo tan bonito no era lo que yo quería?

Cuando miraba a esa ratona con su escoba, pensaba cuál de las dos se equivocaba sobre quién era yo.

La grulla trompetera es una de las especies de aves más antiguas del planeta. Nuestra expedición se alojaba en un antiguo campamento pesquero de la Costa del Golfo, al lado de la reserva natural de Aransas, donde pasan el invierno quinientas de las solo ochocientas grullas trompeteras que quedan en el mundo. El objetivo de la excursión era recopilar datos para estudiar el comportamiento de las aves y recabar información sobre los recursos disponibles para las grullas en Aransas.

El barracón de las chicas era pequeño y olía a madera, con camas puestas en fila y cubiertas con colchas. Lindsay, la única mujer del grupo de biólogos, era una estudiante de posgrado de Wisconsin, de veintitantos años, tan enamorada de los pájaros que cuando te hablaba de ellos dibujaba las formas de los cuellos y los picos con las manos, como si hiciera una pantomima de la vida aviar. Jan, otra participante, era una geofísica jubilada que había trabajado para compañías petroleras y ahora daba clases de química en un instituto. Estaba muy en forma y superbronceada y era supercompetente. No se había dedicado a los pájaros toda la vida. Había pasado los dos últimos años cuidando de su madre y luego de su mejor amiga, enfermas de cáncer. Las dos habían muerto hacía poco, y Jan se había perdido a sí misma mientras cuidaba de ellas, eso decía. Necesitaba una semana para ser ella misma. No una profesora ni una madre ni una mujer casada. Este viaje era el regalo que se hacía tras la muerte de su madre y de su amiga.

A las cinco llamaron a la puerta del barracón y entró un hombre muy mayor, seguido por Jeff.

—¿Es buen momento para la hora de los cócteles? —dijo Warren.

Warren era un soltero de ochenta y cuatro años de Minnesota. Ya no estaba en condiciones de participar en la mayor parte de las actividades físicas que requería la expedición, pero había estado en noventa y cinco expediciones de Earthwatch, incluida una como esta. A Warren le gustaban mucho los pájaros, pero lo que le encantaba en realidad era la hora de los cócteles.

Cuando llegó la hora de los cócteles, esa primera noche, se presentó recién duchado, con el pelo de plata mojado y olor a champú. Llevaba una camisa limpia y una botella de un whisky escocés increíblemente bueno.

Jeff nos recibió a Warren, a Jan y a mí.

—Qué grupo tan raro —dijo.

—A mí me gusta —contestó Lindsay.

El año que terminó con la cancelación de mi boda pasé mucho tiempo llorando, gritando, razonando o suplicando a mi prometido que me dijera que me quería. Que fuera amable conmigo. Que se fijara en los detalles, en la vida que yo llevaba.

Un día en concreto me puse un vestido rojo, uno de mis favoritos, para ir a una boda. Salí disparada del baño a enseñárselo. Nick estaba mirando algo en el teléfono. Quería que me dijera que estaba guapa, y me acerqué contoneándome, le estrujé los hombros y dije: «¡Qué guapo estás! ¡Dime que estoy guapa!». Y contestó: «Ya te dije que estabas guapa cuando te pusiste ese vestido el verano pasado. Lo lógico es que siga pensando que estás guapa con él puesto».

Otra vez me regaló una tarjeta de cumpleaños en blanco por dentro, con una pegatina que decía: CUMPLEAÑOS. Luego me explicó que, como no había escrito nada, la tarjeta aún se podía usar. Despegó la pegatina y guardó la tarjeta intacta en el archivador.

Necesito que lo sepáis: me sacaba de quicio necesitar más de lo que me daba. No hay nada más humillante para mí que mis deseos. Nada que me haga odiarme más que ser una carga y no ser autosuficiente. No quería sentirme como esas mujeres agobiantes de una comedia de situación.

Todo esto eran pequeñeces, y me decía que era una estupidez sentirme tan decepcionada. Había llegado a los treinta años con la convicción de que necesitar a los demás te volvía débil. Creo que esto le ocurre a muchísima gente pero creo que, en especial, a las mujeres. Cuando los hombres desean algo «se apasionan». Cuando tienen la sensación de que no han recibido algo que necesitan se sienten «privados», incluso «castrados», y se dan permiso para comportarse como les apetezca. Pero cuando una mujer necesita algo, es «dependiente». Se supone que tiene que ser capaz de darse a sí misma todo lo necesario para ser feliz.

Que yo necesitara que alguien me dijera que me quería, que me *viese,* era un defecto personal e intenté superarlo.

Cuando me enteré de que Nick se había acostado con una amiga común unas semanas después de que empezáramos a salir, me dijo que aún no salíamos oficialmente y por lo tanto no debería molestarme. Decidí que tenía razón. Cuando me enteré de que había besado a otra chica el día de Nochevieja, unos meses después, dijo que no habíamos hablado oficialmente de la monogamia y por lo tanto no debería molestarme. Decidí que tenía razón.

Le pedí que habláramos de la monogamia y, esforzándome por ser la chica guay que no tiene demasiadas necesidades incómodas, le dije que no necesitaba monogamia. Él dijo que creía que teníamos que ser monógamos.

Esto es lo que aprendí cuando empecé a estudiar a las grullas trompeteras: solo una pequeña parte del estudio tenía algo que ver con las aves. En realidad contábamos bayas. Contábamos cangrejos. Medíamos la salinidad del agua. Nos metíamos en el fango. Medíamos la velocidad del viento.

Parece ser que, si quieres salvar una especie, no te dedicas a quedarte mirando al pájaro que quieres salvar. Te fijas en las cosas de las que depende su existencia. Preguntas si hay agua y alimento suficiente. Preguntas si hay un lugar seguro para dormir. ¿Hay aquí lo suficiente para sobrevivir?

Vadeando en el fango de la reserva de Aransas comprendí que cada oportunidad de alimentarse es importante. Cada charco de agua potable es importante. Cada baya de goji que cuelga de una ramita en Texas, en enero, es importante. La diferencia entre conservar la vida y no tener lo suficiente era así de pequeña.

Si hubiera algún programa de rehabilitación para la gente que se avergüenza de tener necesidades, tal vez podría ser este. Ir al golfo de Texas. Contar hasta la última baya de goji. Medir la profundidad del agua de cada charco.

Más de una vez le dije a mi prometido: «¿Cómo voy a saber que me quieres si nunca eres cariñoso ni me dices cosas bonitas ni me *dices* que me quieres?».

Me recordó que me había dicho «te quiero» un par de veces. ¿Por qué no me bastaba eso para *saber* que me quería a perpetuidad?

Le dije que era como si fuéramos a hacer senderismo y me dijera que llevaba agua en la mochila pero nunca me la diera y luego le extrañara que siguiera teniendo sed.

Me dijo que el agua no era como el amor, y tenía razón.

Hay cosas peores que no recibir amor. Hay historias más tristes que esta. Hay especies en extinción y un planeta que se está calentando. Me dije: ¿quién eres tú para quejarte, con estas frívolas necesidades extracurriculares?

En el golfo me enfrasqué en el trabajo por completo. Observaba a las grullas con los prismáticos, tomaba nota de sus pautas de comportamiento y me enamoré de sus cuellos largos y sus manchas rojas. Parecían elegantes y fieras cuando se contorsionaban para acicalarse. A simple vista, no parecían una especie que luchara para sobrevivir.

Por las mañanas nos preparábamos bocadillos los unos a los otros y por las noches nos reíamos y nos prestábamos calcetines limpios. Nos dábamos espacio en el cuarto de baño. Nos perdonábamos por contar las mismas historias continuamente. Ayudábamos a Warren cuando tenía dificultades para andar. Lo que digo es que nos cuidábamos los unos a los otros. Lo que digo es que nos gustaba cuidarnos. Es duro confesarlo, pero después de cancelar mi boda, la semana que pasé sucia y cansada en el golfo, fui feliz.

Cuando salíamos de la reserva veíamos jabalíes, enérgicas madres negras con manchas rosas que se escabullían entre la maleza con sus jabatos o se revolcaban en la tierra entre los cactus. Todas las noches, en la furgoneta, apostábamos cuántos jabalíes veríamos de vuelta al campamento.

Una noche, a mitad de la expedición, hice una apuesta prudente. Normalmente veíamos cuatro, yo esperaba ver cinco, pero aposté que serían tres, pensando que era lo máximo que podía esperar.

Warren apostó a lo loco, con optimismo, demasiado.

—Veinte cerdos —dijo. Y posó los dedos entrelazados sobre el pecho blando.

Nos reímos de su osadía y nos pusimos a dar palmadas en los asientos de vinilo de la furgoneta.

Pero el caso es que lo conseguimos. Vimos *veinte cerdos* en el camino de vuelta esa noche. Y, en medio de la celebración, me di cuenta de que era muy triste haber apostado tan poco. De que ni siquiera me permitía *imaginar* que pudiera recibir tanto como esperaba.

Lo que aprendí, en mi relación con mi prometido, fue a sobrevivir con menos. En lo que tendría que haber sido el punto de ruptura, pero no lo fue, descubrí que me había engañado. La mujer con la que había estado acostándose era una amiga suya de la que al principio intenté hacerme amiga, pero no parecía que yo le cayera bien, y él me convenció de que eran celos y luego me hizo sentir que estaba loca, por tener celos.

Este proceso de manipulación duró un año, o sea que cuando me enteré de la infidelidad ya había pasado un año.

Para mí la noticia era nueva mientras que para mi prometido era antigua.

—Lógicamente —dijo—, ya no tiene importancia.

Había pasado hacía un año. ¿Por qué me enfadaba por una historia antigua?

Hice la gimnasia mental necesaria.

Me convencí de que era una mujer lógica que podía asimilar la noticia de que me había engañado, de que no había utilizado condón, y separarla de la realidad actual de nuestra vida en común.

¿Por qué necesitaba saber que habíamos sido monógamos? ¿Por qué necesitaba sentirme incómoda por una historia antigua y hablar de mis sentimientos?

Yo no quería ser una mujer que necesitara esas cosas, decidí.

Necesitaría menos. Cada vez menos.

Y conseguí que se me diera muy bien.

«La novia grulla» es un cuento del folclore japonés. Encontré un ejemplar en la tienda de regalos de la reserva, entre las gorras de béisbol y las pegatinas que decían ECHA UNA GRULLA AL AIRE. Y hay muchas versiones distintas del cuento, pero en la que yo encontré, una grulla intenta engañar a un hombre y le hace creer que es una mujer, para poder casarse con él. Ella lo quiere, pero sabe que él no la querrá si es una grulla, de modo que se pasa las noches arrancándose las plumas con el pico. Espera que él no se dé cuenta de lo que es en realidad: un ave a la que hay que cuidar, un ave capaz de volar, un ser, una criatura con necesidades propias. Por las mañanas, la novia grulla está exhausta, pero vuelve a ser una mujer. Seguir siendo una mujer requiere el enorme esfuerzo de borrarse a sí misma. Nunca duerme. Se arranca las plumas, una a una.

Una noche, en el golfo, compramos una malla de ostras en un barco pesquero que pasaba por ahí. Ese día habíamos estado tanto tiempo en la barca que al sentarme en la silla de campaña tenía la sensación de seguir cabeceando en la corriente. Nos comimos las ostras y bebimos. Jan me quitó la navaja, porque se me resbalaba continuamente en la palma de la mano. Los gatos silvestres pescaban los caparazones abiertos y nos pedían comida.

Jeff estaba jugando con el telescopio que usábamos para observar a las aves, y le pregunté: «¿Qué buscas en mitad de la noche?». Me indicó que me acercara, y al mirar por el telescopio vi la luna flotando, muy cerca.

Creo que tenía miedo de acabar destrozada si cancelaba mi boda. De que, si lo hacía, deformaría la historia de mi vida sin remedio. Había tenido experiencias peores que esta, pero ninguna ponía en peligro mi visión estadounidense de la vida tanto como cancelar una boda. Lo que entendí en el golfo, cuando ya había tomado la decisión, era que eso de destrozarse la vida no existía. Hay maneras de resultar herida y maneras de sobrevivir a las heridas, pero nadie puede sobrevivir negando sus necesidades. Ser una mujer grulla es insostenible.

Nunca había visto la luna tan cerca. Lo que más me impresionó fue lo maltratada que parecía. Llena de arrugas y de marcas de impactos. Tenía toda una historia escrita en la cara: esa cara que de lejos parecía perfecta.

Es fácil decir que dejé a mi prometido porque me engañó. Es más difícil explicar la verdad. La verdad es que no lo dejé cuando lo descubrí. Ni siquiera me fui de casa una noche.

Me enteré de que me había engañado *antes* de que nos prometiéramos, y aun así dije que sí cuando me pidió que me casara con él en un aparcamiento, un día que íbamos a celebrar que yo había encontrado trabajo esa mañana. Le dije que sí, aunque le había dicho que era políticamente contraria a los diamantes que él me había convencido de que eran necesarios. Le dije que sí a pesar de que convirtió la petición de mano en una broma, parodiando una escena de *El soltero* y regalándome una rosa. Me avergüenzo de todo esto.

No dijo nada en concreto de mí o de nosotros cuando me lo pidió, y en el largo trecho que anduvimos para salir del aparcamiento, sentí que me habían privado de esa declaración especial que yo esperaba de una proposición de matrimonio y, aunque me odié por desearlo y me odié todavía más por pedirlo, le pregunté:

—¿Por qué me quieres? ¿Por qué crees que deberíamos casarnos? De verdad.

Dijo que quería estar conmigo porque no era inaguantable, ansiosa ni dependiente. Porque me gustaba la cerveza. Porque me conformaba con poco.

No contesté. Un poco más adelante, cuando ya estábamos en la calle, dijo que creía que sería una buena madre.

Eso no era lo que yo esperaba que dijese. Pero era lo que me ofrecía. Y ¿quién era yo para querer más?

No lo dejé cuando me contó que la mujer con la que me había engañado le había dicho por teléfono que le parecía injusto que yo ya no quisiera ser amiga suya.

No lo dejé cuando quiso invitarla a nuestra boda. Ni después, cuando, al decirle que ella no podía venir a nuestra boda, él se molestó y me preguntó qué les diría a su madre y a sus amigos cuando le preguntaran por qué ella no había ido.

Lectores, estuve a punto de casarme con él.

Esas palabras todavía me dan vergüenza: ansiosa. Dependiente. Lo peor que puede ser una mujer. Algunos días aún me conmino a aceptar lo que me ofrezcan aunque no sea suficiente, porque soy yo la que pide demasiado. Me da vergüenza hablar de esto en vez de hablar de las grullas trompeteras, o de las hambrunas, o de cualquiera de las verdaderas necesidades del mundo.

Pero lo que quiero contaros es que dejé a mi prometido cuando ya era casi demasiado tarde. Y a la gente le cuento que me engañó porque es lo más sencillo. La gente entiende de qué va eso. Es más difícil contar la historia de cómo me convencí de que no necesitaba lo necesario para sobrevivir. Cómo me convencí de que era mi falta de necesidades lo que me hacía digna de amor.

Una noche, después de los cócteles, en la cocina de la cabaña, le conté a Lindsay cómo había puesto patas arriba toda mi vida. Se lo conté porque acababa de recibir un mensaje de voz en el que me decían que podía solicitar un reembolso parcial por mi traje de novia de cuello cisne. El reembolso sería parcial porque ya habían hecho la base del vestido, pero aún no le habían puesto los abalorios. Aún podían descoser el patrón y utilizarlo para otra persona. Los había pillado justo a tiempo.

Se lo conté a Lindsay porque era guapa y amable y paciente y le encantaban las cosas buenas, como los pájaros, y quería saber qué me diría. ¿Qué me dirían todas las buenas personas que conocía cuando les contara que la boda a la que habían confirmado su asistencia se cancelaba, y que la vida que yo llevaba tres años construyendo se iba a descoser y a reutilizar?

Lindsay dijo que era valiente por no hacer algo por el mero hecho de que todo el mundo espera que lo hagas.

Jeff estaba sentado afuera con Warren en la entrada de la cabaña mientras Lindsay y yo hablábamos, inclinando el telescopio para dirigirlo hacia la luna. La puerta mosquitera estaba abierta y supe que me había oído, pero nunca dijo nada sobre mi confesión.

Lo que sí hizo fue dejarme pilotar el barco.

Al día siguiente estábamos solo Lindsay, él y yo en el agua. Íbamos muy deprisa y hacíamos mucho ruido.

—Llévalo tú —gritó Jeff, para que lo oyera entre el zumbido del motor.

Lindsay sonrió y asintió. Yo nunca había llevado un barco.

—¿Qué hago? —pregunté a gritos.

Jeff se encogió de hombros. Me puse al timón. Dejamos atrás islotes y familias de espátulas rosadas, camiones de basura rodeados de gaviotas, campos de hierba ondulante y bayas de goji, y comprendí que no era algo tan extraordinario que una persona entendiera lo que otra persona necesita.

PARTE II

Vamos, que ante una adversidad tan abrumadora, solo me queda una opción: voy a tener que hacer ciencia para salir de esta cagada.

Andy Weir, *El marciano*

Algo así como Deep Blue

No era mi intención vivir sola en el pueblecito donde vivo. Me vine aquí con mi prometido después de aceptar un buen puesto en la universidad de la zona. Habíamos comprado una casa con habitaciones suficientes para tener hijos. Luego se canceló la boda y me quedé sola en un pueblo donde la población no estudiantil es de 1.236 habitantes. Contemplé fugazmente la posibilidad de coquetear con el cartero, que es muy mono, con el camarero, que también es muy mono, pero luego me pareció una estupidez limitarme a cosas como recibir el correo o emborracharme en un pueblo donde solo viven otros 1.235 adultos. Por primera vez en mi vida decidí buscar una cita online. Tenía treinta y cuatro años.

Lo que tiene chatear con la gente en Tinder es que es muy aburrido. Soy una especie de esnob asquerosa en lo tocante a lo conversación, con una tolerancia patológicamente baja a las conversaciones intrascendentes. Me encantan las personas que encajan en la categoría de gente lista y triste que despliega su inteligencia con estilo. Me encantan los bufones de Shakespeare, Elizabeth Bennet y Cyrano de Bergerac. Me encantan *Las chicas*

Gilmore, *El ala oeste de la Casa Blanca* y *Rick y Morty*. Me muero por encontrar interlocutores capaces de viajar a una velocidad de vértigo por cantidad de temas interesantes, que me griten por encima del hombro: «¡Sígueme!». Alguien que crea que estoy a la altura del reto, alguien que presuponga lo mejor de mí.

No os sorprenderá saber que es una gilipollez monumental acercarse a Tinder con este enfoque, y que he pagado caro mi esnobismo.

La primera persona que me pareció que compartía mi ética de la conversación era un académico, un músico. Tenía un sentido del humor oscuro, era ingenioso, y puso todas las cartas sobre la mesa desde el primer momento. Incluso a través de la pequeña ventana del chat era evidente que se trataba de un hombre plena y caóticamente humano. Tenía muchas ganas de conocerlo.

Pero la realidad fue muy distinta. Lo que en nuestras charlas online parecía apasionado y atrevido, resultó ser de una intensidad alarmante. Hubo muchos ataques de llanto, hubo propuestas de viajes para conocer a su madre y al perro, hubo una inesperada serenata con acordeón y hubo una declaración de lo guapa que estaría embarazada. Por favor, que quede claro que creo que un hombre capaz de llorar es un hombre evolucionado. Espero tener un hijo algún día, y eso podría suponer estar una temporada embarazada. Incluso me gusta el acordeón. Nada de esto era malo en sí mismo, pero en conjunto me resultó *excesivo*. Cuando le dije que no quería volver a verlo, me envió por correo unas tarjetas preciosas en las que me decía que estaba disgustado, no, enfadado, porque yo no nos daba una oportunidad.

El siguiente chico con el que salí se acababa de mudar de Europa a Nueva York y era un coleccionista de historias y observaciones. Nuestros chats adoptaban la forma de largos bloques de texto en los que intercambiábamos anécdotas y nos hacíamos preguntas. Nos lanzábamos ofrendas a los pies. Y a mí esto me encantaba.

Pero las historias luego se volvían grotescas en la vida real. Se pasó la mayor parte de la cena sacando a relucir anécdotas de lo «muy gordos» que éramos en Estados Unidos, y eso me impidió disfrutar de mis chiles rellenos. Luego fuimos a tomar una copa a su apartamento, decorado de maravilla, lleno de plantas y tapices, con una bici apoyada en una estantería llena de novelas. Era inteligente, guapo y un poco gilipollas, pero quizá con el tiempo llegaría a dulcificarse y transformarse como le ocurrió a Darcy en *Orgullo y prejuicio*, pensé. Bebimos vino y cuando al cabo de un rato dije que debería irme a casa, se levantó y me besó, y a mí me gustó, y pensé que en eso consistía ligar online. Que tenía que aprovechar el momento y vivir una experiencia.

Cuando estábamos en la cama, me asfixió. No mucho tiempo y tampoco con demasiada fuerza, pero sus manos aparecieron de repente en mi cuello de un modo que yo sabía que pretendía ser excitante, pero que, viniendo de un hombre relativamente desconocido, me dio pánico. No le había insinuado que esto me gustara, y él tampoco. Conozco a gente a la que le va eso. Incluso *podría* llegar a gustarme. Pero no por sorpresa.

Después, mientras hablaba conmigo, yo me puse a contar los minutos exactos que tenía que esperar para marcharme sin que pareciera una huida. Seguía contando cuando me dijo que le interesaban mucho los autores de tiroteos masivos y los mensajes que dejaban. Todavía desnudo, trajo su teléfono a la cama y me enseñó un vídeo de la página web anónima 4chan. Yo estaba sentada con sus sábanas alrededor de la cintura mientras él sostenía el teléfono para enseñarme una recopilación de videomanifiestos de autores de matanzas, cómicamente acompañados de una alegre musiquilla.

—Es tronchante —dijo.

Y yo contesté que tenía que irme. Al día siguiente, y varias veces más, escribió para preguntar por qué había salido corriendo y había desaparecido.

Lo que en internet parecía interesante me llevaba a extremos delirantes en la vida real. Sabía que tenía que dejar de obsesionarme con los buenos conversadores. Pero cuando renuncié a los buenos conversadores, mis chats de Tinder se convirtieron en una liturgia: de dónde eres, qué te parece el tiempo que hace, cuántos años tiene tu perro, cuáles son tus aficiones, en qué trabajas, ay, no, profesora de lengua, tendré que tener cuidado con mi gramática: emoticono de guiño, emoticono con la lengua fuera, emoticono con gafas.

Para no ser especialista, entiendo un montón de robots. En concreto entiendo de chatbots y otras IA diseñadas para operar mediante el lenguaje. De hecho, en la época en que empecé a ligar online, daba una clase en la universidad sobre las representaciones de los robots en la literatura científica y en la ciencia ficción. En clase, debatíamos si puede considerarse que una inteligencia artificial que consigue hacerse pasar por un ser humano mediante un texto basado en una conversación ha superado el test de Turing.

Un chat de Tinder era, a su manera, una especie de prueba, ¿no? Una prueba en la que intentábamos demostrar a la otra persona que éramos *reales*, que éramos *humanos*, que éramos *follables*, incluso *amables*. Llegué a la conclusión de que sí era una especie de test de Turing. O puede que ligar online me resultara más soportable viéndolo de este modo. Me resultaba más fácil fingir que era una mujer que estaba haciendo una investigación científica sobre el lenguaje que reconocer que me sentía sola. Que reconocer que mi felicidad dependía de un algoritmo que alguien había creado para vender publicidad a las personas solteras. Más fácil que admitir que era un riesgo que estaba dispuesta a correr.

Por aquel entonces estábamos estudiando uno de mis libros favoritos de todos los tiempos: *The Most Human Human*, de Brian Christian. Christian participa en el test de Turing más famoso del mundo, el Premio Loebner, en Brighton. Participa en un experimento ciego y conversa mediante una interfaz con personas que tienen que decidir si es un ser humano o un chatbot. El verdadero objetivo del Premio Loebner es comprobar si alguno de los chatbots es capaz de convencer al jurado de su humanidad, pero, tal como insinúa el título de Christian, hay también un premio humorístico que se otorga al humano cómplice a quien menos veces hayan confundido con un robot. Recibir el premio al Humano Más Humano era el objetivo de Christian. En el libro, pregunta: ¿qué podría hacer un ser humano con el lenguaje que un robot no podría hacer? ¿Cuáles son nuestras formas de expresión más asombrosamente humanas? ¿Cómo reconocemos a un ser humano en internet?

Y así, mientras trataba de encontrar a esa gente interesante y encantadora que seguro, pensaba yo, estaría escondida entre los clichés que predominan en el chat de Tinder, me hice la pregunta de Christian: ¿qué podía hacer yo que un robot no pudiera? ¿Cómo ser una persona consciente de estar online, en Tinder, y a la vez comunicarme como un ser humano?

Mi pregunta era metafórica, pero en Tinder hay, efectivamente, chatbots. Nunca me he encontrado con ninguno (que yo sepa. Bueno... en realidad, hablé con Dale, con un peinado elegante, los abdominales marcados y una foto en la que salía en un yate, que me preguntó si estaba DTF RN: dispuesta a follar ya mismo; ¿no sería Dale una bonita amalgama de unos y ceros?). Pero este es un problema tan común en Tinder que se han inventado un test cultureta, una especie de CAPTCHA para que lo utilicen los humanos si creen que una pareja es sospechosamente atractiva o no es real. En el Test de la Patata, se pide a la persona con la que estás hablando que diga «patata» si es un ser humano. Si no lo dice, ya lo sabes. Una de mis capturas de pantalla favoritas de este proceso (el foro comunitario de Tinder es un sitio glorioso) dice lo siguiente:

TINDER: Tienes compatibilidad con Elizabeth
HOMBRE HUMANO AUTÉNTICO: Ay, señor. Tengo que hacer el test de la patata. Di patata si eres real
«ELIZABETH»: ¡Hola! Eres mi primer match. Te reto a que intentes hacer un primer mensaje mejor jajaja

Hombre humano auténtico: Di patata, Elizabeth
«Elizabeth»: Y, por cierto, si no te molesta que te
lo pregunte, ¿por qué estás en Tinder? Yo personalmente creo que no busco nada serio jajaja
Hombre humano auténtico: Di patata

A todo esto, las conversaciones que tenía con hombres
y mujeres que habían superado el test de la patata no
eran muy distintas de la del Hombre Humano Auténtico
con Elizabeth. En estas conversaciones solo se hablaba
de cosas sin importancia, o sea, nunca de nada que me
permitiera hacerme una idea de con quién narices estaba
hablando.

Volví a intentarlo sin perder el optimismo y muchas
de mis conversaciones dieron paso a citas en la vida real.
Podría escribir una clasificación de lo mal que salieron
esas citas por distintos motivos. A veces era culpa mía
(me daba un ataque de exceso de confianza y los espan-
taba directamente), otras veces era suya (venían de casa
con un sándwich de pollo y hacían algún comentario
sobre mis tetas en los primeros quince minutos), y otras
veces no era culpa de nadie y pasábamos un rato agradable, pero nos quedábamos igual que estábamos, como
dos elementos que no reaccionan en una probeta. En
todos los casos, la cosa se reducía siempre a la conversación.

El capítulo que más me ha gustado siempre del libro
de Christian es el que cuenta cómo Gary Kasparov «perdió» al ajedrez frente a Deep Blue, la computadora de
IBM, y explica el concepto de jugada de «manual». Brevemente, la jugada de manual es la secuencia conocida
de movimientos sucesivos que hay que hacer para opti-

mizar la victoria. En la mayoría de las partidas de ajedrez de alto nivel, la primera parte del juego se desarrolla de acuerdo con el libro, y un observador entendido sabe qué movimientos siguen a cuáles, hasta que se alcanza un nivel de complejidad y caos que requiere de improvisación, y es entonces cuando los jugadores empiezan a jugar en serio. Algunos lo llamarían *jugar por sí mismos.* Kasparov sostiene que no perdió contra Deep Blue, porque la partida seguía en la fase de desarrollo de acuerdo con el manual cuando cometió su error fatal de trasposición y por tanto, aunque metió la pata en el guion, en realidad nunca llegó a jugar contra la inteligencia algorítmica de su adversario en esta partida concreta.

Christian establece una brillante comparación entre la conversación de cortesía —el hablar de cualquier cosa— y el «manual», y argumenta que la verdadera comunicación humana no empieza a producirse hasta que uno o los dos participantes se desvían del guion cultural de los comentarios agradables. El manual es necesario en cierto modo, como en el ajedrez (Bobby Fischer no estaría de acuerdo), para lanzarnos a estas conversaciones más profundas y auténticas. Pero hoy en día, es demasiado fácil tener una larga conversación sin *salirse* nunca del manual: hablar sin alcanzar nunca la humanidad específica de la otra persona.

Este era mi problema con Tinder. Por más que me empeñaba en adentrarme en el terreno humano, en el chat, y a veces en un encuentro en persona, siempre me veía arrastrada al baile de cortesía guionizado. O sea, como si estuviera saliendo con Deep Blue y pidiendo otra ronda de copas a la espera de que finalmente apareciera su verdadera programación online.

Estas citas me deprimían mucho. Tenía la sensación de que nunca encontraría lo que buscaba.

¿Qué buscaba?

A veces me acordaba de la Elizabeth que no decía «patata», y de su pretendiente. Lo curioso es que él no le preguntaba si era humana sino si era *real*. Hay un pasaje de *El conejo de terciopelo* que mi hermana me pidió que leyera en su boda. Me consideraba a la altura de la tarea —es un libro infantil, joder—, pero cuando llegó el día, leí el fragmento llorando de principio a fin:

> —Lo real no es de qué estas hecho —dijo el Caballo de Cuero—. Es algo que te ocurre. Cuando un niño te quiere mucho, mucho tiempo, no solo mientras juega contigo sino que te quiere REALMENTE, entonces te vuelves Real.
>
> —¿Eso duele? —preguntó el Conejo.
>
> —A veces —dijo el Caballo de Cuero, porque siempre era sincero—. Cuando eres Real no te importa que te duela… Te conviertes. Se tarda mucho tiempo. Por eso no le suele pasar a la gente que se rompe con facilidad, o que tiene aristas, o a la que hay que tratar con cuidado. Generalmente, cuando ya eres Real, te has quedado casi sin pelo, de tantas caricias, y te cuelgan los ojos, y tienes las articulaciones flojas y estás hecho una pena. Pero nada de eso te importa, porque una vez que te has vuelto Real no puedes ser feo, salvo para las personas que no lo entienden.

Eso era lo que yo quería: que alguien me demostrara no solo que no era un robot sino que era *real*, y que me volvería real a mí también. Pero no podía poner eso en un perfil de Tinder. *CJH, 34, no me han tratado con cuidado, haré que todo sea real hasta que nos cuelguen los ojos <3*

Para entonces llevaba un año en Tinder, entrando y saliendo. Una vez incluso busqué en Google a Brian Christian para ver si estaba soltero. Por desgracia, no lo estaba.

—Se acabó —les dije a mis amigas, a quienes siempre les contaba las historias de mis citas desastrosas—. Voy a desaparecer sin dejar rastro y a borrar mi cuenta.

Pero seguí hablando con un hombre, a pesar de esta decisión.

> Yo: Me estoy riendo de esa parte de tu perfil en la que dices que eres un «extrovertido sin remedio». ¿Eres de esas personas que hace amigos en los aviones?
>
> JOEY: No, ¡pero siempre cuento más de lo que debo!
>
> Yo: La verdad es que a mí me pasa lo mismo. No hay otro modo de evitar el purgatorio infinito de la conversación intrascendente.
>
> JOEY: Tinder es por definición el purgatorio de la conversación intrascendente.
>
> Yo: ¿Cómo salimos de aquí?
>
> JOEY: Alejándonos de las zonas de cobertura y yéndonos a las montañas.

Nos habíamos salido del manual. Era como si él hubiera señalado la matriz de la conversación en la que estábamos encerrados, de la que yo intentaba escapar, y dijera: «Eh, yo también lo veo».

Desarrollamos un idioma propio, con nuestras bromas, devoluciones de llamadas y pautas de compromiso.

Desde ese primer día, ningún robot habría podido sustituirnos a ninguno de los dos, porque nuestro idioma estaba hecho *para* el otro. Revelaba quiénes éramos juntos: bromistas, honestos, con el corazón roto, capaces de reírnos de nuestra tristeza, algo raritos. El idioma que hablábamos era lo que Christian llamaría «para un sitio específico», es decir, un idioma ideado para existir en un lugar determinado, un tiempo determinado y con una persona determinada.

Por fin accedí a salir con Joey en la vida real, pero rebajé la cita de ir a cenar a tomar unas copas, porque anticipaba que podía necesitar una estrategia de salida. No hice nada por ponerme mona. Me tomé dos cervezas con unos amigos antes de la cita, para que la decepción prevista me pillara anestesiada. Pero nada más llegar a la cervecería que habíamos elegido me arrepentí de estas decisiones. El hombre que estaba sentado a la barra era incluso más guapo de lo que me esperaba, y no solo eso sino que, mientras me acercaba a él, recordando las conversaciones que habíamos tenido a lo largo de las últimas semanas, reconocí cuánto me gustaba, ya entonces. Cuánto esperaba gustarle. Cuánto esperaba no haberlo fastidiado todo. Pero en el mismo momento en que empezamos a hablar, mi camisa raída y mis botas de nieve, las cervezas que me había tomado y otras defensas perdieron su importancia. El encuentro fue idéntico a nuestras conversaciones: torpe, divertido, honesto y a trompicones, es decir, *humano*.

—La verdad es que odio esta cervecería —confesé—. La cerveza es pésima.

—¡Yo también! —dijo Joey.

—Entonces ¿por qué la hemos elegido?

—Porque parece de esos sitios en los que se supone que hay que quedar.

Joey me hizo un regalo en nuestro primer aniversario. Era una manta, tejida con una captura de pantalla de nuestra primera conversación en Tinder. Se rio mucho y me reí mucho cuando me la dio, porque era absurda. Pretendía serlo. Pero también era veladamente sincera. Era cariñosa y era una tontería, y nada podría haberme gustado más que aquella manta.

Joey y yo nos separamos antes de nuestro segundo aniversario, pero mientras me sometía a la tortura de la ruptura, que consiste en guardar en cajas todas las cosas de tu ex, las fotos y los regalos demasiado dolorosos para verlos, no fui capaz de deshacerme de la manta. Era un recordatorio de que ser humano es arriesgado y doloroso, y de que vale la pena. De que prefería perderlo todo, como Kasparov, a ganar como Deep Blue.

La conversación de esa manta en realidad es bastante larga, y un amigo nuestro nos preguntaba en broma:

—¿Hablasteis tanto antes de liaros? Tenéis que aprender a jugar mejor los dos.

Es cierto que a ninguno de los dos se nos daba bien el juego. También es cierto que esa no era la cuestión. La cuestión era que los dos sabíamos lo fácil que es dejar que la vida pase, siguiendo el manual al pie de la letra, a menos que te arriesgues, que alteres los patrones esperados e intentes que ocurra algo humano.

Acto segundo: *Los Fantasticks*

Tus padres son neoyorquinos y te han aficionado a los musicales desde pequeña. Te llevan a ver *El rey y yo* y *Los miserables* y *El fantasma de la Ópera* y *Cats* y *Rent*, pero nada, nada te hace sentir como *Los Fantasticks*. Ves la función tres veces, y las tres veces te tumba. Es el musical que lleva más tiempo en cartel en todo el mundo. Desde hace cuarenta y dos años, cualquiera podría echar a andar por la calle y entrar en ese perfecto momento atemporal del pequeño teatro de Sullivan Street, con el telón colgado de una cuerda, la luna de papel, el enorme baúl de disfraces, el piano y el arpa.

La tercera y última vez que ves *Los Fantasticks*, vas con el chico. El chico al que siempre le gustaron los tramoyistas de *El sueño de una noche de verano*. El primero en todo lo importante. El primer amor, el primer polvo, las primeras heridas. La primera vez que pensaste que estabas enamorada de un modo especial, diferente, que nadie podría entender jamás.

¿Te acuerdas de una de las primeras cosas que dice la Chica de *Los Fantasticks*? Es esta:

Tengo dieciséis años y todos los días me pasa algo [...]

¡Ah, aaahhh, aaaaahhhhh! Me abrazo a mí misma hasta que me salen moratones en los brazos, y luego cierro los ojos y lloro hasta que se me meten las lágrimas en la boca y noto su sabor. Me encanta el sabor de mis lágrimas. Soy especial. ¡Soy especial! Por favor, Dios, por favor, no me dejes ser normal.

¿Te acuerdas de cómo eras entonces?

Estás en el último año del instituto. Vives en Connecticut, es otoño y vas andando por los pasillos entre clase y clase. Tu instituto siempre está en obras y por eso hay paneles abiertos en el techo y se ven los cables y la iluminación es más bien tenue y parpadeante, pero el suelo está limpio y bien encerado, porque Sandro, el conserje, se lo toma muy en serio. Canta ópera mientras encera los suelos por la tarde. Lo sabes porque sueles quedarte en el instituto por las tardes, para participar en alguna actividad, alguna obra de teatro o algún club, *en teoría*. En la práctica sueles sentarte en una mesa con las sillas encima y puestas del revés, a escuchar a Sandro.

Él te llama su Bella. Lleva el equipo de encerar sujeto a la espalda con unas correas, y extiende la cera con una mopa. La máquina hace un ruido tremendo y Sandro canta con fuerza, para que se le oiga. Canta en italiano. Crees que lo que canta es ópera aunque habrías dicho lo mismo de cualquier canción en italiano.

Por motivos difíciles de explicar, en las redacciones de

tus solicitudes de ingreso en la universidad hablas de Sandro. No haces caso de las indicaciones que te dan y envías a todas las universidades esta curiosa escena de lo bonito que es cuando Sandro canta en italiano por la tarde, y cuentas que te llama Bella y lo preciosos que quedan los suelos del instituto cuando se enceran como es debido. Ahora te resulta evidente que aquello no fue una buena decisión. Que en parte, quizá ese fuese el motivo por el que se hizo añicos tu sueño de ir a la universidad de Pomona a estudiar con David Foster Wallace.* El motivo por el que te rechazaron en casi todas de las universidades en las que presentaste la solicitud. Porque, sinceramente, es probable que pensaran que te acostabas con Sandro. O, una opción no mucho mejor, que tu única actividad extracurricular era pasar el rato con el conserje soltando chorradas. O, también mal, que con esa redacción intentabas señalar tus virtudes porque, sí, estabas solicitando el ingreso en esa universidad de lujo pero *en realidad no eras así; algunos de mis mejores amigos son conserjes.* Lo más probable, y también lo más atroz, era que la escena de Sandro revelara que tenías un ego demasiado grande para seguir indicaciones o consejos. Demostraba que no eras capaz de tragarte las ganas de escribir lo que a ti te diera la gana ni siquiera por un momento, porque una chica tan privilegiada como tú consideraba que una tarea asignada *limitaba tu creatividad.* Que las normas, por alguna razón, *no te afectaban.*

Pero, lógicamente, resultó que sí. Siempre te afectan.

El caso es que recuerdas lo bien encerados que estaban

* Sí, te haces cargo, pero aún hoy, la pérdida de este futuro alternativo te sigue poniendo los pelos de punta.

los suelos ese día, porque un compañero de clase va corriendo hacia ti por el pasillo vacío y su reflejo se alarga hacia delante en el suelo reluciente. El chico ya es muy alto de por sí, y ahora, esta versión alargada y estirada de él está en el suelo, acercándose a ti, moviendo los brazos como si fueran alas, corriendo por el pasillo a toda prisa y gritando con una voz cómica y teatral: «¡Se ha estrellado un avión contra las torres, se ha estrellado un avión contra las torres!». No te lo dice a ti concretamente. No te presta atención ni te habla a ti. Pero es así como te enteras del atentado. Ni siquiera es consciente aún de lo que está diciendo, estás segura. Solo sabe que está en posesión de una noticia dramática y la pregona a los cuatro vientos. Y eso es lo que pensarás siempre cuando recuerdes el 11 de septiembre: cómo este compañero de clase parecía alargarse eternamente, reflejado en los suelos perfectamente encerados de Sandro.

No voy a hablar del 11 de septiembre. Pero es importante que esta historia ocurriera justo después del 11 de septiembre, porque a raíz del atentado, en Broadway lo pasaron muy mal porque a los turistas les daba miedo visitar la ciudad. Tus padres, exneoyorquinos, definitivamente pensaban que George Bush podía meterse su patrioterismo capitalista por el culo cuando señaló que lo mejor que podía hacer el país en respuesta a la tragedia era *comprar*, pero al mismo tiempo, la forma más elevada de patriotismo que se les ocurrió a ellos fue donar sangre, comprar un montón de entradas de teatro para salvar Broadway y reservar mesa en Sardi's. Fue ir al centro y comportarse como neoyorquinos *inmediatamente*. Llamémoslo tespianismo patriótico.

Esa temporada ves muchos espectáculos.

En diciembre, el chico vuelve de la universidad por Navidad. ¿Sigue siendo tu novio? Habéis decidido seguir a distancia y habláis por teléfono a todas horas, pero si lo piensas ahora, está claro que él se acostaba con otras y tú no. Pero tú estás convencida de que es tu novio y rechazas los acercamientos de los chicos del instituto, que son, con toda probabilidad, opciones infinitamente mejores, pero ¿hay alguno que quiera coger el tren para ir a la ciudad, donde acaba de cometerse un atentado, para ver un musical contigo durante las vacaciones? No, no quieren. Por eso no tienen la más mínima posibilidad.

Tú quieres ver *Los Fantasticks* con el chico porque a él también le encantan los musicales. De hecho, había sido el rey entre los chavales de teatro. La primera vez que lo viste bien fue antes de que empezarais a salir, cuando interpretó en el instituto el papel de Harold Hill en la función de *Vivir de ilusión*, y te enamoraste hasta las trancas.

El chico nunca ha visto *Los Fantasticks* y a ti te parece un plan de lo más romántico, así que compras las entradas. Se apagan las luces del pequeño teatro, un momento que nunca deja de emocionarte, y empieza la obertura. Se te pone la carne de gallina.

Te sabes de memoria la letra de todas las canciones, y por eso no debería pillarte por sorpresa, pero cuando el narrador arranca con la canción más famosa del musical, te pilla desprevenida:

> *Intenta recordar ese mes de septiembre*
> *cuando la vida era tan lenta y, ay, tan dulce.*
> *Intenta recordar ese mes de septiembre*
> *cuando la hierba era verde y el grano era amarillo.*

Intenta recordar ese mes de septiembre
cuando tú eras un hombre más tierno y cándido.
Intenta recordarlo y si te acuerdas
sigue...

Lloras, y el chico llora, y llora todo el público y la mayoría de los actores y hasta el arpista llora. La canción no ha cambiado, pero todo alrededor sí.

Los Fantasticks es un musical en dos actos. El primero es una historia de amor feliz, y al final de este acto el elenco al completo se reúne en una intrincada composición semejante a un retrato de familia, y desde sus respectivas posiciones terminan con un número genial que crece y crece, titulado «Final Feliz». Cuando se encienden las luces para el acto segundo, los actores siguen congelados en las mismas posiciones. Como si los hubieran dejado ahí todo el intermedio. Se interpretan varias ominosas escalas en modo menor mientras ellos se mueven, gesticulan y tratan de componer el cuadro. Entonces, la Chica coge una ciruela imaginaria de un árbol del jardín de su padre.

La muerde y dice: «Esta ciruela está demasiado madura».

La Chica y el Chico rompen y se van a ver el mundo. «No me gustaría tener maldad pero sí tener un poquito de mundo», canta ella. Sufren, aprenden, vuelven a casa. Y ahora son distintos, pero vuelven a enamorarse.

Después de la función, el chico y tú salís del teatro y paseáis de la mano por las calles del Village entre las luces de Navidad y con la sensación de ser mayores y tener mucho mundo. Entonces, él se da cuenta de que ha perdido la cartera. Volvéis hacia el teatro buscándola. No es fácil explicar por qué esta cartera perdida constituye una emergencia, pero así de frágil parecía tu felicidad por aquel entonces. Una cartera perdida era de esas cosas que podía amargar el ánimo y estropear el día entero. Tratáis de hacer el camino a la inversa.

Llegáis al teatro sin haber encontrado la cartera, y tienen la amabilidad de dejaros entrar a buscarla. Todas las luces están encendidas, con lo que el escenario tiene un aire algo triste y despojado de magia, y hay un hombre mayor que está barriendo. El chico empieza a buscar su cartera y tú vas a preguntarle al hombre que barre, quizá porque, como ya ha quedado claro, crees en el poder de los conserjes.

Le explicas lo que pasa y te pregunta dónde estabais sentados. Le dices el número de los asientos y él se acerca a la fila sin necesidad de mirar los indicadores; conoce de memoria las coordenadas de la sala. Recoge la cartera del suelo y le dais las gracias, por encontrarla, por arreglaros el día, por salvar el estado de ánimo, por salvar el momento: por todo ello. Salís del teatro cogidos del brazo, casi patinando.

Imaginaos qué dulce seguía siendo la ciruela.

Los aviones se estrellan contra las torres en septiembre, y en enero desaparecen *Los Fantasticks*. Tu madre está viendo las noticias en la cocina y te dice a gritos: «¡El teatro de Sullivan Street va a cerrar!». Vas corriendo y ahí, en la pantalla, está el hombre que barría, el que os devolvió la cartera. Es Lore Noto. El productor que montó el espectáculo desde el principio. El que lleva tantos años dirigiendo el teatro de Sullivan Street. Fue Lore Noto quien os solucionó el día al encontrar la cartera.

Llamas por teléfono al chico, que está en la universidad, y le cuentas que el teatro va a cerrar. Le cuentas lo de Noto. Y él también flipa por lo triste y lo mágico que es todo. Su reacción es tan convincente que vuelves a estar segura de que lo vuestro durará eternamente. Porque él *lo pilla*. Entiende cosas como *Los Fantasticks* y las canciones de Sandro y el reflejo de tu compañero de clase en el suelo del pasillo, y todos los fragmentos de dolorosa belleza del mundo que nadie más entiende, estás segura, porque cada vez que intentas explicar la intensidad de la emoción que te producen, la gente te mira de un modo muy raro (*¡Soy especial! ¡Soy especial!*).

Es infinitamente mejor creer que el chico y tú sois especiales que aceptar que andar por ahí sintiéndose solo e incomprendido y como un bicho raro es, sencillamente, lo que se siente al ser una persona. Al estar viva. Que la vida es así para *todo el mundo*.

Hasta hoy, escuchar la obertura de *Los Fantasticks* con unos auriculares basta para ponerte la carne de gallina. Pero en general, cuando hablas de *Los Fantasticks,* casi nadie conoce la obra. Ni siquiera los más aficionados al teatro. Y esto te desconcierta, porque tenías la sensación de que siempre habían estado ahí, haciendo magia en Sullivan Street todas las noches. Pero las cosas pueden desaparecer de repente. Hasta el musical que más tiempo ha estado en cartel en todo el mundo.

Este chico es tu relación más larga. La persona que ha aparecido y reaparecido y que ha sido importante en tu vida a lo largo de más tiempo.

¿Llevaste al chico a esa función para demostrarle que él y tú, como pasa en el acto segundo de *Los Fantasticks,* podíais estar separados y volver a encontraros? ¿Pensabas que las reglas del mundo, con todos sus septiembres y sus edificios derribados, no te afectaban? Eso pensabas. Nunca se te ocurrió que, cuando quisieras volver al teatro en el que el chico y tú habíais representado las mejores funciones, este habría desaparecido. Que los dos habríais cambiado tanto que no seríais capaces de recorrer el camino a la inversa hasta los chicos que en otro tiempo fuisteis.

La mujer del farol

Estoy en el circuito de NASCAR, abarrotado de robots y de ingenieros, en las afueras de Miami, Florida, viendo a un bot Atlas, un robot humanoide de rescate en emergencias, mientras trata de abrir una puerta de metal que pesa mucho.

El bot Atlas no consigue abrir la puerta.

Estamos en 2013. Me estoy quemando con tanto sol. Es casi Navidad. «¿Cuándo vienes a casa?», me pregunta mi madre por teléfono. «Todavía no —le digo—. Pero intentaré llegar antes de la cena de Nochebuena.» Ella suspira.

Necesitaba venir aquí. Ver esto. *Esto* son las pruebas del Desafío Robótico de DARPA (DRD). Dieciséis equipos compiten por diseñar robots capaces de ejecutar las tareas que normalmente desempeñan los equipos de emergencias.

No soy ni experta en robótica ni ingeniera ni programadora ni científica. Ni siquiera escribo sobre ciencia. Soy una novelista de poca monta que ha pagado demasiado por una camioneta de alquiler, una enorme F-150 negra con la ventanilla bloqueada, para venir a este sitio tan raro a las afueras y alojarse en un motel donde la noche anterior, al encender la calefacción, quemó algo que tenía dentro con tanta eficiencia que saltó el detector de humos. Acabo de empezar a salir con un chico, Nick, con el que algún día no llegaré a casarme, y le envío mensajes de texto sobre los robots, porque le encanta *Evangelion*, un anime en el que unos personajes diminutos con gigantescos trajes meca de robots sensibles combaten entre sí, y creo que estos mensajes le van a entusiasmar, pero no parece tan entusiasmado. Llevo un chaleco reflectante naranja que dice PRENSA en la espalda, y un casco rígido que me han dicho que es obligatorio en todo momento mientras esté en las zonas de prensa, más cerca de los robots que las gradas del circuito, porque podrían «salir escombros volando» o producirse «salpicaduras de fluidos hidráulicos, jajaja, ¡seguramente no! Pero ponte el casco». Lo que quiero decir es que me siento de lo más idiota en todos los aspectos en que es posible sentirse idiota.

El bot Atlas vuelve a fracasar en su intento de abrir la puerta.

He propuesto un artículo sobre lo que podría significar para el gobierno de Estados Unidos financiar el desarrollo de robots capaces de responder en situaciones de emergencia. La revista ha tramitado mi pase de prensa. Pero cuando estoy ahí, con mi chaleco reflectante, sopesando qué escribir en mi cuaderno, me quedo en blanco. Lo que me gustaría es escribir en mi cuaderno algo que a alguien, a la mayoría, le pueda resultar interesante. Cuando observo a los robots, *a mí* me asalta una enorme oleada, una sensación indefinida, y me emociono tanto que estoy a punto de llorar. Pero, naturalmente, no puedo contar eso en la revista. Sé que de esta cadena de extrañeza personal sin resolver no se habla con nadie y mucho menos se cuenta por escrito.

¿Qué pensaría otra persona de todo esto? Me hago esta pregunta una y otra vez mientras observo al bot Altas, con el cuaderno a punto.

¿Qué sería interesante para otro, para la mayoría de la gente?

¿Qué les entusiasmaría?

El bot Atlas vuelve a fracasar en el intento de abrir la puerta.

Y yo me pasaré los ocho años siguientes fracasando en el intento de escribir este artículo.

✳

Me obsesioné por primera vez con los robots en 2010. Mi manía empezó con la investigación para un relato que estaba escribiendo, sobre una operadora de drones, y eso me llevó a un libro increíble de P. W. Singer titulado *Wired for War*, una historia de la robótica en la esfera militar. Fue Singer quien me enseñó que la mayor parte de la financiación destinada a la robótica en Estados Unidos sale del Departamento de Defensa, específicamente de DARPA.

ARPA, la Agencia de Proyectos de Investigación Avanzados, se fundó en 1958 —no mucho después de que los rusos lanzaran el *Sputnik 1*— como el programa estadounidense para la investigación tecnológica y científica. Cuando la administración de Nixon absorbió el ARPA en el Departamento de Defensa, la agencia pasó a llamarse DARPA: Agencia de Proyectos de Investigación Avanzados de Defensa.

Hay motivos científicos para que la DARPA haya decidido realizar estas pruebas en particular en 2013. La intención es incentivar el desarrollo de un robot *capaz de desempeñar las tareas de un equipo de emergencias que intenta salvar vidas humanas en caso de desastre*. Al fin y al cabo, acaba de producirse el accidente de Fukushima.

O sea que sí, es un concurso de robótica, pero es, también, un recurso publicitario. Se presenta a los robots como rescatadores: en parte bomberos, en parte equipos de emergencia que entran en edificios en llamas para controlar la situación. Los robots pueden ser los buenos. Los del Departamento de Defensa pueden ser los buenos.

En la nota de prensa de las pruebas de DRD, el doctor Gil Pratt, director del programa, decía:

> La tecnología que intentamos desarrollar permitirá a los seres humanos y los robots colaborar en las tareas de rescate cuando se produzca un desastre en entornos demasiado peligrosos para que un ser humano se adentre en ellos por sí solo.

Las pruebas comprendían ocho tareas:

—Conducir un vehículo hasta el punto de intervención
—Desmontar y desplazarse entre escombros
—Retirar obstáculos que bloqueen cualquier acceso
—Abrir una puerta y entrar en un edificio
—Subir por una escalera industrial y recorrer una pasarela industrial
—Utilizar una herramienta eléctrica para romper una barrera

—Localizar y cerrar una válvula cercana a una fuga en un conducto

—Montar una conexión, como un arnés de cables o una manguera de incendios

El DRD era una especie de casting para robots rescatadores y yo quería estar allí y aprender de ellos. Porque creía entender un poco acerca de salvar a la gente. Por aquel entonces, creía que estar enamorada era eso.

✻

Hay un tipo de hombre con el que tiendo a salir.

La mayoría de las personas sensatas consideran poco recomendable salir con este tipo de hombre.

Lo consideran difícil. Es de esos hombres que, cuando dices su nombre, quienes lo conocen responden: «Ah, ese». Todo el mundo lo conoce a grandes rasgos pero nadie en la intimidad. Rara vez tiene muchos amigos íntimos. Es excéntrico, irascible o triste. Es un solitario pero también es un bocazas. Poca gente le cae bien. No deja que los demás se le acerquen. Si sales con este tipo de hombre y conoces a un amigo o familiar suyo, te dirán, indefectiblemente: «¡Nos alegramos mucho de que X por fin haya encontrado a alguien!», y en su voz habrá un toque de incredulidad, o puede que de *alivio*.

Si este hombre toca en un grupo, como suele ser el caso, lo más probable es que sea el guitarrista principal. Si no toca en un grupo, seguirá siendo, espiritualmente, el guitarrista principal.

Cuando una persona normal conoce a un hombre así, piensa «Ay, madre», y guarda las distancias. No es que lo haya calado exactamente, pero el hecho de que resulte misterioso, de que parezca que tiene *algo*, no le resulta intrigante. No siente la necesidad de descubrir ese *algo*. Sospecha que conocer ese *algo*, sea lo que sea, no le proporcionará ni alegría ni paz. Y por eso no van más allá.

Apropiándome del lenguaje del doctor Pratt sobre el DRD, estos hombres son «desastres en entornos demasiado peligrosos para que un ser humano se adentre en ellos por sí solo».

Y aun así, yo siempre me adentro. ¿Por qué?

Conocer a este tipo de hombre activa un impulso. No es deseo sexual. Claramente, no es amor. Es la sensación de que alguien se ha caído en la calle y yo soy la única samaritana que pasa por ahí y podría pararse. Que quizá por el hecho de fijarme en él o sentirme intrigada, soy la única que puede ayudar: de hecho estoy casi obligada. Puedo salvar a este hombre, me digo.

Mi método de salvación consiste en salir con él.

Nada de esto es razonable ni prudente ni bueno. Estos hombres no han pedido ayuda. No han lanzado un SOS. Soy un poco como el Departamento de Defensa: despliego las tropas en cualquier país cuando estoy convencida de que necesita mi ayuda para alcanzar la democracia, la paz y la libertad. Ocupo el territorio. Malinterpreto su cultura. Desarrollo nuevas políticas y sistemas que nadie ha solicitado. La pifio continuamente. Me compro una chupa de cuero, ondeo la bandera de MISIÓN CUMPLIDA y después me arrepiento de las dos cosas. Me quedo ahí demasiado tiempo. Pasan años hasta que me escabullo, derrotada, aunque me niegue a reconocer la derrota.

Cuando este tipo de hombre y yo rompemos, y les pregunto a mis amigos si creían que congeniábamos, siempre me dicen: «¡Nadie entendía qué hacías con ese tío! Como estabas con él, dábamos por hecho que seguro que tenía algo maravilloso que no veíamos».

Pero ese *algo* solo era mi narcisismo, que me hacía creer que él me necesitaba.

He pasado años convencida de que el amor era un acto de cuidado extremo y transformador. Y así, he sido más una salvadora que una compañera. Un robot más que una mujer. Una enfermera más que una amante.

✻

Pasé mucho tiempo llamando a mi adicción a «salvar» a hombres difíciles el «síndrome de Florence Nightingale».

A Florence Nightingale la llamaban «la mujer del farol», por su incansable empeño en hacer la ronda de enfermería nocturna vigilando a sus pacientes, los soldados heridos más famosos de la guerra de Crimea. Se le atribuye a Nightingale el mérito de crear muchos de los procedimientos que inspiraron el modelo de la enfermería moderna y también cobró fama por su labor estadística: recogía datos sobre los pacientes y los utilizaba como base de futuros tratamientos. Que llevaba un farol es literal, pero el sobrenombre también indica que esta mujer nos mostraba el camino hacia alguna parte.

En fin, espero que su fama se deba principalmente a todo esto, porque hasta que busqué información, lo único que *yo* sabía es que era una enfermera y que se enamoraba de sus pacientes.

El «síndrome de Florence Nightingale» (también llamado el efecto Florence Nightingale) es un motivo recurrente en los relatos de la psicología popular en los que una persona se enamora del paciente al que cuida, aun cuando haya muy poco intercambio efectivo entre ambos. Los cuidados se funden con el amor, y es así como prende el síndrome.

Pero resulta que esto, en realidad, es una burda calumnia en el caso de Florence.

Porque Florence *nunca se enamoró de ninguno de sus pacientes*. De hecho, creía que el amor y el romanticismo podían interferir en su carrera profesional y evitaba expresamente cualquier tipo de relación romántica. Un hombre al que por lo visto quiso una vez le pidió que se casara con él, y ella lo rechazó para poder centrarse en su trabajo.

Entonces ¿de dónde viene el término?

Hasta donde yo sé, apareció por primera vez en una semblanza del actor Albert Finney (sí, el puto Papi Warbucks de *Annie*) en la revista *People*, en 1982:

> Además de su espíritu viajero, el actor pasó una temporada apostando fuerte en las carreras de caballos (hoy es dueño de ocho purasangres). También bebía con la misma pasión. «Pero mi aparato digestivo no lo toleraba —dice—. Después de un par de whiskies tenía que vomitar... pero volvía a la fiesta y seguía bebiendo Pernod de todos modos. Hasta que me estalló el apéndice. Tuve una peritonitis y vi que no podía seguir así. Fue lo que yo llamo el «síndrome de John Barrymore» —añade Finney con ironía, sirviéndose otra copa de Chassagne-Montrachet—.

Y es que uno es más interesante y más romántico cuando parece inclinado a la autodestrucción. Así puedes atraer a mujeres que padezcan el «síndrome de Florence Nightingale». Y luego, si no estás a la altura de las expectativas, siempre te queda la cláusula de rescisión.

La cláusula de rescisión.

Semejante maravilla es suficiente para que una mujer se vuelva conspiranoica.

Cuando pienso que mi visión de Florence Nightingale se corrompió porque el comentario canalla de un hombre es capaz de eclipsar toda la verdad sobre la vida de una mujer… me echo a temblar de rabia.

Y lo que pasa con el síndrome de Florence Nightingale es que no implica que las mujeres deberían *dejar* de cuidar de los demás. Más bien, pone la atención en este cuidado persistente y devoto, y dice: todo está bien mientras *no te permitas sentir nada por ellos*. Según la lógica del efecto, los cuidados femeninos pasan de la santidad al trastorno cuando la mujer establece una relación emocional con el objeto de sus cuidados, o quizá incluso con la propia idea del cuidado. El trastorno consiste en no saber dedicarse a este tipo de cuidados sin implicarse emocionalmente y por tanto sin volverse inoportunamente humana.

Esta era la lógica exacta por la que yo me guiaba en 2013, cuando fui a las pruebas de robótica.

Y *esta* era también la razón por la que le enviaba mensajes a Nick sobre los robots.

Esto era lo que creía que los robots del DRD iban a proporcionarme.

Eran rescatadores, ofrecían ayuda y cuidados, y no podían trastornarse, como yo creía estarlo, con una inoportuna abundancia de emociones ante los cuidados, porque eran robots y no sentían emociones. En el DRD yo esperaba ver ese algo magnífico en lo que quizá llegara a convertirme algún día: una rescatadora perfecta y libre de pasiones.

Naturalmente, no fue esto en absoluto lo que encontré en Miami.

*

El primer día de las pruebas tengo que pasar por los estands de exposición que han montado en el aparcamiento para llegar al circuito. Las empresas de robótica, de IA y de realidad virtual exhiben sus productos y proyectos. En un estand hay una serpiente robótica manejada por control remoto que se me enrosca en los tobillos y se contonea al compás de la música. Hay estands de reclutamiento de universidades como RPI y MIT. Estands de reclutamiento de organizaciones de servicios de emergencias.

Me paro delante de un estand donde está, despatarrado, el robot Atlas. Un cartel me invita a experimentar una simulación de realidad virtual de lo que se siente al «ser Atlas». Atlas es el bot que ha lanzado DARPA/Boston Dynamics para los participantes que únicamente desarrollan su propio software. Otros equipos optan por diseñar sus propios robots además del software, un reto muchísimo más complicado. Detrás de Atlas hay un hombre con unas gafas de realidad virtual en la mano.

«¿Quieres probar?» Pongo una excusa. No quiero llegar tarde a las pruebas.

Los diferentes puntos de intervención se han instalado en la parte interior del circuito. Todos parecen el decorado de una extraña función apocalíptica. Hay símbolos de radioactividad, andamios de metal rotos y ladrillos partidos. Paredes con señales como las que deja el impacto de una explosión. Sobre la zona de pruebas hay una pantalla gigantesca que transmite la competición de principio a fin y muestra los marcadores.

La zona exterior del circuito está rodeada por los garajes abiertos que habitualmente ocupan los pilotos y las cuadrillas de NASCAR y ahora sirven de base de operaciones a los dieciséis participantes. Desde cada garaje se controlarán los robots de los distintos equipos, y los sistemas de comunicación empleados para su control «fallarán» para simular un desastre. Veo los nombres que he estudiado online. RoboSimian, del Laboratorio de Propulsión a Chorro de la NASA, IHMC, Tartan Rescue, MIT, SCHAFT, HUBO, CHIRON, Mojavaton. En la entrada de algunos garajes hay sofás raídos donde los integrantes de los equipos echan la siesta con todo el descaro. Me fijo en el equipo de IHMC, veinteañeros en su mayoría, que fuman sin parar en su garaje, decorado con luces navideñas y calcetines rojos de fieltro colgados de lado a lado en la entrada.

Hace calor, y los garajes están abiertos por dos lados para que corra el aire. Me estiro el chaleco de plástico. Me noto el pelo sudado debajo del casco.

De repente empieza a sonar música, miro los altavoces y os juro que la canción que está sonando, y que seguirá sonando en un bucle implacable durante las siguientes cuarenta y ocho horas, es «Harder, Better, Faster, Stronger», de Daft Punk. Las pruebas están a punto de empezar.

*

Un caso práctico: el final de una relación que duró casi dos años, con Joey, el hombre al que conocí en Tinder, el que me regaló la manta con nuestra conversación tejida. Eso fue casi seis años después de que asistiera a las pruebas de DARPA.

Joey se consideraba una persona condenada a la tragedia. No lo era. Era encantador y competente. Y como yo veía lo encantador y lo competente que era, pasé por alto que hablara de sí mismo con ese fatalismo. Pasé por alto que prefiriera considerarse una persona a la que le ocurrían cosas que escapaban a su control.

Pensaba: ¡quiero a este hombre, y todo lo que dice que le hace sufrir tiene fácil arreglo! ¡Lo arreglaremos juntos! ¡Y seremos felices!

Joey quería tener más tiempo para su grupo de música. Yo me adaptaba a su calendario de ensayos y no faltaba a ningún concierto. Era incapaz de concentrarse, de relajarse, así que fuimos a una clase de meditación para aprender juntos. Creía que la mala suerte le había impedido viajar al extranjero y tener un sello en su pasaporte. Le dije: «¿Adónde quieres ir?». Contestó: «A Tailandia». De modo que compré dos billetes para ir a Tailandia.

Yo ayudaba, arreglaba y resolvía para que él finalmente llegara a ser feliz.

Cuando él por fin fuese feliz, estaba segura, me amaría.

Joey no estaba contento en su trabajo, quería cambiar de trabajo, así que le pregunté si le gustaría trabajar donde *yo* trabajaba. Dijo que sí.

Le pregunté:

—¿Estás seguro? No me importa que trabajes haciendo helados para la cadena Stewart's Shops si eso te hace feliz. Solo quiero que seas feliz, pero también necesito que estés muy seguro de esto antes de pedir favores.

Joey dijo:

—Sí, estoy seguro.

Así que le conseguí una entrevista. Hizo la entrevista y me dijo que parecía un buen trabajo.

Mientras esperábamos noticias del trabajo llegó el momento de nuestro viaje a Tailandia.

En el viaje hicimos una excursión en bote y kayak que había reservado Joey en la bahía de Phang Nga. El bote era de cola larga y el lugar de ensueño, con islotes que surgían de un mar esmeralda resplandeciente, nubes que acompañaban a nuestra embarcación como dioses centinelas de la tormenta. Fuimos remando hasta una barrera de manglares y vimos cientos de murciélagos del tamaño de nuestros antebrazos, con unas caritas adorables, discutiendo entre los árboles. En las orillas de los islotes vimos monos que nos vigilaban mientras acicalaban a sus crías y martines pescadores de todos los colores, posados en las ramas. Una noche acampamos en una isla literalmente desierta. Nuestros geniales y divertidísimos guías turísticos, un naturalista y un barquero, montaron el campamento, nos dieron las buenas noches y nos dejaron en paz. Comimos fideos y gambas sentados en una nevera y entonces empezaron a aparecer murciélagos más pequeños, como una bandada que salía del bosque, y revoloteaban por encima de nuestras cabezas, y a mí me pareció maravilloso.

—Me encanta esto —dije.

—Sí —asintió Joey.

Terminamos de comer.

Joey se levantó y echó a andar. Se fue sin decir nada. Lo perdí de vista en la penumbra del crepúsculo cuando llegó a un recodo de la isla. Pasaron unos minutos y, como no volvía, me levanté para ir a buscarlo. Exploré la isla un poco más. Vi anémonas de neón gelatinosas temblando en la línea de la marea y pequeños erizos de mar varados en las charcas como granadas rojas. Los cangrejos se escabullían con recelo. No encontraba a Joey. Cuando por fin me di por vencida y retrocedí, vi que había vuelto al campamento. Estaba en nuestra tienda. Dentro del saco de dormir.

—¿Te vas a la cama sin mí? —pregunté, a través de la malla de la puerta.

—Estoy cansado —dijo desde el otro lado.

Era evidente que estaba de mal humor. Traté de entender por qué.

Todos mis esfuerzos para solucionar sus problemas resultaban inútiles. Había organizado un viaje para los dos, hasta la otra punta del mundo, para resolverlos. Ya no me quedaba nada más que arreglar, que curar, pero incluso allí, en aquel auténtico paraíso, Joey no era feliz.

No me había dado las buenas noches, en una isla desierta.

Había sido capaz de dejarme sola, *en una isla desierta*.

Y aun así, triste y acurrucada fuera de la tienda, seguía buscando el modo de arreglarlo.

Dos semanas después del viaje a Tailandia, a Joey le

ofrecieron el puesto en mi empresa. El puesto que yo le había pedido a un compañero de mayor categoría para él. El puesto para el que otras personas llevaban tiempo organizándose y haciendo entrevistas, para él. Cuando se lo ofrecieron, dijo que tenía que pensarlo.

Al cabo de unos días le preguntaron si ya tenía la respuesta. Y entonces le entró el pánico. Le pregunté qué estaba pensando, y cuando dijo que no quería el puesto después de todo, perdí los nervios.

—Entonces ¿por qué me has dejado pedir el favor?

Joey me explicó que le preocupaba dónde ensayaría con el grupo si cambiaba de trabajo. Que estaba pensando que a lo mejor le apetecía dedicarse al marketing. Él pensaba mil cosas y yo tenía un enfado de cojones. Me molestaba su actitud, pero también me cabreaba haber desempeñado un papel tan importante en propiciar esta oferta de empleo. Me había equivocado del todo al pensar que saldría bien.

—Si no quieres el trabajo no pasa nada —le dije—, pero necesito que te hagas cargo de las cosas un poco más a partir de ahora, ¿vale? La culpa es mía por intentar resolver tus asuntos, y lo siento, pero tienes que hacerte un poco más responsable de descubrir qué puede hacerte feliz. Necesito saber que harás eso.

Joey dijo que no creía que pudiera hacer eso.

Dijo que nunca podría prometerme que cuidaría de mí como yo cuidaba de él. Esta fue una observación que me ofreció libre y voluntariamente.

Llevábamos casi dos años juntos y tuvimos esta conversación por teléfono, en mitad de la jornada laboral.

Al día siguiente me comunicó nuestra ruptura por correo electrónico. Y nunca más volví a verlo.

Esta es una historia triste solo en la medida en que pueden serlo las historias sobre personas como yo, que se engañan a sí mismas. Por eso quizá no sea nada triste.

Intenté ayudar a Joey porque creía que, sin la distracción de sus miserias —que a mí me parecían tan fáciles de resolver—, acabaría queriéndome *como es debido*. Que cuidaría de mí como yo había cuidado de él. Yo seguiría arreglándolo todo hasta que él fuera capaz de verme ahí, esperando su amor. Pero, claro, esto no funciona así.

¿Cuál es la lección? ¿Que yo era una mierda de enfermera?

¿Que no es fácil curar a alguien que no quiere ponerse bien?

¿Que los cuidados rara vez se retribuyen con amor?

O quizá, puestos a ser sinceros: que es éticamente imposible amar de verdad a alguien a quien consideras tu paciente.

✢

El primer día de las pruebas de DRD los espectadores observan desde las gradas el ciclo de operaciones de los robots en los distintos puestos de intervención. Siempre hay ocho actuaciones simultáneas, y al principio me preocupa perderme algo. Paseo con mi cuaderno buscando el puesto donde haya más acción.

No debería haberme preocupado. Son lentos estos robots. Tan lentos que la pantalla gigantesca emite las imágenes a cámara rápida, un método generalmente reservado para la floración de las flores y el deshielo de los glaciares.

No puedo explicar por qué la tarea de abrir la puerta se convierte en mi favorita, pero estuve horas, literalmente horas, atenta a esta prueba en particular, que en mi artículo de prensa describo como: «Abrir una serie de puertas: empujar las puertas trazando un arco supone un reto para la percepción y la destreza de los robots. Tienen que pensar cómo colocarse y moverse al abrir cada puerta».

Los robots necesitan cruzar un campo de escombros hasta llegar a una serie de puertas. La primera de las tres tiene una barra metálica que hay que presionar hacia abajo antes de empujar para abrirla. Luego tienen que pasar por la puerta y cerrarla. Y esta es solo la primera de las tres, con un mecanismo de apertura distinto cada una. Unos tiran, otros empujan. Unos aplican fuerza, otros no. Todo esto ocurre en una especie de diorama que representa el escenario de un desastre. Las paredes que están detrás de los robots son de un color azul verdoso intenso, salpicado de amenazantes manchas que parecen residuos de una explosión. En la pared hay un símbolo de radioactividad amarillo.

Los robots intentan escalar el montón de escombros o retirarlo, y tropiezan y caen. Llegan a la puerta y buscan la manivela, pero fallan, o no consiguen agarrarla porque se les resbala de las pinzas. Esta incapacidad de agarre me resultaba familiar, la he vivido en pesadillas donde tareas tan simples como esta resultan imposibles: *agarra la manivela, puedes salir de aquí, simplemente abre la puerta.*

Todo cambia cuando entra en escena el robot S-One de SCHAFT. SCHAFT es un robot larguirucho, con el cuerpo de color azul, una enorme cabeza cuadrada y garras negras. Observamos a SCHAFT mientras avanza entre los escombros como si nada. Avanza como lo haría un ser humano que se moviera muy despacio y con cautela. Es decir, comparado con los demás robots, se mueve con ligereza. Es emocionante verlo. Técnicamente, SCHAFT es la compañía japonesa que ha creado el S-One, pero todo el mundo llama al robot SCHAFT a secas, porque el nombre da pie a chistes demasiado buenos para desperdiciarlos. Los periodistas, los ingenieros y yo cantamos la famosa canción de la serie *Shaft*:

> *¿Quién es el hombre que arriesgaría el pellejo por su hermano, tío?*
> *(Schaft)*
> *¿Lo pillas?*
> *¿Quién es el guapo que no escurre el bulto cuando se ve rodeado de peligro?*
> *(Schaft)*
> *Exacto.*

SCHAFT se acerca a la primera puerta. Agarra la manivela. Aguantamos la respiración. Se le resbala. No respiramos. Al tercer intento abre la puerta. Los periodistas y los ingenieros lanzamos exclamaciones de incredulidad. Llega a la segunda puerta y también la cruza.

Lo ha conseguido. Lo ha conseguido. Todo el mundo dice lo mismo. ¡Lo ha conseguido!

Se acerca a la tercera puerta. Agarra, agarra y por fin abre la tercera y última manivela, la más difícil, porque pesa mucho y hay que tirar hacia dentro en lugar de presionar, y esto puede hacer que el robot pierda el equilibrio. Una tarea tan insignificante cobra un dramatismo enorme, porque esta puerta se ha convertido en una barrera imposible.

Y entonces SCHAFT abre la puerta. SCHAFT se queda quieto, sin soltar la manivela y con la puerta abierta.

Todo el mundo enloquece. Es emocionante ver cómo abre la puerta, el camino al lugar seguro.

Y entonces empieza a soplar el viento.

SCHAFT pierde el agarre de la manivela, la puerta se le escapa y vuelve a cerrarse de golpe. La multitud responde con un sonoro Ayyy y Ohhh. De todos modos obtendrá una buena puntuación, y ha estado muy cerca de completar su tarea.

Me escabullo para que nadie me vea llorar por debajo del casco.

Los robots de DRD no son los héroes perfectos que yo esperaba, pero me encantan de todos modos. Me encantan *estos en concreto*. Me encantan *ahora mismo*, sin presuponer que algún día harán mejor lo que se supone que tienen que hacer. Me encantan porque me recuerdan que cuando intentas alcanzar algo grande y bueno, suelen ser las cosas pequeñas las que normalmente parecen imposibles.

Solo tienes que girar la manivela.

Solo tienes que abrir la puerta y pasar.

¿Tan difícil es?

Pues resulta que es difícil de narices.

Me escondo a la sombra de uno de los túneles de entrada que están debajo de las gradas para llorar por SCHAFT. Un hombre con la nariz congestionada, que lleva una chaqueta de lana verde a pesar del calor que hace, se me acerca y empieza a contarme que el Departamento de Defensa está asesinando a gente con drones.

—Lo sé —le digo.

Me lo sigue contando de todos modos. Verme llorar no lo disuade. Al final me pide que firme su petición. La firmo.

✻

Mi querida amiga Marta es una persona tan buena, tan dispuesta a ver lo mejor en los demás, que suele atraer amistades improbables y acabar enredada en complicadas situaciones sociales que una mujer menos generosa no se permitiría. Por esta razón, su hermana la llama «Amigas sin Fronteras», como la organización de ayuda humanitaria Médicos sin Fronteras, que ofrece asistencia sanitaria a personas necesitadas en entornos peligrosos y remotos. Me gusta pensar que si Florence Nightingale hubiera nacido en esta época tal vez trabajaría en Médicos sin Fronteras.

Marta y su hermana son de España, y por eso aquí todos lo decimos en español, *Amigos sin Fronteras*. Por ejemplo, cuando Marta anuncia que va a ir a una cena que pinta fatal, con gente desconocida, o que se ha ofrecido a llevar en coche a alguien a quien ha conocido el día anterior para que le pongan los neumáticos de nieve, le gritamos: «¿Por qué? ¿Por qué has dicho que sí?». Cuando intenta explicarlo nos damos por vencidos.

—¡Amigos sin Fronteras! —canturreamos—. ¡Amigos sin Fronteras!

Hace poco, este mismo grupo de amigas nos reunimos para ponernos al día, y yo les estaba contando mis experiencias recientes con las citas.

Esto fue *años* después del DRD de 2013.

Años después de que anulara mi boda con Nick en 2016.

Siglos después de que Joey me dejara sola en aquella isla desierta en 2019.

Creía haber llegado a entender algunas cosas sobre cómo me comporto en el amor.

Pero ahí estaba, charlando con mis amigas *en 2020,* explicándoles que estaba procurando pasar por alto las pequeñas incompatibilidades de los perfiles de posibles parejas y ver su potencial más profundo. «Intento comprender la diferencia entre ser demasiado exigente y detectar una clara señal de alarma», dije. Hice una lista de algunas incompatibilidades dudosas de los perfiles online que había decidido no considerar insuperables: el perfil dice que su comida favorita son los *nuggets* de pollo; el perfil dice que lo que más le interesa son los videojuegos; el perfil incluye citas de tres películas distintas de Will Ferrell; el perfil dice que no tiene trabajo pero que está escribiendo un guion; en las fotos del perfil parece que vive en una caravana; en las fotos del perfil parece que solo vive en el espejo de su cuarto de baño; en las fotos del perfil parece un fantasma de la guerra civil.

Era evidente que ninguna de estas cualidades o de estos hombres me interesaba lo más mínimo.

Y aun así...

¿Una buena persona se dejaría disuadir por cosas así?, me preguntaba. ¿Era ético descalificar a alguien como pareja por alguno de estos motivos? ¿Cómo reaccionaría otra persona, la mayoría de la gente, a estos perfiles?

Pensaba que otra persona, la mayoría de la gente, no pondría ninguna pega. Incluso se ilusionaría. Saldría con

LA MUJER DEL FAROL 149

estos hombres. Disfrutaría en las citas. Así que me obligaba a dudar de mí misma y a sustituir mis íntimas y sinceras reacciones humanas por lo que haría una persona buena, ética y en general menos rara que yo.

Mientras les contaba todo esto a mis amigas, me eché a reír tanto que acabé llorando.

—¿Seré... —dije, riéndome tanto que ni siquiera acertaba a decir lo que quería decir—... seré Novios sin Fronteras*?

Novios sin Fronteras.

Cuatro años después de mi experiencia con las grullas trompeteras volví a tener una «epifanía». Había comprendido algo nuevo. Incluso aunque ahora me ría de mi solemnidad, recuerdo la emoción de la «epifanía»:

¿Y si los límites y las fronteras fueran en realidad la única manera de quererse en igualdad y libertad? ¿Y si, sin estos límites, el amor se convirtiera en una acción de ayuda humanitaria?

Mi mayor deseo en este mundo ha sido un amor sin fronteras. Es decir, un amor *in*condicional. Y creía que si era generosa y daba mi amor incondicional a una persona difícil también lo recibiría. Por eso quería a personas con las que creía que podría hacer el mejor trabajo amoroso. Como si fuera una vocación, una llamada, un deber.

Nunca me pregunté cómo quería ser amada o por quién. Nunca me pregunté si las personas a las que yo estaba capacitada para cuidar estaban capacitadas para cuidarme a mí. Y la mayoría de las veces no lo estaban. No era culpa suya. Nunca se lo pregunté.

* En español en el original. (*N. de la T.*)

Los médicos y enfermeros ofrecen cuidados incondicionales: atienden a quienes les toca curar. Para actuar con ética tienen que ser imparciales. Un robot, en teoría, es imparcial, a menos que lo programen con datos sesgados. Pero estar enamorado es ser parcial. Es ser específico.

Todo amor romántico es condicional en tanto en cuanto la condición es una naturaleza esencial de la persona. Es su individualidad. Si el amor a una persona no viene dado por la condición de que ella sea tal como es, sino que viene dado por su necesidad de amor, o porque tú estás convencida de que puedes hacer un buen trabajo para que esa persona sea más feliz o «mejor», entonces eres una enfermera, eres una heroína robótica, y a lo mejor puedes salvarla de un desastre. Pero no eres una amante. No estás enamorada.

¿Qué me llevó a pensar que tenía la obligación ética de buscar el modo de salir de mi propio criterio y de mis propias opiniones?, ¿la obligación de enamorarme como podrían enamorarse otras personas, la mayoría, como podría enamorarse una «buena» persona imaginaria?

Puede que disfrutar de ser la heroína que irrumpe y salva del desastre signifique tener un profundo deseo de autodestrucción. Salvar a alguien parece fácil, comparado con preguntarte quién narices eres y qué quieres y cómo quieres ser amada y por quién. Comparado con preguntarte: ¿cómo podría cuidar de mí misma?

En mi vida, las respuestas a estas preguntas nunca han estado claras. En 2013 ni siquiera me había hecho estas preguntas.

Durante algún tiempo, esta especie de «epifanías» me convencieron de que todo me iría bien. Porque *ahora entendía las cosas.* Y sí, saber lo equivocada que había estado hasta entonces era importante, pero resulta que identificar un problema y luego encontrar la solución y luego poner esa solución en práctica no viene todo en un puto lote que te puedas comprar y listo.

Hay tres puertas distintas, que pesan mucho, y tienes que pasar las tres; de lo contrario, claro, te quedas atrapada.

✻

Hacia el final del primer día de las pruebas vuelvo a la carpa de realidad virtual del bot Atlas. La del cartel que dice: ¿QUÉ SE SIENTE AL SER ATLAS?

—¡Vamos a meterte ahí! —me dice un chico.

Me ayuda a ponerme el equipo de realidad virtual (RV) en la cabeza y ajusta las cintas hasta que están ceñidas. El equipo lleva dos ojos saltones enormes por delante.

Empieza la simulación. Con las gafas me siento como si estuviera dentro de un videojuego. Y en el juego estoy en el cuerpo de Atlas. Delante de mí veo una sala como un bloque gris. Vuelvo la cabeza y veo un pasillo largo que lleva a alguna parte, mucho más lejos del espacio que ocupa el estand en el mundo real. Me vuelvo de nuevo hacia la sala, que se mueve a mi alrededor, y el mundo simulado ocupa mi visión periférica además de la frontal en línea recta. No hay nada realista en esta sala, pero la experiencia de estar allí resulta increíblemente real. Mi cuerpo se siente ahí, en la sala, y al mismo tiempo noto el peso de las gafas en la cara y el calor del estand. Inclino la cabeza y me veo las manos. Las levanto en la vida real y al hacerlo las levanto también en la simulación. Mis manos son las manos de Atlas.

¿Qué se siente al ser Atlas?

Intento andar pulsando un botón que tengo en la mano y me choco contra una pared. Me levanto y doy media vuelta. Veo una mesa, o un pedestal con varios objetos. Pulso el botón. Intento acercarme, pero me mareo y, sin saber cómo, me veo acorralada en un rincón parpadeante de otra pared.

Teniendo en cuenta que llegué al evento con la idea de que podía tener cierta afinidad con los robots, se me da muy mal ser Atlas.

Doy la vuelta de nuevo y encuentro un pasillo que me lleva a la misma mesa de antes. Sigo andando. Se me remueve el estómago. Caigo en la cuenta entonces de que esto no ha sido una buena idea.

En el mundo real mi capacidad de procesar la información espacial es pésima. Mi falta de sentido de la orientación es alarmante para quienes me conocen bien. No sé girar un objeto mentalmente. Una vez, en la adolescencia, intenté jugar al GoldenEye 007 en la Nintendo en casa de un amigo y la perspectiva en primera persona me resultó tan confusa y mareante que me entraron ganas de vomitar. Tuve que soltar el mando para ir corriendo al cuarto de baño.

En la simulación de Atlas veo una pared gris en un paisaje verdoso y otra vez la misma mesa con varios objetos. Consigo llegar a la mesa. Siento un leve mareo pero lo consigo. Extiendo mi mano de robot y la veo delante de mí. La abro. La cierro. Pienso si podré coger la llave inglesa o el cubo o… ¿Para quién son estas cosas? ¿Quién necesita qué? Vuelvo a fijarme en el mundo de la simulación y en parte entiendo por qué resulta tan extraño: ahí no hay nadie más que yo. Es un mundo de un único espacio, un único yo y estos objetos. Nunca he estado tan sola conmigo misma. Busco la mesa con las manos de Atlas. Mis manos. Se supone que tengo que coger un objeto pero ¿cómo sé cuál escoger?

Abro la mano.

La cierro.

La cabeza me da vueltas.

Me desmayo y me caigo. En el mundo real.

Cuando recupero el conocimiento, el chico del estand me está quitando el carísimo equipo de RV con ojos saltones. Luego me levanta y me ofrece una silla para que me siente hasta que me recupere.

—Lo siento mucho —digo.

—Tómate un minuto —contesta.

—Qué vergüenza —digo.

Me quedo sentada, con la frente en las rodillas, y trato de respirar hondo para asentar el estómago. Sigo mareada. Siento náuseas. Tendría que haber sabido que mi cerebro y mis tripas no soportarían una simulación en primera persona.

Porque eso es lo que me quebró.

Al ponerme las gafas de RV para ser el bot Atlas, me vi obligada a meterme en el papel que llevaba toda la vida empeñándome en evitar.

La mirada subjetiva del mundo en primera persona.

Mi papel.

Al ver la sala gris en la simulación quise hacer lo que siempre había hecho en la vida: imaginar qué significaba aquel espacio para la persona a la que yo cuidaba. Para alguien. Cualquiera. La vería como creía que la verían ellos. Me imaginaría qué podrían necesitar de aquella sala y luego empezaría a moverme de acuerdo con esta necesidad. Pero en la simulación estaba sola. Todo mi ser se reducía a mi mirada. A mi mano robótica. Y cualquier cosa que cogiera de la mesa sería *para mí*. Entonces ¿qué objeto... quería... yo... coger? No tenía ni idea. Me aterraba mi subjetividad.

Me alejé corriendo del estand. Del cartel de ¿QUÉ SE SIENTE AL SER ATLAS?

¿Qué se sentía al ser yo? No tenía ni idea.

✻

Las pruebas han terminado, me he quemado con el sol y voy al restaurante-bar karaoke que está enfrente del motel. Me siento a la barra y pido una cerveza y una cesta de almejas fritas. He sacado mi cuaderno pero ni siquiera sé qué debería escribir. Fuera lo que fuera lo que esperaba aprender sobre el modo de salvar a alguien sin sentir ninguna emoción no ha dado resultado. Se me escapa qué parte de la experiencia habría sido interesante para *otra persona, para la mayoría*.

Un hombre de más de sesenta años está cantando una antigua canción de vaqueros delante de la pantalla de karaoke. No canta la letra que sale en la pantalla, es una canción completamente distinta, pero lo hace genial. El bar transmite una onda acogedora, con lucecitas intermitentes colgadas en las paredes y estanterías llenas de adornos. Mañana es Nochebuena en todas partes, pero sobre todo en casa de mi madre, donde me preguntarán por este artículo que me ha impedido participar en los preparativos navideños. Me quedo mirando mi cuaderno. El hombre termina de cantar y aplaudimos. Karaoke significa «orquesta vacía»... ¿Lo sabíais? Lo aprendí en alguno de mis libros de robots pero ahora no recuerdo cuál era.

Estoy en mitad de mi absurdo momento de autocompasión cuando entra en el bar un grupo de hombres con etiquetas de DARPA. Un tipo con barba, gafas de montura metálica y unas manos enormes se acerca por detrás de mí y pide ocho bebidas para el grupo. Los otros van a sentarse fuera, en una mesa de pícnic, y empiezan a gritarle para que se dé prisa y cambian los pedidos en broma, para que se haga un lío. La camarera sirve las cervezas de barril y las va poniendo en fila, a mi lado.

—Perdona —me dice el tipo—. No pretendía invadirte.

—No pasa nada. Estáis de celebración. ¿Participáis en las pruebas?

Me mira con emoción.

—¿Eres Janice?

Es la cuarta vez que me lo preguntan en los tres últimos días. Por lo visto hay una sola ingeniera que participa en las pruebas. No llegué a conocerla. Pero cada vez que alguien me ve se sorprende y me pregunta si soy Janice, con la esperanza de conocer a ese ser mítico.

Ojalá fuera Janice. Sinceramente.

Quiero ser cualquier otra persona. Como si eso pudiera salvarme de averiguar qué quiero en realidad. Como si, al no ser nadie, pudiera ser buena con todo el mundo. Como si fuera posible que el amor funcionara así. Sopeso la posibilidad de hacerme pasar por Janice. En serio. Pero algo me dice que no puedo seguir eternamente evitando convertirme en una persona en primera persona. Así que digo la verdad.

—No —me río—. Soy escritora. —Me quedo callada

y luego confieso—: Escritora de ficción, ni siquiera periodista. ¿En qué equipo estás?

Al reconocer quién soy en realidad por primera vez en
varios días, siento que se me relaja la columna, las tripas
se acomodan en la pelvis, la cerveza me produce un li-
gero mareo y noto el calor en los brazos quemados, y
eso es lo que se siente al ser yo. Al decir en voz alta
quién soy, vuelvo a ocupar mi cuerpo. Soy yo. Soy una
persona en primera persona. Ah, hola, estás ahí, estoy
aquí.

—En el equipo de diseño —me dice—. Hemos diseña-
do las pruebas. Los escenarios de las tareas.

—No fastidies —le contesto—. Enhorabuena. Son
geniales. Parecen un plató de cine. —Y le cuento, fascinada, que he visto a SCHAFT abrir la puerta y luego per-
derla por culpa del viento.

Otro del grupo viene a por las bebidas olvidadas, con
un gesto de protesta por la espera.

—Pregúntale si le apetece venir con nosotros —dice, y
se lleva todas las pintas menos una. La señala con la
cabeza antes de irse.

El hombre con el que estoy hablando me mira y me
ofrece la mano.

—RJ —dice.

Le doy la mano.

—CJ —digo.

Se ríe.

—¿Te apetece sentarte con nosotros?

Señala la cerveza que está encima de la barra.

La miro. ¿Me apetece?

Sí.

La cojo.

Cuando RJ y yo nos acercamos a la mesa, alguien me señala y dice: «¡Janice!».

—Por desgracia, no —contesto.

Nos quedamos de charla casi hasta las cuatro de la madrugada, y todo este grupo de ingenieros, médicos de emergencias y rescatadores del Ejército habla de las pruebas, de los robots y de Miami, de batallas pasadas, de otros trabajos. Hay chupitos de tequila. Presumen para mí. Estoy encantada. Le gorroneo un cigarrillo a uno, que solo habla un poco de inglés y lleva en la mochila un llavero con un Totoro de peluche.

Enciendo el cigarrillo y le digo: «Me encanta Totoro», señalando el llavero. Sonrío, pero no me entiende, así que hago el baile que Totoro les enseña a las niñas en la película, el que hace florecer su jardín de la noche a la mañana. Un baile que es también un hechizo y hace que el mundo gire más deprisa, que gire a cámara rápida, que la bellota pase a semilla y a árbol en cuestión de minutos. Progreso, crecimiento y conocimiento se suceden a toda velocidad. A una velocidad imposible, como querríamos los científicos y las chicas humanas en el mundo real. Una puerta, y luego la segunda, y luego la tercera, en cascada. Por fin lo entiende, se ríe y estruja al pequeño Totoro.

—Sí —dice.

Mulder, soy yo

Nunca volveré a salir con nadie a quien no le guste algu-
na de estas tres cosas...

Había escrito en una servilleta de cóctel las tres cosas
que me habían venido a la cabeza, como una teoría del
todo que englobaba a los hombres de mierda. La servilleta decía:

1. LOS PERROS GRANDES
2. ¡EL MAR!
3. LOS TELEÑECOS

Le pasé la servilleta a mi amiga. Se le estaba corriendo
el rímel de tanto reírse. Yo estaba borracha pero no bro-
meaba.

—Si no te gusta alguna de estas cosas es que eres un
sociópata —dije, examinando mi servilleta—. Una
persona a la que no le gustan estas cosas tiene algo *estro-*
peado.

—A mí no me entusiasman los Teleñecos —dijo mi
amiga.

—¿Pero los odias? ¿Quieres que enfermen?

—No quiero que los Teleñecos enfermen.

—Esta es la norma a partir de ahora.

En una teoría de las relaciones basada en los Teleñecos hay quizá más sociopatía que en el hecho de que no te guste la Rana Gustavo. Pero yo buscaba respuestas. Trataba de entender qué había salido mal en el pasado.

Por aquel entonces andaba muy metida en el tema de las autopsias. Diseccionaba mis relaciones fallidas en busca de respuestas. De cada análisis *post mortem* de una relación salían nuevas reglas de lo que debería y no debería hacer en la siguiente. Mis normas *post mortem* se multiplicaron con el paso del tiempo, hasta que fueron tantas que me costaba llevar la cuenta. Pero seguía haciendo autopsias, porque tal vez, si analizaba mis errores a fondo, podría hacer como si el amor, la vida, fuera una empresa que cualquiera pudiera emprender con un nivel de riesgo moderado.

En resumidas cuentas, intentaba aplicar la ciencia a mi vida amorosa de mierda.

Y de todas mis teorías, mediciones y locuras, ninguna me desequilibró tanto como mis experimentos en el campo del Scullymulderismo.

«El Diablo de Jersey», Temporada 1, Capítulo 5

Mulder: ¿Has oído hablar del Diablo de Jersey?
Scully: … Una especie de Big Food de la Costa Este… ¿Está aquí el informe de la autopsia? […] Mulder, llevo oyendo esta historia desde que era pequeña. Es una leyenda, un mito.
Mulder: Yo también oí la misma historia de pequeño. Lo curioso es que me lo creía.

El año que mis amigas Liv y Meg me pidieron que oficiara su boda yo estaba en una relación a punto de autodes-
truirse por culpa del Scullymulderismo. Me negaba a
aceptar que la ruptura era inevitable, aunque para todo
mi entorno era algo evidente, incluso para Joey, estoy
segurísima, porque cuando le di la noticia de que iba
a hacerme cargo de la celebración, me dijo que no iba a
poder sacar tiempo para asistir.

Una ruptura, a estas alturas de mi vida, era un cuento de lo más trillado, y yo estaba hasta las narices. No
quería pasar por ello otra vez. No quería tener que
volver a contárselo a nadie. No quería volver a sentir
las mismas emociones y a hacerme la misma serie de
dolorosas preguntas existenciales. Pero resulta que
una no tiene muchas posibilidades de elegir en estos
casos.

Tampoco quería romper con Joey porque me había
esforzado mucho en que lo nuestro funcionara. Y esta
relación me había exigido una cantidad de trabajo descomunal, porque éramos radicalmente distintos. Comu-
nicarse, más allá del plano físico, era una proeza. Pero
yo estaba convencida de que nuestras diferencias nos
hacían perfectos al uno para el otro.

Mi modelo en esta ocasión fue la agente especial Dana
Scully.

Me ha fascinado *Expediente X* desde el instante en que
llegué a casa de mi primo, en Nueva Jersey, y me lo
encontré viendo un episodio en un pequeño televisor, en
la terraza acristalada del porche. En la pantalla, un
vagón de tren cargado de cadáveres alienígenas estaba
a punto de ser confiscado por la CIA (probablemente),
porque no querían que nadie supiera la verdad (¿o sí...?).

Desde entonces he visto la serie entera cuatro veces. Algunas temporadas y algunos capítulos, muchas más.

La primera vez que la vi completa fue en televisión. Mi amiga Tahereh y yo éramos lo que en los primeros tiempos de internet se llamaba «shippers», o sea, bichos raros que no veían la serie tanto por las conspiraciones del gobierno como por la RMS (Relación Mulder-Scully). La vimos todos los domingos por la noche durante siglos. Y cuando Tahereh se mudó a New Hampshire, nos llamábamos por teléfono para verla juntas a distancia, nos asustábamos, nos reíamos, comentábamos y teorizábamos en las pausas publicitarias.

Años después, cuando vivía en Francia, cada vez que me quedaba sin dinero para salir a bailar o a cenar, me consolaba viendo episodios pirateados de lo que llamábamos «Les ExFeels», *avec sous-titres,* con mis amigos JP y Thibault, los tres en pijama, haciendo pausas de vez en cuando para que JP y yo pudiéramos bajar a fumar Gauloises.

En la universidad, tenía tantas ganas de ver la serie de nuevo que mi amiga Kristin encargó la colección completa de contrabando en DVD desde China, que llegó con la cara de Val Kilmer en los discos, quizá porque los fabricantes creían que la mayor parte de los hombres blancos de Hollywood eran idénticos a David Duchovny, y yo los felicito por el error. Nos sentábamos todas las tardes en un futón, con unos huevos revueltos para cenar, y nos daban arcadas cuando un hombre con forma de gusano salía de las alcantarillas.

—Tenemos que dejar de ver esto mientras comemos —decíamos, pero nunca aprendíamos.

El último revisionado completo lo hice sola, cuando salió en Netflix. Acababa de terminar una relación y estaba inmersa en plena autopsia amorosa, y quizá por eso me convencí de que lo que había fallado en mi última relación era esto: había sido una Scully saliendo con una Scully. Por tanto, las normas de la autopsia dictaban que lo que yo necesitaba esta vez era un Mulder.

Veamos la dinámica Mulder-Scully:

Mulder cree en todo y Scully no cree en nada. O mejor dicho, Mulder es todo instinto, sentimiento y huella traumática, y Scully es todo hechos, razonamiento y conocimientos médicos (con una pizca de catolicismo). Mulder dice: «¡Son alienígenas! ¡Un platillo volante!». Y Scully contesta: «Ha habido, solo en esta ciudad, doce incidentes con gas de los pantanos que se han confundido con alienígenas».

Mulder tiene un colchón y un acuario con peces en su mayoría muertos en su apartamento número 42 (el sentido de la vida) y Scully vive en un apartamento luminoso, con un sofá blanco, como una mujer adulta competente con algún reparo por no tener hijos.

Y quieren enrollarse. Y se enrollan. Y yo podría escribir una tesis doctoral sobre la tensión y el rollo, y mi hipótesis sería que cuando Mulder llama a Scully se limita a decir: «Scully, soy yo», y cuando Scully llama a Mulder se limita a decir: «Mulder, soy yo», y si eso no es lo más de lo más, no sé qué podría serlo, pero esto no viene al caso. El caso es que Scully es Ciencia y Mulder es Fe Ciega. Scully es Necesidad de Pruebas y Mulder, Anécdotas del Primer Internet. Mulder es el que sabe que hay un monstruo que vive en el lago, y Scully, la que dice que tiene que haber una explicación verosímil para todos los incidentes, antes de que el susodicho monstruo se coma a su pomerania. Mulder es quien consigue que pasen cosas, y Scully es quien consigue que las cosas se hagan (si te confunde la diferencia deberías analizarte a fondo). Mulder es el que dice: «¡Tengo que irme!», sin explicar sus corazonadas, y Scully, la que se queda analizando el contenido del estómago de unos adolescentes muertos y se niega a aceptar que unos vampiros los hayan matado.

Porque Scully es quien hace las autopsias.

Los dos personajes cambian en el transcurso de la serie, y los dos se necesitan totalmente el uno al otro. Por eso, lo que Chris Carter me enseñó sobre el amor (señor Carter, aquí le adjunto las facturas por mi terapia) es que el mejor vínculo, el vínculo más sexi y el más auténtico, es el de dos personas muy distintas que encuentran el modo de colaborar juntos: de quererse el uno al otro, porque sus *diferencias* convierten su relación en un proceso activo ¡de crecimiento perpetuo! ¡Y de emoción! ¡Y de erotismo! Es decir, que no se aburren con todas las posibles modalidades de aburrimiento que yo siempre he temido encontrar en las relaciones adultas. A esta patologización de la diferencia dinámica me refiero cuando hablo de Scullymulderismo. Y el Scullymulderismo era lo que yo había aplicado con tanto esfuerzo a mi relación con Joey, que no se parecía a mí en nada. Que me dejaría tirada unas semanas después de la boda de Liv y Meg.

«Mala Sangre», Temporada 5, Capítulo 12

Scully: Cuatro y cincuenta y cuatro de la tarde, comienza la autopsia de hombre blanco, sesenta años, que quizá esté pasándolo peor que yo en Texas... aunque no por mucho. *[Tiene en la mano un bisturí.]*

Empiezo con la incisión en «y». *[Se le cae el bisturí al suelo.]* Yupi. *[Con muy poco entusiasmo.]*

MÁS TARDE [Scully echa el corazón del cadáver en una báscula y comprueba el peso.]

Fue así como Liv y Meg me pidieron que oficiara su boda:

Recibí un paquete por correo. Dentro había un vinilo del álbum *The Reminder*, de Feist, una bolsa de cuerdas de guitarra nuevas para mi Seagull acústica y una carta de dos páginas escrita con rotulador, con letra extragrande, sobre papel de manualidades rosa. La carta me recordaba que conocí a Liv en Acción de Gracias, en casa de mis padres. Mi hermana y yo habíamos invitado a nuestros compañeros de piso. Liv y mi hermana eran compañeras de residencia en la Universidad de Connecticut. Adam, mi compañero de piso y yo, además de vivir juntos trabajábamos en Camp Broadway, o sea, que teníamos la mala suerte de que nos tocara trabajar en Macy's el día del desfile de Acción de Gracias. Nos habíamos pasado la mañana animando a los niños a cantar «Making Magic», una canción de lo más chirriante, para un canal nacional de televisión, y luego los habíamos llevado de vuelta con sus padres antes de coger el tren para la cena de Acción de Gracias en Connecticut con mi familia. Liv y Adam congeniaron inmediatamente, porque los dos eran queer, y bautizaron la ocasión como Acción de Gracias para Gays Huérfanos.

Los cuatro hicimos reír a mis abuelos, que eran muy mayores, y pusimos ese álbum de Feist, que acababa de salir, y vimos *Solo en casa* amontonados en el sofá, y los cuatro llamábamos a mi madre por su apodo, Boo, mientras revoloteaba por la cocina rechazando cualquier tipo de ayuda y nos ordenaba que saliéramos de su zona de exclusión aérea.

Liv y Meg me preguntaban en la carta si estaría dispuesta a ordenarme por la iglesia y a ir a Maine ese mes de octubre para oficiar su tan esperada boda.

Ahora bien, mis alumnos de los talleres de escritura, que son unos mentirosos de campeonato, os dirán que no soporto los finales felices y mucho menos las bodas. Me *encantan* los finales felices y me *encantan* las bodas. Solo que creo que la mayoría de los finales felices —y la mayoría de las bodas— son una gilipollez. El raro final feliz que yo aprecio es el que da cabida a toda la dolorosa realidad del mundo a la vez que ofrece al lector un poco de alegría. Me encanta, por ejemplo, esa parte de las bodas judías en la que se ponen a pisotear las copas y alguien nos explica que lo hacen para recordarnos que en el mundo se sufre mientras celebramos nuestras alegrías cercanas. Me parece una filosofía preciosa, tanto en la ficción como en la vida.

Hay una excepción importante a esta afirmación de mis alumnos.

—El único final feliz que le gusta a la profesora Hauser es una boda gay —dice un alumno.

Es cierto. Ni siquiera necesito que alguien pisotee una copa.

Entonces ¿quería participar en la boda de Liv y Meg?

Dibujé con rotulador un cartelito que decía sí, os CASARÉ, en letras grandes. Apoyé el cartel en las peludas patas traseras de mi perro y envié una foto a Liv y Meg.

Luego empezó a entrarme el pánico.

En parte, quizá, porque mi relación con Joey se encontraba en un estado desastroso y me faltaba muy poco para tener que reconocer, una vez más, que se me daban muy mal las relaciones. ¿Y no me convertía eso en una persona poco indicada para llevar el timón de una boda?

Además, la última boda en la que supuestamente tenía que participar fue... la mía. Y no me presenté.

No me casé, en gran medida, porque de pronto se apoderó de mí una duda muy profunda sobre qué significaba casarse y cómo sabía una que había llegado el momento. Me sorprendí pensando: *Bueno, por supuesto que voy a casarme, como todo el mundo, míranos, tenemos pinta de que vamos a casarnos. Ya tenemos las invitaciones, las fotos y los anillos, y es verdad que hay cosas que no van demasiado bien, pero toda relación es una lucha, ¿no? Toda relación requiere esfuerzo. Esa no es una buena razón para no casarse, ¿o sí?*

Y de pronto mi cerebro lo cambiaba todo, le daba la vuelta por completo y decía: *No, el matrimonio no está hecho para eso, el matrimonio está hecho solo para una certeza y una pasión delirante que pone la vida patas arriba. Está hecho para el amor hasta el final, y esto no es eso, así que sal de ahí inmediatamente.*

Hay muchos momentos similares en *Expediente X*.

Momentos en los que la certeza del mundo que Scully aceptaba sin dudar se da la vuelta y de pronto Scully mira a su alrededor y no sabe lo que es verdad y lo que es mentira, en quién confiar. *Expediente X* trata sobre cómo, para la mayoría de nosotros, solo es posible caminar día a día, seguir adelante con nuestras vidas, si aceptamos determinados hechos como verdades eternas. Pero cuando partes de cero a diario, en relación con lo que crees o no crees, el mundo puede ser aterrador.

Trata sobre cómo puede desorientarse una persona en su relación con la verdad.

O a lo mejor es solo cosa mía.

Porque en cuestión de amor es así como me siento. Todos los días, al despertarme por la mañana, me digo: *Empecemos de nuevo el eterno proceso de aprendizaje. Desde el principio.*

Todos. Los. Días. Sin excepción.

Si dudé tanto y di tantas vueltas hasta que decidí que no me casaba no fue porque hubiera alcanzado por fin cierto estado de sabiduría. No fue porque hubiera resuelto mis dudas. Fue porque había llegado a una especie de cumbre del sufrimiento y necesitaba parar, y eso hice, saliendo de la ecuación.

Salí del problema en el que estaba viviendo, aunque eso no significaba que hubiera encontrado respuestas a mis preguntas. No es que tuviera más certeza de lo que era el matrimonio o para quién era o por qué una persona decidiría casarse. Y estoy segurísima de que la mayoría de la gente normal y feliz se hace menos preguntas que yo. Gente que tiene más certezas y es más práctica, y resulta más agradable al trato, porque ellos no se pasan la vida haciendo listas de Los Teleñecos en una servilleta ni atravesando crisis de las que necesita hablar con alguien, o saliendo a todo correr por la puerta en busca de alguna verdad superior.

Estaba muy segura de que estas otras personas eran infinitamente mejores para oficiar una boda. Porque una persona que oficia una boda ¿no debería ser competente en el amor? ¿Tener algún conocimiento? ¿No debería irradiar una mayor sensación de certidumbre?

Yo no estaba a la altura.

¿Quién pediría a alguien como yo que oficiara su boda?

«MILAGRO», Temporada 6, Capítulo 18

SCULLY: Estos son, eh… son mis informes de la autopsia de la segunda víctima. Como ves, le han arrancado el corazón del mismo modo que a la anterior. No hay incisiones, no hay marcas de laparoscopia, ningún corte de ninguna clase…

MULDER: ¿Y aun así te niegas a creer en mi teoría de la cirugía psíquica?

SCULLY: Mulder, la cirugía psíquica consiste en un hombre metiendo la mano en un cubo de tripas de pollo y convenciendo a los enfermos y a los crédulos de que extirpa pulmones.

A pesar de todo, me dispongo a ordenarme para oficiar la boda.

En el formulario que estaba rellenando había una casilla para poner el título y pensé si sería posible ordenarme como la Agente Especial Dana Scully y que la boda fuera de todos modos una unión legal en el estado de Maine. Escribí un mensaje de texto a Liv y a Meg: POR LO VISTO PUEDO PONER EL TÍTULO QUE QUIERA. ENTONCES, EN LA CASILLA DONDE NORMALMENTE DICE «SACERDOTE», ¿TENGO QUE PONER ESO? ¿O PODRÍA SER GRAN KHALEESI DEL AMOR O CUALQUIER

OTRA COSA QUE OS HAGA FELICES? ¿QUIÉN OS GUSTA-
RÍA QUE OS CASARA?

Averiguamos que lo que pusiera en el formulario sería
lo que figuraría en su certificado de matrimonio. Así, dos
semanas después, cuando recibí por correo una tarjeta
del tamaño de un monedero, azul, con palomas estam-
padas y válida para un año, figuraba en ella como Profesora CJ Hauser. Lo que era.

Ebria de poder, me puse a dar vueltas por la casa pro-
clamando el matrimonio entre el dispensador de celo y la
grapadora. Oficié una breve ceremonia entre mi perro y
su chuleta de cordero de juguete. Amenacé a mis alumnos.

—Como no os portéis bien os caso.

—Eso no funciona así, ¿no? —preguntaron.

—Mirad. —Saqué mi tarjeta de la Iglesia Universal de
la Vida, abriendo la cartera como hace Scully cuando
alguien duda de su credibilidad y necesita demostrar que
es agente del FBI. Que es la autoridad en algo.

Liv, Meg y yo planeamos un fin de semana en casa de
mi hermana ese verano para pasar unos días juntas y
hablar de la ceremonia. Las entrevisté a las dos a la vez.
Las entrevisté por separado. Nos reíamos mucho cuando
se gastaban bromas cariñosas. Nos reímos mucho, como
niñas que no pudieran creerse con libertad para escribir
desde cero el guion de algo tan real como una boda.

En un momento dado, pregunté:

—¿Queréis que diga que podéis besaros o sería como
una versión real de ese meme del gigante desgarbado que
junta a dos monigotes y grita: AHORA PODÉIS BESAROS?

—Tienes que decirlo, por supuesto. Estaremos demasiado cortadas para saber cuándo tenemos que besarnos
si no nos lo dices.

Les pregunté qué palabras eran importantes para ellas. Les pregunté por su idioma amoroso. Les pregunté qué valoraban de su vida en común. Les pregunté qué les gustaría que oyeran y supieran sus allegados y qué quería cada una que oyera y supiera la otra. Les dije que entrevistaría a su familia y sus amigos. Meg sentía una inclinación natural por este tipo de rituales bonitos, y estaba claro desde el primer momento que escribiría algo perfecto. A Liv le prohibimos que hiciera el baile maorí en vez de pronunciar los votos. Ellas lloraron y yo lloré muchas veces, por las cosas tan bonitas y tan llenas de amor que dijeron la una de la otra, e incluso para una persona con tan pocas certezas como yo, quedó claro, clarísimo, que sí, estas dos mujeres estaban enamoradas, y sí, tenían que casarse.

Esto es lo que hace que una buena boda salga tan bien. La sensación de pleno convencimiento de lo que vas a presenciar y a celebrar.

Ese fin de semana, cuando nos despedimos, les pedí a Liv y a Meg que siguieran pensando más detalles y me los enviaran.

—Mantenedme al corriente —dije.

Una semana después recibí un vídeo de Liv.

El vídeo recorre su preciosa terraza, adornada con una ristra de lucecitas parpadeantes. Es verano, al anochecer.

—Meg está haciendo esto —dice Liv en el vídeo, y enfoca a Meg, que lleva un conjunto deportivo muy mono y está montando una silla Adirondack.

Meg mira un momento a la cámara y vuelve a su tarea.

—Y yo he hecho esto... —dice Liv, y me enseña una jarra de sangría y el vaso que tiene en la mano, con una rodaja de naranja flotando entre cubitos de hielo.

Vuelve a enfocar a Meg y explica:

—Observar a Meg mientras construye cosas es mi manera de expresar mi amor.

La verdad es que lo más me costó al escribir el guion de la ceremonia fue hacerlo breve. Había demasiadas maravillas que incluir. Pero, visto con perspectiva, parte de mi guion se acercaba al Scullymulderismo. Hablaba de cómo Liv y Meg se complementaban a la perfección. De cómo Meg construía la silla y Liv hacía los cócteles. De lo diferentes que eran y de lo mucho que se querían por sus diferencias. Al mismo tiempo, yo tenía la inquietante sensación de que la ceremonia no estaba completa.

Cuatro días antes de la boda, cuando estaba imprimiendo el guion y haciendo las maletas, seguía pensando que había algo en aquella relación que no había sido capaz de reflejar. Y por fin caí en la cuenta de la «negligencia», llamémoslo así.

—UY, NO HEMOS INCLUIDO EN LA CEREMONIA LA PARTE EN QUE DECÍS «SÍ, QUIERO» —les decía en un mensaje, atacada de pánico—. ¿DAMOS POR HECHO QUE QUERÉIS DECIR «SÍ, QUIERO»?

SÍ, contestaron, NO ESTARÍA MAL.

—VALE, AHORA MISMO ESCRIBO LA PARTE DE LOS «SÍ, QUIERO». PERDÓN. CASI ME OLVIDO DE CONFIRMARLO Y CASAROS DE VERDAD.

Esa debía de ser la razón por la que sentía que faltaba algo, pensé, mientras revisaba el guion y lo imprimía de nuevo. Lo guardé en una carpeta de flores muy bonita, a juego, pensé, tanto con el conjunto azul de Liv como con el encaje del vestido de Meg.

Creía haberlo encontrado. Creía haber terminado.

«Mulder y Scully Conocen al Hombre Monstruo»,
Temporada 10, Capítulo 3

Mulder: Me ha disparado sangre. Con los globos oculares, Scully. Creo. No veía bien, porque la sangre me entró en los ojos.

Scully: Aún no he analizado la sangre, pero es probable que encuentre restos del ataque anterior a esta víctima. Y... los animales no disparan sangre con los globos oculares.

Mulder: ¿Ah, no? Eso cuéntaselo al lagarto cornudo, que dispara sangre con los globos oculares, Scully, sí. Es un mecanismo de defensa. ¡Es un dato científico!

Scully: Mulder, internet no te conviene...

Mulder: Estás disfrutando a lo grande, ¿eh?

Scully: Sí. Estoy disfrutando. No me acordaba de lo divertidos que pueden ser estos casos. Ha sido un día largo, Mulder. ¿Por qué no vuelves al hotel y duermes un poco? Y procura no soñar con monstruos.

De pequeña tenía un sueño recurrente. En el sueño voy andando por un largo pasillo blanco que no termina nunca. A ambos lados del pasillo hay puertas blancas y los pomos de las puertas son de esos de bronce, muy elaborados, con formas de distintas criaturas. Ando un buen rato por el pasillo hasta que me canso y decido que quiero irme. Intento abrir una puerta. Pero al tocar el pomo —uno con forma de ardilla—, cobra vida e intenta morderme. Me aparto. Entonces la ardilla de bronce salta al suelo y empieza a perseguirme. Pruebo a abrir otra puerta para escapar, y esta vez un pájaro cobra vida y también empieza a atacarme. Echo a correr por el pasillo tratando de huir de los monstruos a los que he dado vida, pero me persiguen. Sé que la única manera de salir es abrir más puertas, pero también que cada puerta que intente abrir se sumará a la jauría. Siempre me despierto antes de salir del pasillo.

Cada una de las relaciones a las que les he hecho la autopsia, cada teoría a la que he llegado tras el análisis *post mortem*, cada nuevo sistema de creencias que he puesto a prueba no ha sido más que otra puerta que he intentado abrir. Otro monstruo al que temer mientras seguía buscando una salida. Y era yo quien lo provocaba. Era yo quien seguía creando a los monstruos.

Es posible que a estas alturas ya se te haya ocurrido, si estás siguiendo el orden de estos capítulos, si eres fan de *Expediente X*, que mi error más grave (y mi mayor vanidad) fue el de identificarme, de entrada y por error, con Scully.

Puede que para ti estuviera muy claro desde el principio: soy un poco rarita. Soy Mulder.

Daba lo mismo cuántas normas inventara en cada autopsia, porque no era científica. No buscaba la verdad racional. No estaba cerca de resolver el caso.

Yo era Fox Mulder en un sótano, con los pies encima de la mesa, comiendo pipas, sintiéndome, para ser sincera, demasiado a gusto con mi onda, mi gabardina, mi personalidad rebelde, demasiado segura de que yo, solo yo, era capaz de ver la auténtica verdad y el horror del mundo ahí fuera.

Iba archivando mis expedientes del horror y los repasaba mil veces en lugar de salir al mundo, a la luz.

Mulder soy yo.

«Nisei», Temporada 3, Capítulo 9

SCULLY: ¿Qué estás viendo?...

...

MULDER: Según el anuncio de la revista al que escribí, es la autopsia de un alienígena. Garantizan que es auténtica. *[Scully observa la pantalla. Es la autopsia del alienígena que se estaba haciendo antes. La posición de la cámara no deja ver el cadáver, los médicos están en medio.]*

SCULLY: ¿Te has gastado dinero en esto?

MULDER: Veintinueve dólares con noventa y cinco, más gastos de envío...

Pero parece... realmente parece auténtica. *[Se acerca a la pantalla y se queda al lado de Scully con el mando en la mano.]* O sea, el escenario y el procedimiento. O sea, parece que están haciendo una autopsia de verdad, ¿no?

La noche anterior a la boda de Liv y Meg fui a un restaurante con los invitados de Liv. Hicimos una ronda en la mesa para ir diciendo cosas que nos gustaban o que admirábamos de Liv. Su pelo impecable se mencionó muchas veces. Cuando me tocó a mí, conté una anécdota de su sentido del humor, de la vez que Liv me había hecho reír más que nunca con la historia de cómo una vez Meg y ella tuvieron que huir de una malvada mantis religiosa. Pensaba que estaba contando la anécdota para demostrar lo divertida que era Liv... pero cuando iba por la mitad dije:

—Creo que en realidad puede que esta sea una anécdota de lo increíble que es Meg.

—Sí —dijeron las demás—. Es: contigo hasta la muerte.

Pero yo ya estaba murmurando «La siguiente...» y bebiéndome el tequila con especias mientras tomaba notas en mi libreta.

A la mañana siguiente, la mañana, para mayor claridad, del día en que Meg y Liv se casaban, me desperté y me puse a repasar la ceremonia para incluir la anécdota de la noche anterior. Una historia titulada: el Baile de la Mantis.

¿Era oportuno contar una anécdota graciosa de una mantis religiosa en una boda? No estaba segura. Pero sabía que era lo mejor que se me ocurría para hablar del amor entre Liv y Meg. Sabía que significaba que me había equivocado al centrarme tanto en el Scullymulderismo.

Liv y Meg son un buen tándem por muchos motivos. Pero el Baile de la Mantis me mostró la verdad, y la verdad era que Mulder y Scully seguían siendo perfectos, aunque no por los motivos que yo creía. Había malinterpretado la naturaleza de su dinámica, la de Liv y Meg, y la de Mulder y Scully. Llevaba un montón de tiempo intentando descubrir la complicada razón por la que su amor funcionaba, por la que dos personas tan distintas encajaban tan bien. Y al final no era tan complicada.

Lo que acabé contando aquel día de otoño increíblemente luminoso, cuando Liv y Meg estaban rodeadas de familia, amigos y una gran cantidad de calabazas decorativas en un ambiente pintoresco de granja, lo que conté el día en que tuve el honor de declararlas unidas en matrimonio, fue un nuevo episodio del monstruo-de-la-semana:

[Suena el tema de *Expediente X*.]

Un día, Liv y Meg querían ir al jacuzzi de su urbanización. Estaban a punto de abrir la puerta corredera para salir de casa cuando vieron *algo*. Al otro lado del cristal.

Era una mantis religiosa larguirucha, ladina y prehistórica, con una mandíbula diabólica.

—¿Qué hacía ahí? —le pregunté a Liv.

—Merodear —dijo—. Fastidiar. Destrozarme la noche.

Y entonces saludó. ¡La mantis saludó! Desde el otro lado del cristal.

Liv propuso matarla de inmediato.

—*Sé* que se va a colar en casa —le dijo a Meg—. Soy consciente de que es una maldad. Pero no me van los bichos: sobre todo si tienen ese tamaño y mueven la cabeza como indicando lo que traman por dentro.

Meg era partidaria de la paz («porque es buena y la mantis es una especie amenazada o algo por el estilo», dijo Liv) y ganó la paz.

Se fueron al jacuzzi y dejaron atrás a la mantis.

O eso creían.

Esa misma noche, Liv quiso abrir la puerta corredera y bajar la mosquitera para que entrase algo de aire, pero le preocupaba la oportunidad que esto presentaba. Durante una milésima de segundo, ni la mosquitera ni la puerta estarían cerradas, y Liv le dijo a Meg que le daba miedo. Le daba miedo que el bicho siguiera ahí, esperando. Mientras Liv soltaba su perorata al lado de la puerta, Meg estaba en el sofá («seguramente, pasando de mí», dijo Liv), así que abrió la puerta a toda velocidad y bajó la mosquitera.

Entonces Liv notó, en la cabeza, las patas de la mantis merodeadora.

—Supe al instante que era ella —dijo—. Mis temores estaban justificados. *El bicho me estaba esperando*. Solo podía ser un plan premeditado.

Cuando cuenta la historia, Liv imita a una mantis con los dedos de la mano y se la pone encima de la cabeza.

—La notaba —dice—, bailando ahí arriba —y al decir esto, bailotea con los dedos—. Estaba haciendo el Baile de la Mantis.

Liv se puso a chillar y a darse manotazos en la cabeza.

—¡Corre! —gritó—. Al dormitorio ya.

Meg se levantó de un salto, cogió a Liv de la mano, se fueron corriendo al dormitorio y cerraron la puerta. Liv echó el pestillo, para mayor seguridad.

Estaban jadeando, apoyadas contra la puerta. Meg se volvió hacia Liv.

—¿De qué huimos? —preguntó.

—¿No lo has visto?

—No llevo puestas las lentillas —dijo Meg—. No veo nada.

Liv se echó a reír.

—Espera, entonces ¿tú, por qué corrías?

—¡Te he seguido! ¡Has dicho que corriera!

Por favor, paremos aquí un momento y demos las gracias a Meg.

Porque, tal como el grupo de invitados había señalado con acierto la noche anterior, esta historia demuestra que Meg es «contigo hasta la muerte». Pero hay algo más.

El Baile de la Mantis, tal como yo lo veo, es la historia de amor definitiva.

Porque amar es creer en la realidad de tu pareja.

Es que su mundo invisible se vuelva real para ti.

Es el cartel que tiene Fox Mulder en la pared, el que dice: QUIERO CREER.

Es correr cuando alguien a quien quieres te dice que corras, porque podría haber una mantis merodeando por ahí. Pero la mantis no es lo importante. Lo importante es que confías en esa persona. Que crees lo que dice. Sin datos ni expedientes. Sin dudar.

En la delirante cosmología de *Expediente X*, *esto* es lo que está en el centro de todo.

Cuando el mundo está en llamas y las abejas quieren contagiarte la viruela y hay alienígenas hurgando en tu útero, a veces existe una persona en la que puedes confiar plenamente.

Y eso es lo que yo nunca he tenido. No por salir con gente a la que no le gustan los Teleñecos o la playa sino porque no me permito confiar en nadie de ese modo. Desde esa primera y mítica vez que me enamoré, no he vuelto a confiar en nadie del mismo modo.

Todo el mundo ve cómo se quiebra su confianza, pero la mayoría encuentra la manera de confiar de nuevo. Es una especie de milagro cotidiano.

A mí se me da muy mal.

Soy miedosa. Soy miedosa por naturaleza y soy miedosa porque tengo motivos. He confiado en quien no debía. He sido rehén de las fantasías ajenas. Soy rehén de las mías a todas horas. Por más convincente que sea una nueva relación, siempre me entra el pánico, vuelvo al modo Scully en la temporada 1. ¿Esto es real?, pregunto. *¿Seguro que no fue el gas de los pantanos?*

«No te fíes de nadie» es uno de los lemas de *Expediente X*. Pero eso no se aplica a Mulder y a Scully. «No te fíes de nadie» se refiere al resto del mundo. Porque a lo largo de la serie, a pesar de que el mundo da cada vez más miedo, de que cada vez hay más monstruos que resultan ser reales, Scully llega a confiar en Mulder. Se convierte en la mujer que, cuando él le dice que corra, *corre* sin pedir pruebas.

Confiar, literalmente, a ciegas —llegar a un punto en el que un día pueda hacer lo que hizo Meg— es mi misión en la vida.

«VOLVER A NACER», Temporada 1, Capítulo 22

DETECTIVE LAZARD: ¿Disculpa? ¿Podemos hablar un momento?
SCULLY: Acabo de empezar la autopsia.
DETECTIVE LAZARD: Sí. Bueno, no creo que ese vaya a ir a ninguna parte.

Los episodios más inquietantes para mí de *Expediente X* son aquellos en los que Scully es incapaz de aplicar la razón para ponerse a salvo. Cuando está en una posición vulnerable y no hay una solución racional que pueda salvarla. Y es que yo pasé mucho tiempo creyendo que si actuaba como Scully me salvaría. Pero incluso Scully es abducida por alienígenas. Incluso a Scully la secuestran hombres que la quieren por motivos turbios. Ni siquiera Scully puede proteger a su hermana. Incluso Scully vive con incertidumbre, estrés y angustia, y a veces se pregunta si le conviene recurrir siempre a Mulder para todo. Incluso Scully lleva una cruz. Incluso Scully ve un ángel.

Yo no era una Scully en busca de un Mulder, era

alguien que buscaba algo de confianza mutua. Era alguien que quería creer que dos personas con maneras de estar en el mundo radicalmente distintas —es decir, seamos honestos, como la mayoría de dos personas cualesquiera de cualquier género— podían confiar la una en la otra por puro instinto. Que no hacía falta que las dos creyeran lo mismo ni que hubieran llevado la misma vida para que la confianza fuera posible. Que la diferencia es, simplemente, diferencia. Que es, simplemente, humana. Que no tiene que poner en marcha un ciclo de complementariedad perfecto. Que no hay necesidad de patologizarla. Basta con creer que las cosas de la otra persona también son reales y válidas. Basta con saber que si la llamas cogerá el teléfono. Que casi incluso sobra decir: *soy yo*, porque ya lo sabe.

PARTE III

Pero esto es una historia que te cuentas a ti mismo, le dije, una historia que te has inventado y que te hará infeliz... No tiene nada de inevitable, es una decisión que has tomado tú, puedes escoger una historia distinta.

GARTH GREENWELL,
Pureza

Noches que no

Cuando estudiábamos en la universidad de Georgetown, me enamoré de una chica a la que llamaremos Maggie mientras salía con un chico al que llamaremos Sam.

Aún no había salido del armario, pero siempre me había sentido un poco queer. A los trece años pegué en la puerta de mi armario una foto de Liv Tyler de una revista, en la que salía con un cachorro de tigre en brazos, y la cita seleccionada del artículo decía: «Tengo las manos más grandes que la mayoría de los hombres», y yo deseaba a Liv Tyler y esas manos tanto como a los chicos tiernos con tatuajes y guitarras que había pegado debajo de su foto. A los catorce me dio por ilustrar con tiza mis poemas favoritos en la entrada para coches de la casa de mis padres, y no sé por qué, aquellas escenas de polvillo fino siempre acababan llenas de mujeres desnudas que hacían pararse en seco a los vecinos que paseaban al perro. Dibujé a La Belle Dame sans Merci montada en su caballo y reproduje las tetas con un detalle exquisito, pero no me molesté en definirle la cara, porque era una mujer tan poderosa que en parte me sigue resultando imposible imaginarla. A los diecisiete me confabulé con una chica de la clase de arte para que me dejara hacerle fotos desnuda con diversas frutas, para el trabajo de fin de curso. Melones y tetas. Sandías y caderas. Papayas indescriptibles. Y yo quería hacer un trabajo artístico, pero también tenía la esperanza de que, quizá, una vez que estuviera desnuda, pasara algo entre nosotras.

Ahora digo bisexual, digo pansexual. Pero ¿entonces? ¿Qué significaban esos fragmentos de sentimiento, impulso y fascinación? Mi respuesta habría sido que no había nada que contar. Ahora digo queer, pero ¿en la universidad? No decía nada.

A veces juego a un juego al que llamo Viaje en el Tiempo.

En el Viaje en el Tiempo regreso a los lugares en los que hice daño a alguien. Y *lo reparo*, mentalmente. Deshago lo que hice. Si entonces me hubiera conocido a mí misma como me conozco ahora no habría metido tanto la pata, me digo. El alcance de mi viaje en el tiempo es inmenso. Regreso a momentos queer, por supuesto, pero también a momentos en los que no entendía mis temores, mis traumas, mis necesidades, a mí misma.

Qué placer tan insano es este juego. Aunque duele viajar en el tiempo a esos momentos, para buscarme entre las ascuas de mis errores una y otra vez, también proporciona cierto alivio. Es como una penitencia, incluso.

Y cuando juego a Viaje en el Tiempo, casi siempre regreso a la noche en que Maggie y yo no fuimos al Black Cat.

Recordaréis que ya os he contado parte de esta historia. Que Maggie y yo teníamos previsto salir a bailar con un grupo de chicas. La noche de Pop Británico en el Black Cat. Nos habíamos pintado los ojos con cantidades industriales de maquillaje. Yo me había rasgado las medias con cuchillas de afeitar. Habíamos hecho estos planes, Maggie y yo, porque queríamos bailar juntas. O tal vez debería hablar solo por mí. Yo quería bailar con Maggie.

Antes solo os he contado la parte fácil. La parte divertida. La parte graciosa. El resto es más difícil de contar.

Había nevado y estábamos en Washington D. C., donde la ciudad se colapsa cuando nieva, y no pudimos ir al club. Desbaratadas las expectativas de la noche, acabamos fumando en la terraza de un apartamento en una fiesta aburrida más mientras la nieve se amontonaba abajo, en el aparcamiento, y los autobuses soltaban tremendos suspiros al pisar el freno.

Vi a Maggie al otro lado de la terraza, me lanzó una mirada cargada de elocuencia y se subió la camiseta agarrándola con el puño. Yo era la única que estaba mirando, y levantó el dobladillo para que viese lo que se había escrito en la tripa, con pintalabios rojo: PREFERIRÍA ESTAR EN EL BLACK CAT. Y me morí. Todavía me muero cuando me acuerdo. Luego, al pasar a mi lado para entrar en la casa, se restregó contra mí, deslizando un momento la mano entre mis piernas. Y entonces se fue.

Esa semana rompí con Sam sin darle explicaciones, y eso fue horrible por mi parte.

La primera vez que Maggie y yo nos besamos íbamos camino de casa, cogidas de la mano, por esas calles de adoquines desnivelados en los que es imposible no tropezar. Nos paramos delante de la tapia de uno de los jardines secretos de Georgetown, en un palacete con una verja de hierro forjado estrangulada por las flores; en el jardín había una Vespa del color de la cáscara de un huevo. Nos asomamos a mirar el pequeño universo que había detrás de la verja y luego nos volvimos la una hacia la otra, como para ver qué estábamos pensando. Estábamos pensando en besarnos. Nos besamos. Me morí. Todavía me muero.

Empezamos a vernos sin decírselo a nadie, a beber bourbon en mi habitación con la música a todo volumen y a revolcarnos en la cama. Estuvo bien mientras duró: un fogoso minuto.

Hasta que todo se torció.

Sam estaba muy dolido porque habíamos roto. *Y con razón.* Una monja de nuestra universidad católica vino a decirme que le había hecho un daño enorme a Sam y que estaba preocupada. Me quedé destrozada y me entró el pánico. Sam ni siquiera sabía nada de Maggie, ¿y la monja ya se había enterado?

No soy católica, y mis padres habían abandonado el catolicismo antes de que yo naciera, pero hay un catolicismo cultural que, por lo visto, no te suelta tan fácilmente. ¿De verdad vino a verme la monja o solo me contaron lo que ella había dicho de mí? En mi cabeza la veo, aunque es posible que me enterase por otra persona. Que en mi recuerdo parezca tan imponente, que la vea acercarse hacia el banco del patio interior de la pequeña residencia, porque pienso en ella muy a menudo. Porque un adulto en posición de poder quería hacerme saber que yo había sido un agente de dolor. Y sinceramente, en la jerarquía de los malos de esta historia, yo misma me clasifico como la mala principal, puede que la única mala, pero esa monja no ocupa un puesto insignificante en mi lista de putadas, tanto si vino a verme en persona como si solo me llegaron sus palabras. Porque no puedo deciros la cantidad de veces a lo largo de mi vida que he recordado y vuelto a recordar cómo me sentí. La vergüenza y la culpa de que alguien que ocupaba un puesto oficial viniera a decirme que era responsable del dolor de otra persona.

Y *era* responsable. Pero a veces, cuando juego a Viaje en el Tiempo, esa monja casi me desbarata el juego. Mi juego, que se supone que consiste en castigarme. Porque cuando la veo, pienso que lo que supuestamente tenía que aprender de ese momento, pero que no aprendí, es que a veces puedes causar dolor. Porque cometes errores. La cagas. O porque no quieres seguir saliendo con alguien. Porque eliges cosas que te hacen más feliz y que ponen tristes a otros. Y hay que asumir esa responsabilidad, y soportarla, y comprender qué cosas uno habría podido hacer mejor y qué otras no. Habría sido saludable aprender todo eso cuando estudiaba en la universidad. De hecho, si lo hubiera aprendido no estaría aquí, jugando a Viaje en el Tiempo.

En vez de eso, lo que aprendí entonces fue: has hecho lo que querías y ahora pasan cosas malas. Y podrías repararlas. Podrías hacer que alguien deje de sufrir, si fueras menos egoísta.

Así que corté con Maggie, con esta relación que quería, como si al renunciar a ella pudiera borrar mi culpa en lugar de agravarla. Y Maggie se quedó muy dolida. Y *con razón.*

Veréis, no soy la delegada del colectivo de las «chicas bi que aún no habían salido del armario en la universidad y tontearon contigo», pero aun así voy a hacer una declaración en nombre de todas, para quien lo necesite: fue una cagada monumental por nuestra parte. Lo sentimos muchísimo. Lo hicimos lo mejor posible, o puede que aún no supiéramos hacerlo lo mejor posible, pero eso da lo mismo. Os merecíais algo mucho mejor. Lo siento muchísimo por Maggie. Lo siento muchísimo por Sam. Lo siento muchísimo por cualquiera que lea esto y se reconozca en esta historia.

Luego, la situación se complicó. En una fiesta, Maggie se acercó a Sam, que seguía sin saber que ella y yo habíamos estado juntas, y después de enrollarse con él le susurró al oído lo que *ella y yo* habíamos hecho en la cama (¿hace falta decir que éramos gente de teatro?) y Sam se quedó destrozado. *Y con razón.*

Sam vino a contarme lo que había pasado y estuvimos hablando y hablando y hablando a la orilla del Potomac, un día de primavera en el Atlántico Medio tan esplendoroso que acabamos los dos quemados por el sol. Y al final Sam dijo que deberíamos volver a estar juntos, y le dije que sí, como si con eso se arreglara todo. Como si, al volver a estar juntos, pudiera retroceder en el tiempo al momento anterior a que lo complicara todo. Como si eso me hiciera menos culpable de todos los errores que había sido capaz de cometer con ellos dos.

Por la noche, salía de la casa donde vivía con otros ocho compañeros de teatro y cruzaba la calle para ir al instituto de artes escénicas: la Escuela de Arte Duke Ellington. En el césped estaba la Gran Silla Verde: una silla Adirondack de cuatro metros de altura, pintada de verde menta; un monumento en Washington D. C. Me subía al regazo de aquella silla enorme y me quedaba mirando mi casa, en la acera de enfrente, fumando un cigarrillo tras otro mientras lloraba. Me estremecía la cantidad de daño emocional que había llegado a hacer en tan poco tiempo. Me corroía la culpa y estaba horrorizada de mí misma. Habría hecho cualquier cosa por mitigar el dolor que había causado.

Cuando Sam y yo volvimos, muchos de nuestros amigos gays se enfadaron. En realidad eran amigos suyos y me odiaban a muerte por lo que le había hecho. *Y con razón.*

Le decían: *Déjala. No sabe lo que quiere.* Le decían: *No te fíes de ella: esto ha sido su primera parada en el tren hacia gaylandia.*

Por un lado, los chicos me habían *visto.* Habían confirmado mi esencia queer. Pero no me sentía bien. Porque al mismo tiempo también decían que mi esencia queer significaba que no estaba segura de quién era o qué quería. Decían que mi incipiente esencia queer me volvía peligrosa. Que, por mi incertidumbre, haría daño a los demás.

El tren hacia gaylandia.

Esos chicos solo estaban afilándose los dientes conmigo, como hacíamos todos en aquella época. Y no los culpo. Pero que dijeran esas cosas fue lo que más me dolió. Entonces decidí que no quería darles la razón en que volvería a hacer daño a Sam. En que yo era una persona que hacía daño a los demás. Por eso me quedé con Sam hasta que me gradué. Demostraría que no era un agente de dolor. Dejaría de explorar la esencia queer, si hacía falta. Si ese era el precio.

Cuando el cotilleo del culebrón circuló por toda nuestra comunidad de teatro, mis amigos me preguntaron por Maggie, querían saber cómo había sido, con la sincera intención de apoyarme, de entender si estaba saliendo del armario o no.

—¿Cómo fue? —me preguntaron, refiriéndose a estar con Maggie.

Y yo mentí.

—Desconcertante —dije—, demasiadas tetas.

Y con esto hice reír a mis amigos.

Qué traición más asquerosa.

Ni había demasiadas tetas ni a mí me desconcertaba nada, más allá de si alguna vez podría volver a besar a una chica después de haber armado semejante lío. Me dije a mí misma que pronto me habría graduado. Me iría de allí. Y entonces volvería a Brooklyn y besaría a quien me diera la gana.

Han pasado quince años, y esta historia debería haber dejado de atormentarme, pero sigo volviendo a ella continuamente, en un acto de penitencia que no le hace ningún bien a nadie. Me angustia el dolor que causé. Me grito a mí misma: conócete mejor. No estés tan confusa. Ten siempre plena conciencia de quién eres y de lo que quieres.

Volví, en efecto, a Brooklyn y besé a unas cuantas personas que me gustaban, aunque no a muchas. Para ser sincera, tenía la sensación de que lo del Black Cat me había bloqueado. Las cosas habían ido tan mal antes de que pudiera estar con Maggie en condiciones que la experiencia nunca llegó a convertirse en la posible historia de cómo salí del armario. Era, más bien, una historia que no podía contarle a nadie. Ni siquiera a mí misma. Me daba demasiada vergüenza.

Me contuve de decir en voz alta quién era y, por no decirlo en voz alta, durante muchos años, casi siempre acababa besando a hombres. Porque ¿quién había oído decir que yo quería otra cosa? Hace ya tiempo, en una cita con una mujer que me gustaba desde hacía bastante, me dijo que no estaba segura de si yo era queer o no. Habíamos coqueteado en una boda dos años antes, pero ninguna de las dos se atrevió a besar a la otra, y fue este no saber, más que nada, lo que se había interpuesto entre nosotras.

En la barra de un bar de jazz del D. C. le di explicaciones:

—Bueno, mis amigos saben que soy bi. Mis padres lo saben.

Ella no le dio importancia y sonrió.

Yo seguía callándome. Seguía sin decir las cosas en voz alta. Eso nos impidió reconocer lo que queríamos en aquella boda. Impidió que nos besáramos, como finalmente hicimos en aquel bar de jazz, una noche que había ido tanta gente a tocar que había más músicos que público, más música que conversación, y comprendí que si aquello era lo que había estado ahogando con mi silencio, tal vez me convenía subir la voz.

Creo que es importante reconocer el dolor que causamos. Yo me hago responsable del mío. Pero quizá pueda dejar de flagelarme. Quizá baste con mirar el dolor que causamos cuando no sabíamos quiénes éramos y aprender de él, pero también perdonar. Porque creo que es posible que cuando juego a Viaje en el Tiempo, el dolor que intento no causar no sea solo el de Maggie y Sam.

Creo que también intento salvarme a mí misma. Regreso para visitar a la chica que fumaba en esa silla gigantesca y, esta vez, en lugar de morirme de vergüenza por lo desastrosa que es, por el daño que ha causado, en lugar de pensar en ella, en mí, como un enorme y poderoso agente de dolor, veo a una persona que trata de descubrir quién es. Y en la Gran Silla Verde del césped del Duke Ellington, esa chica parece muy pequeña.

Hay otra razón por la que la historia del Black Cat me dejó bloqueada tanto tiempo. Y es que la historia de lo que pasó con Maggie fue en muchos aspectos la historia de lo que *no* pasó con Maggie. De que *no* fuimos al Black Cat. De que *no* acabamos juntas. De que la cosa *solo* duró un minuto. De que *no* le di una oportunidad.

Por eso *no* llegó a ser una historia sobre quién era yo que pudiera contarme a mí misma.

Como todo lo demás en el efímero archivo de mi esencia queer, como la foto de Liv Tyler con sus tigres, como las tetas de La Belle Dame sans Merci dibujadas con tiza en la entrada de coches de la casa de mis padres, como la chica del instituto a la que le pedí que se desnudara «con fines artísticos», el Black Cat fue un *fiasco*. La *ausencia* de una historia. Un tiempo en el que, al fin y al cabo, no llegó a pasar *nada*.

Recientemente, un grupo de nuevas amigas me ha hecho cambiar mi interpretación de esta historia.

Era verano en Tennessee y estábamos en un campamento de escritoras. Alargamos la sobremesa: nos habíamos quedado hasta muy tarde la noche anterior, tocando la guitarra, leyéndonos las cartas del tarot unas a otras y escuchando a las cigarras en los árboles, que anunciaban a gritos sus transformaciones. Estábamos debatiendo si darnos un baño en el lago, donde había tanto fango en el agua que quien se metía allí adquiría un tono de té cargado. ¿Cómo empezamos a hablar de las chicas a las que no habíamos besado? Puede que fuese Heather quien habló de una excursión en la que había dormido en una tienda de campaña con una chica que le gustaba.

—Dormí así —dijo, y se puso tiesa como un perrito caliente, con los brazos pegados a los costados—. Me pasé toda la noche muy quieta, para no tocarla, porque tenía muchas ganas de tocarla.

Y nos reímos tanto que casi nos meamos de la risa, pero puede que fuese cuando Kat contó que una vez, en una coreografía de patinaje sobre hielo, tenía que darle la mano a una chica mayor de su equipo de la que estaba coladísima, y cuando se dieron la mano, pensó: «¡Madre mía, madre mía, nos estamos dando la mano, estamos enamoradas!» O puede que fuese cuando yo conté lo que pasó con la chica de mi clase de arte: que se desnudó en la sala de juegos de la casa de mis padres porque yo se lo pedí, y que había demasiada luz, pero aun así ella estaba guapísima. Que se ponía a tiritar mientras yo cortaba las rodajas de melón, entre foto y foto, para hacer un tríptico de un melón que se iba abriendo progresivamente. Que le saqué las semillas al melón con una cuchara, y a ella le coloqué las rodajas por el cuerpo. Hice las fotos. Y no pasó nada. E incluso mientras contaba *esta* historia, tuve la tentación de jugar a Viaje en el Tiempo y de pedirle disculpas a esta chica, o de besarla, o las dos cosas. Mientras yo contaba la historia, mis amigas tenían la cabeza apoyada en la mesa, que temblaba con las sacudidas de sus carcajadas. No se reían de la chica, claro, sino de mí. De todas nosotras.

—¿Pero a ti te gustaba? —preguntó mi amiga Bea.

—¡Claro que sí! —dije, y me di cuenta de que era verdad—. Creo que pensaba que, una vez que se hubiera desnudado, con el rollo de los melones, sería evidente lo que debería ocurrir a continuación.

—Ay —dijo mi nueva amiga Darcy, casi sin aliento de tanto reírse, llena de ternura—, me encantan los comienzos queer.

—¿Cómo va a ser esto el comienzo —pregunté— si no pasó nada?

Darcy me miró, con cariño, pero como si no me enterase de nada.

Yo siempre había pensado en la noche que no llegué a ir con Maggie al Black Cat como un comienzo fallido. Un comienzo, porque ella me tocó y me morí. Todavía me muero. Fallido, porque no llegó a ninguna parte.

Pero un comienzo es algo tuyo. Heather durmiendo completamente quieta en la tienda de campaña; Kat haciendo manitas en la pista de hielo; yo, llena de optimismo, cortando rodajas de melón con la esperanza de que ocurriera algo que ni siquiera sabía expresar... La primera vez que te sentiste de cierta manera. La primera vez que trataste de ser de esa cierta manera en que te sentías. Estas cosas también son historias. Las noches que no. Tienes permiso para llamarlas comienzos.

Una vez, Maggie y yo hablamos del Viaje en el Tiempo.

Fue después de que yo rompiera con Sam, cuando

empezamos a coquetear en serio, sobre todo con mensajes de AOL. Hablábamos de lo coladísimas que estábamos la una de la otra desde el principio del curso. De cuando nos conocimos en el despacho de teatro. De que las dos creíamos que la otra seguramente no estaría interesada. De que a las dos nos daba demasiada vergüenza preguntar, ver, intentar.

La noche que no fuimos al Black Cat nunca había sido nuestro comienzo.

Nuestro comienzo había sido una tarde, muchos meses antes, cuando nos sentamos en el sofá del despacho de teatro. Cuando las dos sentimos algo pero no hicimos nada.

Una de las dos escribió este mensaje: OJALÁ PUDIÉRAMOS RETROCEDER EN EL TIEMPO Y PEDIRNOS SALIR MUTUAMENTE.

Maggie me dio las buenas noches y puso el mensaje de «no disponible»: recuerdo que era un hipervínculo azul con una cadena de texto que no indicaba adónde podía llevar.

Cliqué en el enlace.

Y apareció un diagrama y unas instrucciones. El enlace llevaba a una página web en la que un alma generosa de internet nos ofrecía unos planos perfectamente detallados para construir una máquina del tiempo.

Acto tercero: Dulcinea renuncia

La última vez que hablas con el chico has cumplido los treinta y estás organizando una boda. No eres feliz, pero todavía no sabes por qué, y te resulta muy reconfortante dejarte llevar por la inercia de las decisiones que has tomado en la vida.

Por eso cuando el teléfono se ilumina y ves el prefijo de la zona de Los Ángeles, aunque le has dicho al chico que podía llamar, te mueres de miedo. La primera sensación es la certeza absoluta de que si hablas con él, si oyes su voz, tirarás por la borda todas las cosas buenas que has construido para ti. Inmediatamente. Con entusiasmo. ¡Tanto poder sigue ejerciendo sobre ti! Simplemente con su nombre.

Pero te ha enviado un mensaje en el que pregunta si puede llamarte, y tú sabes por qué. Lleváis años sin hablar, pero ha publicado en Facebook que el que ha sido su padrino muchos años en Narcóticos Anónimos ha muerto. Ha escrito un texto muy bonito sobre lo que su padrino ha significado para él, para su recuperación, y unas líneas más en las que cuenta que no se encuentra bien desde que se enteró de que había fallecido. Comprendes lo grave que es perder a un padrino. Y por eso la parte de ti que sabe que no puedes retomar el contacto queda anulada de inmediato por la parte de ti que sabe que Esta es Una de Esas Veces que Tienes que Coger el Teléfono.

Coges el teléfono.

Oír su voz es al mismo tiempo aterrador y como volver a casa. Habláis del dolor por la muerte de su padrino. Habláis de vuestras vidas. Sigue siendo el chico más divertido, encantador y raro del mundo. Nunca le ha asustado ser tierno y peculiar. Sensible, y cariñoso, interesado en la sensibilidad y el cariño. Tiene una voz preciosa. Siempre la ha tenido. Y eso te vuelve loca, porque has crecido envuelta en la melodía de los cuentos que te leía tu abuelo, el locutor de radio. La voz del chico tiene un registro profundo, cálido, como un ronroneo, y sabe utilizarla. Notas que te vas relajando a medida que avanza la conversación; te permites creer que quizá ahora que sois adultos podáis estar el uno en la vida del otro.

Te acercas hasta el borde de este rompeolas y miras hacia abajo, y a tus pies, rompiendo contra las rocas, está todo lo que alguna vez has sentido por él, y es una puta belleza, lo más intenso que has conocido nunca. Y te dices que llevas mucho tiempo siendo buena, que quizá te merezcas un chapuzón autodestructivo.

Pero entonces sale a la luz el motivo de la llamada.

Ha hablado mucho de ti con su padrino, dice el chico. Mogollón. Hace años decidieron que, algún día, cuando él estuviera sobrio, podríais retomar la relación. Que sería como una especie de misión para él. Y que, cada vez que dudaba de por qué hacía lo que hacía, de su viaje de recuperación, se recordaba que era para convertirse en un hombre digno de volver a estar contigo. Que estaba preparado. Y eso, dijo, había funcionado. Su padrino le había pedido que no te buscara a lo largo de todos esos años. Se lo prohibió. La misión se iría al garete, decía, y no era justo meterte a ti de nuevo en la batalla mientras no estuviera preparado para tratarte bien.

Pero ahora su padrino ha muerto. Y por eso llama. Porque no hay nadie que le diga que no lo haga. Y llama porque está preparado. Está sobrio y estable, y es un hombre bueno, digno de amor. Ha completado la misión. Es hora de que retoméis la relación.

Empiezas a rascarte las muñecas. Has contraído un acuerdo sin saberlo, pero tu primera sensación es que no tienes más remedio que aceptar el trato que él hizo con su padrino. Sobre ti. Lo que tú quieras o no quieras es irrelevante. Te rascas y respiras muy deprisa, como un animal muy pequeño. Nada te da más pánico que verte atrapada sin remedio en decisiones ajenas.

Le dices que podéis hablar por teléfono de vez en cuando, tratar de ser amigos... No dices amigos *de nuevo*, porque él y tú nunca habéis sido amigos, ni siquiera a los diecisiete años. No porque follarais, sino porque estabais locamente enamorados. Siempre has tenido la sensación de que algo dentro de ti veía algo dentro de él, y viceversa. Siempre has sentido que él estaba en tu misma y extraña frecuencia vibratoria en esta vida, fuera cual fuera. Y, lo llames como lo llames, nunca has vuelto a sentir lo mismo con nadie. Dejaste de buscar ese sentimiento hace años. Porque resultó que no era precisamente cojonudo para ti. *Soy especial. ¡Soy especial!*

Por eso le dices que quizá podáis intentar ser amigos, por primera vez. Y esto, claro, es decepcionante. Lo está pasando mal, y lo único que le queda de su padrino es cómo le enseñó a luchar para ser mejor. Y eso es genial. Si no fuera porque le enseñó a hacerlo a través de ti.

—Podemos intentar conocernos —propones—. Quiero decir que ahora en realidad no nos conocemos.

—¿Ah, no? —dice él.

Y entonces te describe. Describe a la persona por la que ha luchado y mejorado. Para ser digno de ella.

Y por supuesto, esa persona no eres tú.

O sí lo eres.

Es tu propio fantasma.

Eres tú a los diecisiete años. Tú, virgen. Tú, todavía joven y con pocas cicatrices de la vida. Un melocotón, si acaso con una magulladura artística.

¿Quién eras entonces, de todos modos?

Tal como lo recuerdas, eras una chica mal vestida y flaca, con unas tetas que desafiaban la fuerza de gravedad y un culo que los chicos a veces te tocaban en el colegio, aunque llevaras puesto algo de lo menos sexi, como esos monos a rayas de maquinista de tren que te encantaban. Tenías el pelo encrespado y una cara corriente, y eras una privilegiada dulce y temperamental. Eras una ingenua y una pelma en todo lo relacionado con la justicia social y te oponías activamente a todo lo demás. Le hiciste un altar a John Lennon en tu dormitorio, y en el centro colocaste su biografía, un tocho considerable que nunca llegaste a leer, y le ponías delante una varita de incienso de hada voladora de Chinatown. Te gustaba decir que «habías nacido en una época que no te tocaba». Preferías a los animales y a los niños por encima de todo. No tenías ni idea de qué hacer con tu cuerpo pero ya eras una hedonista bolita de sensaciones y entendías el placer. Te encantaba la música, la comida, el olor de las axilas de los chicos y que te tocaran. Tenías unos ojos enormes y unas orejas enormes, y eras tan seria que te quedabas paralizada, pero como te habían criado dos neoyorquinos que hablaban muy deprisa y habías consumido demasiado arte, a veces soltabas comentarios de una madurez desarmante y el contraste debía de ser tremendo. Eras feliz sobre todo cuando estabas sola en el bosque o con un libro. Llorabas por cosas como que las flores duraran tan poco tiempo en flor. Que tuvieran que morir. En serio, literalmente, llorabas por eso. Acababas de cumplir diecisiete años y sentías por primera vez el peso de la realidad del mundo, como una tediosa tristeza metafísica de chica blanca que te resultaba una carga insoportable. Y él fue el primero que te dijo: *Oye, algunos han escrito poemas que hablan de eso, ¿sabes? Y canciones. ¿Conoces a Keats? ¿A David Byrne?* Te enseñó a encontrarte a ti misma de esta manera. Te introdujo en los textos sagrados de los radicalmente sensibles.

En todo caso, así es como lo recuerdas. Esta es más o menos la chica que él evoca. Qué raro se hace oír hablar de ella, y reconocerla. Qué extraño ver que el rasgo más definitorio de esa chica es lo poco que se parece a la mujer que eres ahora.

Ahora eres una tramoyista, no una enamorada.

Eres algo así como un Acto Segundo de *Los Fantasticks*.

Él está describiendo a Dulcinea pero tú eres Aldonza.

Don Quijote, como sabéis, es un hombre al que, de tanto leer libros de caballeros, de caballerías y de hazañas, se le ha nublado el juicio. Se convence de que es un caballero errante y se echa a los caminos con el propósito de hacer buenas obras, de arreglar entuertos y salvar a las damas. Y decide que la dama por la que hace todo esto es Dulcinea del Toboso. Una mujer a quien, si es que existe, él no conoce. Pero da igual que sea imaginaria: Dulcinea sigue impulsando su noble misión.

¿Qué es un caballero sin una dama por la que hacerlo todo?

En *El hombre de La Mancha*, el musical de 1965 basado en la novela de Cervantes, hay una canción que Don Quijote le canta a la mujer que ha decidido que es su Dulcinea (en realidad se llama Aldonza y es la tabernera y prostituta de la posada del pueblo, que él confunde con un castillo). Es una mujer sucia, mal encarada y triste.

DON QUIJOTE

[Entra en la posada.]

Dios mío, cuánta belleza, es ella, dulce virgen…

[Don Quijote aparta la mirada con veneración.]

No me atrevo a contemplar vuestro semblante,
no sea que me ciegue tanta belleza.
Mas os lo imploro,
decidme vuestro nombre.

ALDONZA

Aldonza.

DON QUIJOTE

Mi señora se mofa.

ALDONZA

¡Aldonza!

DON QUIJOTE

¿El nombre de una pinche de cocina... o quizá el de la doncella de mi dama?

ALDONZA

¡Ya os he dicho mi nombre! Ahora, quitad de ahí.

[Pasa a su lado camino de la mesa.]

...

DON QUIJOTE

Y aun sin haberos visto ni tocado,
os conozco al dedillo,
mitad plegaria, mitad canción,
siempre estabais conmigo,
aunque siempre estuviéramos lejos.

Esto es lo que te mata: mientras Don Quijote le canta a Aldonza, ella en ningún momento *deja de trabajar.* Mientras transcurre la escena, Aldonza limpia, sirve comida y rechaza a los demás hombres que se ríen y le hacen proposiciones.

A los posaderos les preocupa que Don Quijote, que está loco, no tenga dinero para pagar su alojamiento. Uno señala: «¿Cuándo ha tenido tiempo un pobre para volverse loco? Seguro que tiene dinero».

Y a ti a veces te dan ganas de gritar: ¿cuándo ha tenido tiempo una mujer para emprender una misión?

Y aun así, comprendes que una misión podría salvarte la vida. Una misión era lo que había hecho el padrino para ayudar al chico a encontrar la sobriedad. Y es posible que la recuperación sea una especie de mochila necesaria, cueste lo que cueste. Pero el día en que el chico te llama y te habla de su misión, te entra el pánico. Porque no puedes quedar con él y ver qué pasa. Para empezar, estás prometida. Te has construido toda una vida. Y montones de otras dudas, además.

No puedes ser su Dulcinea.

Pero conquistar a la damisela es la etapa final de su misión. Y él ha cumplido su parte. Por lo tanto, si ahora no ocurre eso, los cimientos de su relato saltarán por los aires. Así te lo dice. Y tú no quieres eso. No quieres no quieres no quieres. Pero ¿por qué le ha construido su padrino una casa tan frágil?

No hay nadie a quien preguntar. No hay nadie a quien culpar. Y esto solo lo empeora todo.

Un hombre tiene una misión. Y la canta.

Sigues diciendo lo que *puedes* darle: la amistad de la persona de treinta y tres años que eres ahora. Pero te das cuenta de que eso no basta. La persona que él necesita es una ficción ligada de tal modo a tantas consecuencias en la vida real que su incapacidad para manifestarse resulta desastrosa. Pero no puedes invocarla, al fantasma de aquella que eras a los diecisiete años. Se ha ido. Y ese día, después de colgar el teléfono, además de toda la culpa y la confusión que sientes, estás, también, de luto.

Porque ¿cómo has dejado que esa chica se vaya? Tú también la echas de menos.

La culpa y la vergüenza por la incapacidad de ser la

Dulcinea de este chico te acompañan durante años. Te persiguen. Dolorosamente. A gritos. Aun así. Intentas convencerte de que incluso si hubieras ofrecido más, si hubieras ofrecido fugarte con él, si hubieras ofrecido amor y sexo y una nueva relación, no habría bastado. Porque al llegar a la puerta de su casa seguirías siendo Aldonza.

La última vez que oyes la voz del chico es en un mensaje de voz, unos años después, en el que dice que está en la Costa Este. Cerca de Albany. Le parece recordar que vives en esa parte del mundo y quizá estés cerca. Quiere preguntarte algo. En el mensaje se oye el ruido del viento alrededor, del viento frío en una noche fría, y esto e inquieta. Piensas que a lo mejor tiene algún problema y deberías devolverle la llamada. En vez de eso, llamas a una amiga.

Tu amiga dice:

—No le llames.

—A lo mejor tiene algún problema —contestas.

—Párate a pensar en lo que estás diciendo —insiste.

Te paras. Pero sigues enferma de culpa.

Esto no es un final. Es solo la última entrada del registro en el que llevas la cuenta de los momentos que demuestran que no has superado lo tuyo con el chico. Una taxonomía incompleta de las distintas maneras en que nunca lo superarás.

Es fácil olvidar que el musical *El hombre de La Mancha* no está ambientado en los campos de molinos de viento y en las tabernas que tan bien guardas en la memoria, sino en una prisión.

Todo el musical es un espectáculo que ha organizado un Cervantes interpretado por Peter O'Toole, que lleva una barba postiza e intenta distraerse y distraer a sus compañeros de prisión de la realidad de sus propias decisiones.

Unos años más tarde, estás en casa, viendo *El hombre de La Mancha* con un chico con el que has empezado a salir, y señalas al rotundo hombrecillo que aparece al lado de Don Quijote.

—Ese es Sancho Panza —le dices—. Estuve a punto de llamar así a mi perro.

Señalas a tu perro rechoncho, que está en el suelo, panza arriba, enseñando un inútil colmillo y mirándote con los ojos saltones, como dando a entender que está harto de tu infinita estupidez humana.

En la pantalla, Sancho Panza resopla y jadea, mientras intenta convencer a Don Quijote de que no ataque al molino de viento, que ha confundido con un gigante.

—No me digas que ese no es mi perro con forma humana —observas, moviendo la cabeza—. Tendría que haberlo llamado Sancho Panza.

—No, porque entonces tú serías Don Quijote —dice, señalando lo que para él es un defecto en el plan.

Se oye un grito, y los dos miráis la pantalla. O'Toole está rodando por el suelo después de arremeter contra el molino. Y empieza a delirar sobre algo que leyó una vez en un libro.

—Ah —dice el chico con el que estás saliendo.

Está muy bien decir que fue aquel chico quien convirtió tu amor en una fantasía quijotesca, quien te transformó en algo que no eras, pero lo cierto es que aquí estás, escenificando esta obra en tres actos, interpretando todavía la historia de aquellos que fuisteis en otro tiempo.

La Segunda Señora de Winter

La sensualidad [de Rebeca] es quizá lo más inquietante, porque subraya que la narradora se siente atraída y asqueada al mismo tiempo por el recuerdo y el misterio de la mujer muerta de su marido.

EMILY ALFORD, *Jezebel*

Rebeca tenía buen justo, o puede que me lo pareciera porque tenía el mismo gusto que yo. Le gustaba un tono vintage particular, entre turquesa y menta. Todos los armarios de la cocina eran de ese color. También los platos que había en los armarios. Las tazas y los cuencos eran blancos, con unos delicados puntitos negros. No lunares: más pequeños, un estampado más bonito.

Me encantaban. Podría haberlos elegido para mí. Me daba mucha rabia que me encantaran.

Me imaginaba que Rebeca había elegido esa vajilla cuando se mudó a esta casa, pero los armarios que yo estaba investigando, y las fuentes preciosas que había en ellos, ahora eran de su exmarido, mi novio. Rebeca vivía a quince minutos de allí.

Por supuesto, su verdadero nombre no era Rebeca. Pero permitidme la licencia. A él lo llamaremos Maxim.

De vez en cuando circula un libro entre mi grupo de escritura y todos acabamos enfrascados en la misma novela. Cuando empecé a salir con Maxim, ese libro era

Rebeca, de Daphne du Maurier. Mi amiga Emily lo estaba releyendo para escribir un ensayo que quería incluir en la revista *Jezebel,* con el título: «El calentón nihilista de una buena lectura gótica: una clasificación de los secretos más sexis y espeluznantes del género». *Rebeca* ocupa el primer puesto. El amor de Emily por esta novela era tan persuasivo que nos contagió a todos.

El argumento esencial de *Rebeca* es que nuestra narradora, una joven ingenua, se casa con un viudo taciturno y mayor que ella, y se va a vivir a la extraña y preciosa mansión de su marido, donde desde el primer momento queda claro que el legado de su mujer muerta, la Rebeca del título, es... muy potente. La narradora está obsesionada porque no sabe si es capaz de llevar la casa tan bien como Rebeca.

Una vez, Emily estaba en la bañera, con la novela y un whisky escocés, y aun así no le faltaron manos para enviarnos un mensaje: EL ÚNICO PROBLEMA DE ESTA MUJER ES QUE LOS CRIADOS SON CRUELES CON ELLA. YA QUISIERA YO ESA VIDA.

A los criados no les gusta la narradora por la muy buena razón de que ella *no* es Rebeca. Aparte de los criados, a la narradora también le preocupa, por supuesto, no llegar a estar nunca a la altura de Rebeca en el corazón de Maxim. No tener la más mínima posibilidad, después de un amor tan grande y trágico para él.

Otro mensaje de Emily desde la bañera: NI SIQUIERA LES CAE BIEN A LOS PERROS.

Yo no había leído *Rebeca.* Cuando llevaba unas cincuenta páginas, pensé que no estaba leyendo con atención, porque no había retenido el nombre de la narradora. Me puse a hojear la novela desde el principio y no lo encontré. Maxim era el marido. Rebeca era su difunta mujer. La señora Danvers era el ama de llaves. *Jasper* era el perro.

—¡PERO QUÉ COÑO! —le escribí a Emily—. ¿EL PERRO TIENE NOMBRE Y LA NARRADORA NO?

—ES QUE ES UN PERRO MUY BUENO —contestó.

A lo largo de cuatrocientas diez páginas, se nos presenta a la narradora de Rebeca como la Segunda Señora de Winter, sin más. ¿Y con eso no está todo dicho?

—¿PUEDO CONTARTE UNA COSA HORRIBLE? —le pregunté a Emily.

—CLARO.

—ÚLTIMAMENTE ME HE SENTIDO MUCHAS VECES COMO LA SSDW.

—AY.

La casita blanca de Nueva York donde vivía mi Maxim no era Manderley, pero al igual que Manderley, la casa era un problema. La casa con las preciosas fuentes de Rebeca en los armarios. La casa con obras de arte en las paredes que un hombre jamás habría elegido. Las cortinas de calicó rojo, que Maxim al final quitó porque, a pesar de que las había cosido él mismo, nunca le gustó el estampado que eligió Rebeca (a mí sí), y desde entonces ya no hubo más cortinas. La cocina, donde una vez preparé la cena para los dos y utilicé sin darme cuenta una sal especial que era la favorita de Rebeca, pero que se había dejado ahí, y cuando estábamos cenando, Maxim me preguntó: «¿Qué le has puesto?».

Una tarde, cuando estaba trabajando en el despacho y jugando con el cajón del escritorio, me encontré con la partida de nacimiento de Rebeca. Ya sabía que habíamos nacido con una semana de diferencia, porque en nuestra segunda cita Maxim me preguntó cuándo era mi cumpleaños y se puso blanco cuando dije que en octubre.

Más de una vez, Maxim me devolvió una prenda de ropa femenina que no era mía.

En la puerta del frigorífico había notas de Rebeca escritas a mano, había fotos de ella por toda la casa, y a mí me parecía bien, porque Maxim y Rebeca tenían una hija de ocho años, una niña dulce y divertida con la que tuve la gran suerte de relacionarme casi dos años. A la niña tengo que dejarla al margen —todavía es una persona en formación—, pero por supuesto sigue siendo una fuerza de gravedad invisible en esta historia. Había fotos de ellos en Disney World. Fotos de ellos dos con su hija en brazos el día que nació.

Con esto quiero decir que Rebeca estaba en todas partes. En la casa, y también fuera.

Una vez que íbamos en el coche oyendo música, puse uno de mis álbumes favoritos y Maxim echó mano al dial para apagarlo. Había puesto sin querer la canción con la que Rebeca y él recorrieron el pasillo el día de su boda. Teníamos gustos musicales escalofriantemente parecidos.

Nada de esto era culpa de Maxim. Yo debía de ser para él como un fantasma. Y eso debía de ser incómodo. Llegué a reconocer y a temer su expresión y su silencio en ciertos momentos, cuando sin darme cuenta adoptaba una postura propia de Rebeca. Me sentía culpable, aunque no sabía por qué exactamente.

En la escena más dolorosa de *Rebeca,* la SSDW organiza un baile de disfraces, con la idea de ser la encantadora anfitriona que era Rebeca. Decide disfrazarse de Caroline de Winter, una pariente de Maxim, cuyo retrato ocupa un lugar destacado en la casa y a quien la SSDW se refiere como «la chica de blanco». Habla largo y tendido de su vestido, hasta la saciedad: dice que es un gran secreto y que todo el mundo se va a quedar boquiabierto cuando lo vea. Encarga una peluca con el pelo rizado, idéntico al del retrato. Encarga un vestido blanco. Quiere darle una sorpresa a Maxim.

La SSDW espera a que la fiesta haya empezado para entrar en escena, y aparece en lo alto de la escalera, completamente transformada en la mujer del cuadro. «Se quedaron todos mirándome como alelados —dice—. A Beatrice se le escapó un grito y se llevó una mano a la boca. Yo seguía sonriendo. Puse una mano en la barandilla.»

Y añade: «Maxim no se había movido. Me miraba desde abajo, con su copa en la mano. Estaba pálido. Blanco como la ceniza... "¿Qué narices crees que estás haciendo?", dijo... "¿Qué pasa? —pregunté—. ¿Qué he hecho?"».

Entonces entendemos que Rebeca tuvo una vez la misma idea de disfraz. «Es lo que hizo Rebeca en el último baile de disfraces que hubo en Manderley. Idéntico», dice su cuñada, Beatrice.

Al verla en la escalera, Maxim cree que la SSDW es el fantasma de Rebeca. Cree que es una aparición.

La parte que más me irrita y emociona de todo esto es que, cuando todos ven que ha metido la pata con esta pantomima de Rebeca, la SSDW persiste en su ignorancia y *sigue sonriendo*. Aún cree que es ella. Aún cree que es única.

Pero esto no dura demasiado. A medida que avanza la novela, la ssDW cae en la desesperación y en el horror mientras intenta alejarse de la sombra de su predecesora, aunque el lector tiene pocos motivos para creer que vaya a conseguirlo. La Segunda Señora de Winter cree estar narrando la historia de su vida, *sin sospechar siquiera que el libro que tenemos entre las manos se titula* Rebeca.

Muchas veces, cuando íbamos a un restaurante, de excursión o a un concierto, Maxim recordaba anécdotas de otras ocasiones en las que había estado en los mismos sitios. Había vivido siempre en esa zona del país y, naturalmente, en muchas de sus anécdotas estaba presente Rebeca, o rondaba en los márgenes. Llegué a sentir como si ya se hubiera dictado el veredicto sobre cualquier canción que yo pudiera cantar, cualquier plato que pudiera preparar, cualquier sitio al que pudiéramos ir juntos, porque Rebeca ya había cantado esa canción, preparado ese plato y estado en ese sitio. Me sentía atrapada en la reposición de la vida de otra persona y no sabía cómo evitarlo.

Por supuesto, para Maxim, la única manera de contarme su vida era a través de estas historias, y yo no podía conocerlo y quererlo si censuraba su pasado. Entonces ¿por qué me dolía tanto atravesar aquellos lugares que otra persona había ocupado hasta poco antes? ¿Por qué tenía la sensación, cada vez que salíamos, de que nuestras citas eran como *de segunda mano* porque él había estado allí por primera vez con otra persona? ¿Por qué no podía dejar de sentir que nuestras experiencias eran, en cierto modo, redundantes y menos valiosas?

Que me sintiera así delata una profunda inseguridad, además de narcisismo. Peor aún, delata la convicción de que ser el primer amor o un gran amor es el único modo posible de existir.

Cuando le confesé a mi novio cómo me sentía, su respuesta fue inteligente y preciosa.

—¿Quién dice que la primera vez es siempre la mejor?

Lo quise mucho cuando dijo eso. Y me prometí a mí misma que dejaría de ver su pasado como una intromisión en nuestro presente. Pero ser consciente de que eres idiota rara vez mitiga la idiotez: solo añade una densa capa de vergüenza.

¿Por qué me obsesionaba tanto con ser la primera?

¿Habéis visto alguna vez una de esas series corales de un grupo de amigos en las que intentan introducir nuevos personajes cuando ya llevan varias temporadas en antena? Chachi, de *Días felices*, es el ejemplo más famoso, y sigo sin recuperarme de la llegada de Dawn Summers en *Buffy, cazavampiros*. Pero la más memorable, por lo dolorosa, de estas últimas ampliaciones de reparto fue la de Tori Scott en *Salvados por la campana*. Llevábamos cinco temporadas con una pandilla estable y de pronto Kelly y Jessie desaparecen del instituto Bayside sin explicaciones. La sexta temporada arranca con un «La chica nueva», un capítulo en el que Tori, que es nueva en el instituto y va en moto, aparca en el sitio de Zack, y esto da pie a una discusión presexual. Cuando Tori acepta ayudar a Lisa para organizar el Baile de Otoño, Lisa, llena de gratitud, dice: «¡Eres mi nueva mejor amiga!». Ya ha empezado a alejarse cuando, en un extraño «meta-momento», como si se acordara de la existencia de Jessie y Kelly, se vuelve hacia Tori con cara de absoluto horror. «¿Eres... mi única mejor amiga?» Parece que la serie esperaba que nos olvidáramos de Jessie y de Kelly, que nos olvidáramos del pasado, y aunque Tori no tuviera nada de malo, pensé: *No finjamos que no sabemos quiénes son en realidad los principales personajes de esta serie. No finjamos que no sabemos quiénes son los importantes.* A mí me aterraba no alcanzar nunca el peso necesario para ganarme un puesto permanente en la vida de Maxim, porque temía haber llegado demasiado tarde para ser importante. Me obsesionaba ser la primera, no quería ser una Tori o una SSDW. Porque, en mi cabeza, los integrantes del reparto original siempre son los personajes principales: todos los demás son *prescindibles*. La propia existencia de Rebeca era una amenaza para mí, por lo que implicaba con respecto a mi lugar en esta historia de amor. Y por otras razones también.

Tengo el listón bajo para las sorpresas. En realidad, la vida está hecha sobre todo de sorpresas, pero me refiero concretamente a la categoría de: «No sabía que esta sensación nueva y abrumadora estaba programada para hoy». A una sorpresa como: *Hoy es el día en que conocerás a mi exmujer, llegará dentro de una hora, no te molesta, ¿verdad?* Como: *Ah, y estas cinco personas a las que estás dando la mano en la función de baile son mi antigua familia política.* Con todo esto quiero decir que por fin conocí a Rebeca. En general no hubo sobresaltos. Me pareció guapa. Ella era rubia, mientras que yo era morena. Ella era callada, mientras que yo divagaba. Fue un encuentro muy insulso.

En esta ocasión me porté bien por fuera, pero por dentro pensaba: *Esto no se me da bien.* Era una tontería, pero tenía la sensación de no haberme preparado en condiciones para el encuentro.

Sospecho que cometeréis el mismo error comprensible que cometió Maxim: él creyó que estas situaciones me ponían nerviosa por esa incomodidad habitual que produce conocer a la ex de tu pareja, incluso (¿o especialmente?) si esa persona es la madre de la hija de tu novio. Y sí, en parte era un poco eso. Pero eso no es para lo que yo quería estar preparada.

Tenía que prepararme para no entender a Rebeca demasiado bien.

Soy de esas personas que siempre elige a la mujer. Que prefiere la compañía de una mujer. Padezco una miopía que me impide, salvo en circunstancias extremas, ver en cualquier ruptura heterosexual que la culpa puede ser de la mujer.

Me daba mucho miedo que Rebeca pudiera caerme bien.

Diréis que soy misándrica o una vanidosa que se disfraza con falsa modestia, y puede que las dos cosas sean ciertas. Pero lo que intento decir es que, en mi mentalidad retorcida, el reverso de *Rebeca me cae bien* era *Mi novio me cae mal.* Me resultaba imposible concebir zonas grises.

No quería conocer a Rebeca, porque tal vez vería de

pasada una versión distinta del relato de su matrimonio con Maxim, y no estaba lista para enterarme de nada que pudiera hacerme dudar de cómo había tratado él a una mujer.

Todos tenemos defectos, todos nos hemos portado mal, y esperar que una persona de treinta y tantos años tenga una historia impecable es una insensatez, eso lo sé. Pero era la primera vez que me enamoraba de alguien que había estado casado. Que había pasado por un divorcio doloroso. Y con el afán de pintar a mi novio del color de rosa con que todo lo tiñe el amor, quería verlo a él como el bueno y a ella como la mala. Creía que era el único modo posible de ser una buena compañera para quien había pasado por un divorcio. Creía que era el único modo posible de confiar en él.

Una confesión lectora: en todas las escenas de Rebeca en las que la ssDW y Maxim hablan de su relación y su vida en Manderley, yo me impacientaba, y pensaba: *Pero ¿podríais contar* más *cosas sobre Rebeca?* Porque la ssDW es una pelma y Rebeca es fascinante. Rebeca tenía un camarote sexual en el velero para montárselo con sus amantes. Rebeca salía a navegar incluso con temporal. Rebeca organizaba cenas y fiestas insuperables. Era escandalosa, rebelde, sexual, poderosa y encantadora. Rebeca no era una «buena persona» *per se*, pero ¡qué más da eso! Era increíblemente interesante en muchos aspectos, de una manera que la ssDW nunca podría serlo, y, más importante aún, había llegado primero.

El día de San Valentín, con la idea de no celebrarlo en ningún sitio donde Maxim hubiera estado antes con Rebeca, y de evitar hacerme demasiadas ilusiones románticas, propuse que nos emborracháramos en el centro comercial y fuéramos al laberinto de los espejos, que tenía una cortina en la entrada y un proscenio deslumbrante.

El centro comercial, lo juro por Dios, se llama Destiny.

El laberinto era cutre pero precioso. Nos dieron unos guantes de plástico, flojos y arrugados, para que no ensuciáramos los espejos al tocarlos cuando los confundiéramos, inevitablemente, con una puerta. Los marcos de los espejos eran anchos y tenían una moldura fina de neón en los bordes. Dentro del laberinto había zonas con luces de colores y zonas de luz ultravioleta. Nos veíamos reflejados en todas partes y teníamos una pinta ridícula con los guantes, como de clínica. Se parecía un poco a un salón de los espejos de carnaval, aunque en realidad era el túnel trasero de salida del centro comercial, forrado de tela negra. El ruido del centro comercial se colaba en el laberinto a pesar de la música pop enlatada, que producía un eco extraño en los pasillos.

Nos habíamos tomado un par de cervezas antes de entrar y nos reímos mucho recorriendo el laberinto. Íbamos de la mano, hasta que quedó claro que nos haríamos daño si seguíamos así. Entonces nos soltamos. Recorrí un pasillo sin salida y traté de retroceder al punto de partida. Vi a Maxim, eché a andar hacia él y me estrellé contra un espejo.

Me llevé un buen susto, con razón. Es de esas cosas que crees que no te van a pasar si te sabes el truco. Éramos adultos y el laberinto era un juego, pero aun así conseguía engañarnos. Al principio yo estaba encantada. Luego, el reflejo de Maxim desapareció. Busqué la salida del pasillo que había recorrido, pero me tropezaba con todos los espejos. «No pierdas la calma», pensé, aunque estaba muerta de miedo. No veía a Maxim por ningún lado y me veía multiplicada por todas partes. Quería que mi reflejo me abriera el paso, que se transformara en una puerta.

En cuarto de primaria, a veces me escondía con otras chicas para jugar a Bloody Mary con un pequeño espejo que había en el cuarto donde los profesores guardaban el material. El cuarto olía a papel de manualidades y a témpera. La iluminación era tenue y el espejo estaba muy sucio. Nos poníamos a invocar al espejo del armario, y a mí me daba miedo, pero también quería ver algo. Nunca veía nada más que mi cara flacucha, rebosante de deseo, a la espera de que ocurriera algo increíble. Me asustaba.

Al cabo de un rato, oí que Maxim me decía que había encontrado la salida del laberinto. Seguí su voz y dejé atrás el túnel de mis reflejos.

Volvimos a la cervecería a tomar algo más, y de repente nos enzarzamos en una pelea monumental.

Esa semana nos habíamos enterado de que Rebeca iba a tener un hijo con su nueva pareja. Le pregunté a Maxim si le apetecía hablar de eso y dijo que no. Yo insistí, pero él parecía reacio a hablar y lo dejé correr. Pero en ese momento, después de cuatro cervezas, todavía un poco mareada por los espejos, todavía en el centro comercial Destiny, el día de San Valentín, Maxim sacó el tema. De repente empezó a decir que teníamos que aplazar indefinidamente nuestros planes de vivir juntos, de comprar una casa e irnos de Manderley hasta que Rebeca tuviera el bebé, hasta que Rebeca decidiera dónde quería vivir con el bebé. No sabíamos, no podíamos saberlo, cómo ni cuándo ocurriría alguna de estas cosas. Simplemente teníamos que esperar a que Rebeca tomara la decisión de dónde vivir, dijo Maxim, y entonces podríamos tomar la nuestra, en respuesta a la suya.

Y esto no era fácil para Maxim —por supuesto que no—, pero ¿y la logística? ¿Aplazar nuestros planes así? Me sacó de quicio. No era capaz de ver nada más.

Lloré. Levanté la voz para soltar una absurda y complicada metáfora, dije que me sentía zarandeada como el furgón de cola de un tren sin maquinista. Descargué a bote pronto todas mis emociones en vez de comprender que aquel no era el momento de exponer mis sentimientos. Pero había bebido demasiado para emplear las sutiles habilidades de psicomotricidad que requiere el control emocional. En el taxi, volviendo a casa de Maxim, me arañé los antebrazos con las uñas hasta que me salieron ronchas, como para convencerme de que el dolor no estaba solo dentro de mi cabeza.

Me sentía como si no pudiera pasar ni una noche sin que se me pidiera que me pusiera a la cola detrás de ella. Como si todas las decisiones importantes de nuestra vida las tomaran Maxim y *Rebeca,* en lugar de Maxim y yo. Como si yo fuera el reflejo del reflejo de una novia en el laberinto de espejos de un centro comercial. Algo tan diluido que pierde su significado. ¿Qué pintaba yo?

No soportaba sentirme así. No soportaba reaccionar así. Pero tampoco soportaba que Maxim me dijera que tenía las manos atadas.

Necesitaba salir del laberinto, salir del centro comercial, salir de Manderley, salir de la historia de esa otra mujer. No quería vivir dentro de un libro titulado con el nombre de otra persona. Esto lo sabía. Y aun así, a la mañana siguiente, me despertaría y pediría disculpas. Volvería a decirme, una vez más, que no podía echarle la culpa a Maxim. Que todo era culpa de Rebeca.

El secreto de la novela de Du Maurier, claro, es que Maxim ha matado a Rebeca. Un cadáver, que pronto se sabrá que es el de ella, aparece en una pequeña embarcación naufragada en la segunda parte del libro, y es esto lo que mueve a Maxim a contarle la verdad a su nueva mujer. Su confesión sorprende a muy pocos lectores, estoy segura, teniendo en cuenta que Maxim se comporta como un sociópata y un colegial petulante en la primera mitad del libro y siempre reacciona de un modo extraño cuando alguien habla de *la cala*.

Lo interesante, sin embargo, desde el punto de vista narrativo, es que su confesión es una maniobra de distracción.

Aún falta un poco para la verdadera sorpresa, y en eso reside la genialidad de Du Maurier.

Cuando Maxim le ha confesado el asesinato a la SSDW, el lector se relaja con esta aterradora aunque esperada revelación…, pero no tarda en sobresaltarse porque hay algo que no ha visto venir, y es la alegría con que reacciona la SSDW a la noticia de que su marido es un asesino.

Me llevé sus manos a mi corazón. Me traía sin cuidado su maldad. Nada de lo que me había contado me afectaba en lo más mínimo. Me aferré a una sola cosa, y me la repetí una y otra vez. Maxim no quería a Rebeca. Nunca la había querido, nunca, jamás. No habían conocido un solo momento de felicidad. Maxim hablaba y yo lo escuchaba, pero sus palabras no significaban nada para mí. En realidad no me importaban.

A la ssdw *en realidad no le importa* que Maxim sea un asesino. La noticia le produce euforia y excitación romántica. Es un *alivio* para la ssdw saber que Maxim ha asesinado a Rebeca, porque eso significa que no la quería. *Nunca, jamás.* Y significa que es ella, y no Rebeca (quien, permitidme que lo recuerde, está muerta), la preferida de Maxim.

Nadie la ha precedido.

La moraleja es brutal.

El asesinato como acto literal no significa nada para la ssdw, pero como metáfora de borrar el pasado, de eliminar sus visiones de la feliz historia de amor de Maxim y Rebeca, lo es todo para ella.

Es una bestialidad maravillosa.

Y yo en parte lo entendía.

Porque yo estaba intentando borrar a la Rebeca de mi novio. La temía. Temía su primacía y también su manera de controlar mi vida, claro. Pero más que eso temía conocerla, que me cayera bien y aceptar la posibilidad de que ella fuera una buena persona involucrada en un divorcio que era, y es, literalmente, siempre, cosa de dos personas y no de una sola. Quería borrar todo eso del registro. En una perversa contradicción, quería seguir amando a mi maravilloso y complicado novio, *que era quien era por su pasado,* y al mismo tiempo quería suprimir ese pasado. Fingir que no tenía ningún poder sobre nosotros. Quería fingir que podíamos vivir un amor que empieza como una hoja en blanco, porque estaba convencida de que era lo más alto en la jerarquía del amor.

Siempre has sido solo tú y nadie más que tú.

Qué ridiculez, desear eso.

Y ¡cuánto lo deseaba yo!

La mayoría de la gente lee *Rebeca* por la intriga. Puede que solo una persona muy complicada aprendiera de Du Maurier lecciones de índole moral o personal. Pero a mí me pasó. Du Maurier me enseñó que prometer a una nueva pareja que con ella se borrará nuestro pasado es un acto de violencia contra todos los amores importantes que han existido antes. Es una carnicería bestial, y los asesinos somos nosotros, y nos perdonamos continuamente por lo que hacemos.

Cuando amamos más de una vez en la vida, este tipo de asesinato puede parecer necesario, incluso virtuoso. A esta idea se abraza la Segunda Señora de Winter cuando Maxim se confiesa. Está encantada de convertirse en cómplice del asesinato de Rebeca. Ayudar a Maxim a librarse de las consecuencias es el acto de amor más vinculante como pareja. Ocupa toda la tercera parte del libro. Pero el caso es que, cuando llegué ahí, ya no estaba de su parte. No quería que se libraran de las consecuencias. Ya no quería justificar ese asesinato. Me reconocía en la sensación de alivio de la SSDW y era horroroso. No quería parecerme en nada a ella. Y para eso, comprendí, tenía que dejar de empeñarme en ser la primera, en ser Rebeca: tenía que encontrar el modo de vivir a su lado.

Rebeca también había besado a mi novio, también lo había desquiciado con un amor como el de las canciones americanas, también lo había querido, y era *eso* lo que, a medida que me iba metiendo en su papel, me había asustado. Porque ella también había querido a mi novio, hasta que dejó de quererlo. Porque yo lo quería y no quería dejar de quererlo nunca.

Creía ver el fantasma de Rebeca reflejado en todas partes, pero solo era mi cara, claro, llena de deseo. Me asustaban los reflejos del laberinto de espejos y me apartaba siempre de ellos para perseguir la voz de Maxim en lugar de las imágenes. Como si fuera él quien pudiera indicarme la salida, no la mujer de la que me apartaba continuamente, en cuyo reflejo, en alguna parte, había una puerta.

Pasaron los meses, y Rebeca al final se compró una casa y se instaló, y nosotros empezamos a hablar una vez más de que él dejara Manderley. De una casa nueva en la que pudiéramos vivir juntos. Por fin iba a pasar.

Ese fin de semana fui en coche a casa de Maxim, pletórica de esperanzas.

Metí la llave en la cerradura y me encontré la casa en obras.

La pared que separaba el despacho del salón, en la planta baja, había desaparecido. O, mejor dicho, la habían atravesado. Maxim había derribado con una maza el pladur que cubría los huecos entre los puntales. Mientras paseaba por aquel espacio casi vacío, con una fina capa blanca de polvo de yeso en el suelo, me sentí como la SSDW en el momento de bajar las escaleras.

Seguía avanzando, pese a la inquietante sensación de que algo no iba bien.

Maxim apareció, recién duchado, oliendo de maravilla y peinándose con los dedos.

Me dijo que iba a convertir el despacho del piso de abajo en su dormitorio principal. Que le venía mejor. Le había venido la inspiración la noche anterior y se había puesto manos a la obra con la maza.

El artículo de mi amiga Emily, en el que clasifica los secretos sexis de las casas góticas, quedó de maravilla. Y me enseñó que la tensión en muchos relatos góticos viene de la presencia del pasado en un lugar presente.

¿Sabéis lo que me entusiasma en muchas de esas novelas góticas? Cuando una mujer prende fuego a una casa. A veces la casa parece *demasiado* hechizada, *demasiado* complicada para seguir viviendo en ella. Imaginaos el alivio purificante que produce quemarlo todo hasta los cimientos.

Y, por supuesto, quemar una casa en la ficción es algo muy poderoso, porque en la vida real casi nunca es una solución. Al final necesitas otra casa en la que vivir, y todas las casas tienen sus fantasmas. Estoy harta de que me asusten los fantasmas, harta de que me asusten las mujeres. Empiezo a cogerle el tranquillo a dejar que el pasado ronde el presente sin que me asuste ni me provoque ninguna reacción.

Aunque sigo teniendo el impulso incendiario.

Porque nadie debería tener que vivir en Manderley.

Atenta: si de repente tienes que aprender a ocuparte de una casa encantada... Si de repente te ves convertida en la encargada de su mantenimiento y su cuidado... Si ya estás a cargo de la puñetera casa encantada en cuestión...

Esa no es tu casa, chica.

Quema esa casa hasta los cimientos.

A veces el problema está en las estructuras en las que vivimos.

A veces vivimos dentro del trauma de otra persona.

No era con Rebeca con quien Maxim no había terminado. Era con su propio dolor. El cuento que se contaba a sí mismo de su vida. Y lo estaba *remodelando*. No *quería* irse de Manderley.

Me esforcé mucho para encajar en la vida de Maxim. Pero él nunca iba a hacerme un hueco en ella. Y cuando llegué a esa conclusión, me pasé muchas noches jugueteando con un mechero en la mano. Moviendo la ruedecilla con el pulgar. Prendiendo una llama azul.

En octubre, por mi cumpleaños, Maxim me invitó a un concierto de Jenny Lewis. Jenny Lewis me ha cantado siempre, de todas las maneras que he necesitado en distintas etapas de mi vida. Si tengo suerte, seguirá cantándome muchos años más. Era un regalo perfecto.

No tendría que haberme sorprendido cuando enseguida quedó claro que Rebeca también iría al concierto. Al fin y al cabo, solo una semana separaba nuestros cumpleaños. A ella también le encantaba Jenny Lewis. Su madre le había regalado las entradas.

—Lo más probable es que ni siquiera nos veamos —dijo Maxim.

Nos vimos nada más llegar, en la cola del puesto de *merchandising*.

Nos vimos otra vez en el baño de chicas.

Nos vimos otra vez en la cola de la cerveza.

Y sinceramente, estuvo bien.

A lo mejor estuvo bien porque a esas alturas yo había terminado de leer *Rebeca* y tomado la decisión de no permitirme ser la ssdw, jamás. A lo mejor fue porque la idea de que las dos nos rondáramos en una sala de conciertos por nuestro cumpleaños era una de esas situaciones con las que Jenny Lewis haría una buena canción. A lo mejor fue porque estábamos en un anfiteatro lleno de gente enamorada de la misma música y yo ya había abandonado esa idea adolescente de que el hecho de que hubiera otras personas enamoradas de la misma banda era una amenaza para mi amor por esa banda.

O a lo mejor fue porque la madre de Rebeca vino a saludarme. Dijo que había leído un artículo mío y se había sentido identificada. Coincidimos en que muchos de nosotros teníamos la misma historia.

Volví a mi butaca. Le compré a mi novio una cerveza a un precio desorbitado. Le susurré que había hablado con la madre de Rebeca y que era simpática. Me achuchó.

Las butacas del anfiteatro eran estrechas y Maxim se había inclinado hacia la mía, de manera que no me dejaba espacio para tomarme la cerveza. No era culpa suya —era muy alto— pero aun así se me ocurrió que podía inclinarse un poco más hacia el otro lado. Todo este tiempo, si hubiera querido, podía haberme dejado un poco más de espacio.

En el escenario, con un vestido dorado y un peinado altísimo, Jenny Lewis cogía un teléfono rosa neón para contestar a una llamada que llevaba sonando mucho tiempo.

La abeja de mil kilos

Entre los años sesenta y los ochenta, mis abuelos tuvieron una casa en Martha's Vineyard. En Menemsha, por si os interesa, que era la zona esnob de la isla, la zona judía, la zona pesquera. A mí me interesa porque mis abuelos vendieron la casa antes de que yo naciera. Era una casa gris de dos plantas, a la orilla de un lago, con un establo y un bote de remos. Todavía sigue ahí. Lo sé porque en el año 2009 fui a Martha's Vineyard a buscar la tumba de John Belushi y me desvié para ver la casa. No solo eso: dejé el motor en marcha y me acerqué hasta donde consideré prudente sin que nadie avisara a la Policía.

La casa me interesa porque es el escenario de las fotos más felices y bonitas de las anteriores generaciones de mi familia. En ellas mis familiares son jóvenes y están morenos y relajados. Todos tienen el pelo encrespado por el salitre, van descalzos, leen novelas malas de muchas páginas, pescan anchoas, limpian anchoas y comen anchoas, y en las del final mi madre está embarazada, así que supongo que estuve ahí, en esa casa, aunque solo en el útero, con acceso a enormes cantidades de anchoas pero perdiéndome aquellos veranos paradisíacos, lo que me produce una envidia espantosa.

Siempre había imaginado que una versión de la vida de mi familia, una historia como las suyas, estaba a mi alcance. Que algún día viviría una historia como la de mis abuelos, de un amor tan inevitable que empezaría en el escenario del teatro Blackfriars Guild y duraría más de sesenta años. O que algún día, estaba convencida, viviría una historia de la que quedarían fotos en las que saldría victoriosamente joven y embarazada, junto al mar, como las de mi madre, y llevaría su bañador negro y su reloj Swatch de plástico.

Pero ya no soy joven y mi vida hasta ahora no se parece en nada a la vida de mi familia. La vida que yo imaginaba se desarrollaba en la paradisíaca terraza de aquella casa. Es una vida que en realidad ya no quiero, salvo por pura inercia. Una inercia que me ha costado romper.

Lo que intento decir es que cuando estaba delante de la que ya no era la casa familiar, con el motor en marcha, lo reconocí todo por aquellas fantasías sobre mi familia y por la historia que me contaba a mí misma sobre cómo podría ser mi vida. Una historia, al parecer, de la que aún no me había despedido del todo.

❊

Voy a contaros la anécdota con la que arranca todo esto, pero antes tenéis que saber que mi madre es una impresionista en lo que se refiere a la verdad.

De pequeña, mi madre iba a la isla con su hermano y sus padres. Sus padrinos, Penn y Janet Kimball, también pasaban los veranos en la isla. Los adultos eran todos periodistas.

Penn se quedó destrozado por la muerte de Janet, que está enterrada en el cementerio de Chilmark, porque no había para ella un lugar más querido que la isla. Tal como lo cuenta mi madre, Penn iba muchas veces a la tumba de Janet a llorar y a llevarle flores.

—Y entonces —dice mi madre— John Belushi se murió y todo se fue al carajo.

John Belushi, como quizá sabréis, era un cómico, la estrella de *Saturday Night Live*, el protagonista de *Desmadre a la americana* y *Granujas a todo ritmo,* un gamberro y un icono de las fiestas para chicos blancos en los años setenta.

Dice mi madre:

—El caso es que lo enterraron justo al lado de Janet, y cuando Penn iba a llorar a su mujer, se encontraba con los fans de Belushi, que estaban allí de fiesta.

—¿Qué quieres decir con «de fiesta»?

Esta es la pantalla dividida que describe mi madre: Penn, un periodista avejentado y tirando a WASP, llora a la izquierda. Una pandilla de extras de *Desmadre a la americana* se divierte a la derecha. Sin camiseta, borrachos, viviendo deprisa y muriendo jóvenes. Tequila derramado en la tumba, botellas rotas y gente echando un polvo que «se dejaba la ropa interior siempre por ahí».

Cuando llega a este punto, la historia ya empieza a perder credibilidad, pero mi madre continúa.

—Así que Penn consiguió que lo exhumaran —dice.

—¿Qué?

—¡Que lo exhumaran! Penn estaba desquiciado, y no paró hasta que desenterraron a Belushi y lo trasladaron a una sepultura en la otra punta del cementerio, para poder llorar a Janet en paz.

—¿Y allí también siguieron haciendo fiestas? —pregunto—. ¿Y la familia se enfadó?

—Creo que lo llevaron a un sitio donde nadie pudiera encontrarlo —dice mi madre.

—Eso no suena bien.

—Aparte de su mujer, claro.

—Claro.

❄

Lo que pasa con la historia de Belushi que cuenta mi madre es que no es cierta. O tal vez sea más preciso decir que es falsa en los detalles aunque cierta en lo que intenta contar.

La primera vez que le dije a mi madre que quería indagar en esa historia de Belushi me pareció que se preocupaba. Esa noche recibí un mensaje suyo, que le había dictado a Siri, todo escrito en mayúsculas:

HOLA CIELO A LO MEJOR NO ESTABA JUSTO AL LADO DE JANET PERO SEGURO QUE ESTABA EN EL CEMENTERIO DE CHILMARK ABELS HILL A-B-E-L-S BUSCA ESO VALE TE QUIERO TE QUIERO TE QUIERO

Le contesté: BOO NO TE PREOCUPES SI LA HISTORIA ES DISTINTA. SOLO TENGO CURIOSIDAD.

Respondió: ME ALEGRO DE SERVIR AL MENOS PARA ALGO.

Esta es una frase típica de mi familia.

«Me alegro de servir al menos para algo» es lo que

dice mi madre cuando cuenta una historia tan maravillosa y descaradamente falsa que todo el mundo se parte de risa y después le pide explicaciones. «Me alegro de servir al menos para algo», dice, pero en realidad quiere decir: para que me tomen el pelo, para que se metan conmigo. Y también: para ser la que anima el cotarro. O: ¿qué haríais vosotros sin mí?

Yo no pretendía demostrar que la historia de mi madre era falsa. Era la idea de dos formas de duelo incompatibles lo que me llamaba la atención: que se llorara a dos personas de maneras tan distintas en un mismo pedazo de tierra.

Me interesaba el duelo porque en mi familia no hay rituales de duelo. Esta falta de rituales no significa que no hayamos perdido a nadie, que no hayamos tenido que lidiar con nuestros muertos. Solo significa que no sabemos qué hacer con ellos.

※

Obituario no autorizado para mi abuela

Maureen Joyce nació en 1928. Maureen Joyce creció en New Bedford, Massachusetts, donde los chicos pescaban sables aturdiéndolos a golpes en el canal de Cape Cod. Maureen Joyce era francocanadiense e irlandesa, y probablemente también inglesa, pero aquí no hablamos de eso. Maureen Joyce nunca perdió el acento de Massachusetts *y aparcaaaba el aaauto en la caaalle Haaarvad.* Maureen Joyce les decía a sus nietas que no ligaran con los marineros cuando las dejaba solas en el centro comercial. Maureen Joyce era muy capaz de ligar con marineros.

❊

Una mínima investigación es suficiente para saber que a Belushi, efectivamente, lo exhumaron, pero no porque sus deudos ofendieran al espíritu de la madrina de mi madre, a pesar de que compartían cementerio.

Fue Judith Jacklin, la viuda de Belushi, quien decidió trasladar la sepultura, y me tranquilizó saber que nadie de mi órbita familiar era responsable de una exhumación.

Había mucha actividad alrededor de la tumba de Belushi. No he encontrado ninguna prueba de que la gente «se dejaba la ropa interior siempre por ahí», aunque es posible, porque la revista *Time* incluye la lápida de Belushi entre las «Diez tumbas más famosas». El artículo dice: «Cuando la sepultura de Belushi se convierte en un estercolero en nombre del rock and roll, pueden surgir problemas. Después de que los fans dejaran los alrededores de la tumba de Belushi cubiertos de basura en varias ocasiones, los empleados del cementerio de Martha's Vineyard, donde está enterrado, trasladaron los restos del actor, a petición de su mujer, a una sepultura sin identificar, lejos de la estela. El Graciosillo de *Saturday Night Live* ya puede descansar en paz».

Es natural que la familia de Belushi no quisiera llorarlo en un sitio que siempre estaba cubierto de desechos, pero me gusta la idea de que una sepultura se convierta en un yacimiento arqueológico lleno de porquerías: qué concurrido, qué caótico, qué vivo.

Hay una cosa que no me gusta. Que a alguien que murió trágicamente joven lo llamen «El Graciosillo».

Claro que hacía comedia. Pero también se metió una sobredosis de heroína y cocaína. Me lo imagino contento y gamberro por fuera pero atormentado por dentro, un tipo de personaje por el que siento debilidad, aunque a lo mejor estoy proyectando. El Graciosillo. Estoy proyectando porque yo soy un poco así, y si algún día alguien talla algo así en mi lápida, volveré de entre los muertos para hacerle un corte de mangas y decirle: «No has entendido nada. Ni siquiera en la muerte. Sobre todo en la muerte».

El caso es que hay dos tumbas de John Belushi. Una es una lápida pública, con una calavera enseñando los dientes y unas tibias cruzadas, que dice: AQUÍ YACEN LOS RESTOS MORTALES DE JOHN BELUSHI // AUNQUE YO ME HAYA IDO EL ROCK AND ROLL NUNCA MUERE; y luego está la secreta, sin identificar, que solo conoce su familia. Lo enterraron dos veces en ese cementerio. O, mejor dicho, hay dos versiones de Belushi y las dos están enterradas. Era un hombre que tuvo que duplicarse una vez muerto. Puede que en vida también tuviera que hacerlo. Puede que eso doliera.

❧

La historia de mi madre sobre estas dos formas de duelo incompatibles y obligadas a compartir un cementerio me sigue obsesionando, sobre todo ahora que empiezo a desentrañarla.

Así que compro un billete de ferry para pasar unos días en Martha's Vineyard. Les pregunto a mis Amigas Sin Fronteras, Marta y Monica, si quieren acompañarme a buscar a Belushi. Dicen que les encantaría ir a comer buen marisco y que seguro que las encuentro en la playa cuando vuelva del cementerio.

❧

OBITUARIO NO AUTORIZADO

Maureen Joyce era encargada de atrezo del teatro Black-friars Guild y secretaria en Paramount Films. Maureen Joyce trabajó para varios periódicos. Maureen Joyce asegura ser la responsable de que las Rockettes fueran a la huelga por el sistema de salud laboral. Maureen Joyce se declara inventora de la reanimación cardiopulmonar para perros y cuenta que una vez resucitó a Chauncy, un bulldog que tenía unas mandíbulas enormes y se había atragantado con un hueso de pollo. Maureen Joyce aprendió a cocinar comida china en Pekín, a hacer ikebana en Tokio, a bailar bien en Haití, a montar a caballo en el Valle de Santa Ynez, y estos eran sus sitios favoritos. Una vez, Maureen Joyce mató con un rastrillo a una serpiente venenosa cabeza de cobre y la metió en el congelador. Maureen Joyce enseñó a sus nietas las tarántulas que hacían su danza de apareamiento sexual en el patio y les dijo que eran preciosas. Maureen Joyce hervía carcasas de pollo para los buitres que sobrevolaban el patio de su casa, les daba de comer con regularidad y, en vez de un retrato de su familia, en el escritorio tenía una foto de esos buitres. Sus «Grandullones», los llamaba ella.

❧

Cuando le conté a mi madre que había comprado un billete de ferry para ir a la isla, dijo:

—Ah, qué bien. Puedes esparcir las cenizas de tus abuelos cuando estés allí.

A ver: contar que vas a hacer un viaje para esparcir las cenizas de alguien es un puto cliché.

Una vez estuve pensando en hacer una lista de tramas prohibidas para mis alumnos, y la de Un Viaje Peliculero para Esparcir las Cenizas de Alguien, en el que Quien las Esparce Aprende a Vivir de Nuevo, habría estado entre las cinco primeras.

Pero estas cenizas me desviaron de mi misión Belushi. De haber podido hacerlo a mi manera, habría escrito un texto sobre los muertos de otros y luego me habría ido a la playa.

Seguro que otra historia de cenizas es lo último que os apetece oír, pero lo cierto es que si hay tantas historias de cenizas es porque ha muerto demasiada gente. Que, como perdemos constantemente a tantos y tantos seres queridos, un tema como este no va a ninguna parte a menos que nos pongamos todos de acuerdo para que disparen nuestras cenizas con cañones de circo, como las de Hunter S. Thompson, una iniciativa que apoyo incondicionalmente.

Y sinceramente.

Lo único peor que leer un relato sobre alguien que hace un viaje para esparcir cenizas es ser en la vida real quien va por ahí con las cenizas de sus seres queridos. Una persona destrozada, triste, enfadada, pero también que ahora se siente como un puto cliché. Como si hubiera algo tedioso y redundante en su tristeza, que no por ser común es menos profunda.

❉

Mis abuelos eran jóvenes. Apenas tenían cincuenta años cuando nací, y ayudaron a criarme. El verano que fui a buscar los restos de Belushi habían pasado uno y cinco años desde la muerte de mis abuelos.

A los dos los incineraron, pero no habíamos hecho nada con las cenizas. Me preocupaba que no estuviera bien hacer el rito yo sola.

—¿No deberíamos hacerlo juntos, en familia? —le pregunto a mi madre.

—A todo el mundo le encantará que lo hagas tú —contesta—. Será como hacer un favor.

—Llama a Randy —insisto. Su hermano, el hijo de los incinerados—. Pregúntaselo a Leslie —insisto. Mi hermana.

—No pasa nada —dice mi madre—. A nadie le molestará.

—¡Que no, joder! —protesto—. No haré nada si no llamas a todos y están de acuerdo.

Sé que esto os puede sonar extraño. Pero mi tío vive en el extranjero. Mi hermana acababa de tener un bebé. Mi madre y mi padre llevaban tres dolorosos años cuidando de mi abuela las veinticuatro horas, mientras su alzhéimer se agravaba y su cuerpo se debilitaba, y lo aceptaban con un grado de paciencia y elegancia que rayaba en la santidad. En mi familia todos estaban muy ocupados con su propia familia, menos yo. Mi otra familia *eran* Marta y Monica, pero nadie nos consideraba una familia.

Llamo a mi madre al cabo de unos días y me entero de que mi tío no solo está de acuerdo con el plan sino que ha hecho una lista de las playas óptimas para esparcir las cenizas, por orden de prioridad.

—¿Qué significa «óptimas»? —pregunto.

La lista de posibles playas de mi tío responde a dos factores. El factor número uno es cuánto les gustaba esa playa a mis abuelos. El factor número dos es la probabilidad de que me detengan por esparcir restos humanos en la susodicha playa.

❈

Somos una familia muy de jajajá. Yo interpreté bien mi papel en ese momento, aunque reconozco que después me sentí un poco triste, un poco enfadada de que me pidieran algo así. Esperaba no tener que inventarme cómo hacer el duelo yo sola. Creía que si toda mi familia biológica se hubiera reunido para la ceremonia, no habría sido tan difícil, no me habría sentido tan poco preparada.

Pero no me quedaba otra. Y decidí que todo estaba bien. Incluso que era divertido. Hasta en lo más profundo del sufrimiento somos una familia capaz de soltar una broma y esperar lo mejor.

Es decir, no pasa nada. Podemos reírnos.

Veo la apuesta. Estoy preparada. Tengo mucha práctica.

En un disparatado giro de guion, la Graciosilla se va de vacaciones ¡con las cenizas de sus abuelos! Hay carcajadas cuando la madre de la Graciosilla mete las cenizas en una bolsa de regalo con un lazo. La Graciosilla pone los brazos en jarras y dice: ¿De verdad te parece adecuado? [Señal para las risas. A troncharse otra vez.]

Esta noche. En un Episodio Muy Especial, la Graciosilla recuerda que su último novio la engañó poco después de que muriera su abuelo, y ¿no fue porque estaba tan triste por lo que no pudo echar un polvo en una semana? [Efecto de trombón triste. A troncharse otra vez.] *¡La Graciosilla se marea en el ferry después de comer demasiados caramelos de arándanos!* [A troncharse otra vez.] *Repetición del cierre de la última temporada. El siguiente novio de la Graciosilla no entiende por qué es tan importante que su abuela se esté muriendo. La bombardea con mensajes de texto porque le agobia ir a una boda mientras ella está sentada junto al lecho de muerte de su abuela.* [Risa enlatada. A troncharse otra vez.] *La Graciosilla llora en una playa rocosa llena de gaviotas.* [Risa enlatada.] *La Graciosilla no sabe si a sus abuelos de verdad les habría gustado lo que va a hacer.* [Risa enlatada.] *La Graciosilla dice: ¿Cómo sabemos lo que hay que hacer con nuestros muertos?* [Señal para las risas. No hagas caso del metraje. Da la señal para las risas y todo saldrá bien.]

Todas las familias complicadas tienen su bufón, y yo me relaciono con el mejor de cada casa.

La Graciosilla es una payasa que preserva la paz con buen humor, porque mientras todo el mundo se ría, ella está a salvo. La Graciosilla se partirá la caja para que veáis lo ridícula que es por dentro, por el puro chiste, por las carcajadas.

No intentéis decirme que no tiene por qué ser así.

Es demasiado tarde. Ya estoy enamorada de mis cascabeles.

❖

La descripción que la prensa hizo de Belushi en su muerte fue horrorosa. *Los Angeles Times* publicó un artículo que decía: «La gran estrella de la televisión de *Saturday Night Live*, el hombre que vivió a tope [...] fue encontrado muerto el viernes, desnudo y enroscado en una cama de un hotel-bungalow de Hollywood de 200 dólares la noche».

«Enroscado» es un buen adjetivo. Tiene un matiz invasivo. Estas líneas transmiten la sensación de que el cuerpo de Belushi ya no es suyo, y quizá su familia sintiera lo mismo cuando se hacía un uso tan excesivo de su sepultura y la trasladaran para esconder su cuerpo, sus restos mortales, de los desconocidos que se creían con derecho a reivindicarlo. En un artículo publicado en *Rolling Stone* en 1984 y firmado por Lynn Hirschberg, sobre la controversia en torno a *Como una moto,* la biografía sensacionalista que Bob Woodward escribió sobre Belushi, Jacklin dice: «La gente asegura que todo son hechos. [...] No todo son hechos. Son un puñado de opiniones y recuerdos de personas que se presentan como hechos. [...] Estamos hablando de mi vida. Yo estaba presente. Puede que él lo contara así en sus notas, pero no es cierto».

Jacklin trasladó el cadáver de John a otro sitio, pero dejó en pie la estela original. Y lo irónico es que esta sepultura pública subraya la naturaleza física del enterramiento:

AQUÍ YACEN

LOS RESTOS MORTALES

DE JOHN BELUSHI

Es mentira, es una pista falsa, no solo porque la tumba que hay debajo de la lápida está vacía, sino porque la parte de Belushi que Jacklin quería ofrecer al público, en forma de sepultura duplicada, no eran sus restos mortales, ni siquiera era su verdadero ser tal como lo conoció su familia: era una tumba acorde con la idea que se tenía de él. Un lugar de fantasía para que los desconocidos llorásemos hasta la última partícula efímera y mágica del Belushi al que creíamos conocer.

✻

Llevo días pidiéndole a mi madre que me dé las cenizas y por fin reconoce que no las tiene.

—¿Dónde están? —pregunto.

—En la funeraria —dice, lo que significa que las cenizas de mi abuela llevan casi un año en la funeraria.

—Las están mezclando con las de tu abuelo.

—¿Me aclaras una cosa? Creía que las cenizas del abuelo las esparcieron en las montañas. Creía que los Rancheros lo llevaron a hacer Una Última Ruta a Caballo.

Los Rancheros son una especie de fraternidad de vaqueros a la que se unió mi abuelo cuando se fue a vivir al Valle de Santa Ynez, en California. Hacían gamberradas como entrar a escondidas en establos ajenos de noche y pintar los caballos de colores chillones, a pesar de que todos habían cumplido los setenta y en aquel condado todo el mundo tenía un arma en casa. Mi abuela también tenía su hermandad paralela, que, lo juro por Dios, se llamaba las Potrancas. Por lo visto había un punto en el camino de su ruta anual a caballo por las montañas en el que esparcían las cenizas de los Rancheros caídos, y yo creía que las cenizas de mi abuelo estaban ahí.

Mi madre dice que no con la cabeza.

—Esparcieron solo un cacito.

—Un cacito…

—Tu abuela quedó en enviarles las cenizas por correo, pero luego pensó que a lo mejor quería que estuvieran juntos, y al final solo envió a los Rancheros un cacito de detergente en un sobre de burbujas.

—¿Un sobre de burbujas?

Asiente con solemnidad.

—Guardó el resto, porque quería mezclarse con él. Ya las han mezclado. Solo tengo que ir a recogerlas pero siempre se me olvida. He estado un poco liada.

—Déjate de rollos y no te olvides adrede de darme las cenizas —dije—. Volveré la semana que viene.

—Tú recuérdamelo si ves que se me olvida.

Salgo temprano a la mañana siguiente y antes de irme pienso qué puedo escribir en un papel para recordarle a mi madre que recoja las cenizas de sus padres sin que parezca un post-it que te advierte: ¡NO OLVIDES QUE TUS PADRES ESTÁN MUERTOS! Voy al cuarto de la lavadora y encuentro el cacito del detergente.

Escribo en un papel: ¡NO TE OLVIDES!, y lo pongo en el cacito del detergente. Lo dejo en la encimera de la cocina.

Llevo dos horas al volante cuando suena el teléfono.

Es un mensaje de mi padre, que dice: DIOS MÍO.

Vuelve a sonar el teléfono.

Mi madre dice: ¡ESTOY EN ELLO!

❖

Cuando pienso en esparcir las cenizas de mis abuelos me tranquiliza que, por fin, lo habremos conseguido. Porque, probablemente, las cenizas de estas personas que tuvieron una vida tan épica no deberían estar guardadas en un armario. Pero también quiero que mi familia me enseñe a llorar a los muertos. A hacer el duelo. A vivir esta pérdida. «¿Quiénes somos? ¿Quién soy? ¿Cómo hago esto?», quiero preguntarles.

Me aterra pensar que tendré que aprender a hacerlo sola.

Y puede que también me aterre la idea de un rito que, sí, es para ellos *in absentia,* pero que, en la práctica, es únicamente para mí. ¿Qué despedida ofrecer a estas personas épicas a las que quiero tanto? ¿Es para ellas? ¿Es para mí? ¿Cómo puedo saberlo?

❖

Es verano, y Marta y Monica están sentadas en el patio de mi casa. Mi perro no para de dar vueltas, intentando meterles el hocico debajo de los brazos. He preparado unos gin-tonics bien cargados, con lima, en unas jarras azules, y espero a que se los tomen para anunciarles la novedad de nuestras «vacaciones». Una cosa es enrolarse como buena compañía en la misión de visitar la tumba de un famoso, y otra irse a la playa con los muertos de una amiga. Estoy convencida de que pondrán alguna excusa y se echarán atrás.

—Claro que te ayudaremos —dice Marta.

—A mi familia se la da muy bien esparcir cenizas ilegalmente —dice Monica.

La historia que viene a continuación transcurre en un ferry de Staten Island muy concurrido.

Qué alivio más grande.

✻

Lo mejor de Belushi
Saturday Night Live, Temporada 3,
Episodio 13, 03/11/78
«el baile de Schiller: no mires atrás con ira»

[La película empieza con un John Belushi envejecido, sentado en el vagón de un tren.]

John Belushi: Creo que esta es mi parada.

[Plano de John paseando por un cementerio un frío día de invierno.]

John Belushi: Sí... todos creían que sería el primero en marcharme. Yo era uno de los que dicen: «Vive Deprisa, Muere Joven y Deja un Bonito Cadáver», ¿sabéis? Pero creo que se equivocaban. *[Señala la lápida con su bastón.]* Ahí están... todos mis amigos. Esto es el Cementerio No Apto para Horario de Máxima Audiencia. Venid conmigo.

[John sube con dificultad la cuesta cubierta de nieve.]

Bueno... aquí está Gilda Radner. Ah... tuvo un programa en la televisión canadiense durante muchos años. El *Show de Gilda Radner*. *[Un momento de silencio.]* En fin… ahora al menos puedo verla en las reposiciones. Era monísima. Dios la bendiga…

Este es Garrett Morris. A ver, Garrett… Garrett dejó el programa y luego trabajó muchos años en el teatro para crear conciencia entre la comunidad negra. Hasta que murió de una sobredosis de heroína. [*Carcajadas enlatadas.*]

Aquí está Bill Murray. Fue el que más vivió: treinta y ocho años. Ah… murió feliz, aunque… acababa de volver a dejarse el bigote. Puede que todavía le siga creciendo.

Por aquí está Chevy Chase. Murió después de su primera película con Goldie Hawn.

Por aquí está Danny Aykroyd. Supongo que quería demasiado a su Harley. Lo cronometraron a doscientos ochenta kilómetros por hora antes de estrellarse. Se le veía desdibujado. Tuve que ir a identificar el cadáver. Lo reconocí por las membranas de los dedos de los pies.

[*Deja flores en la tumba de Aykroyd.*]

El *Saturday Night* fue la mejor experiencia de mi vida. Y ahora, todos se han ido. Y los echo de menos a todos. ¿Por qué yo? ¿Por qué he vivido tanto? Todos han muerto. [Con aire reflexivo.] Os diré por qué… ¡Porque soy buen bailarín!

[*Suena la música y John suelta el bastón y baila entre las tumbas.*]

[*La cámara se aleja. Fundido en negro.*]

❉

Marta, Monica y yo vamos en mi coche hasta el ferry.

Hay algo en cómo azota el viento, cómo zumba el motor y cómo salta la espuma alrededor de un ferry que erradica a las personas de un modo muy agradable. Siempre voy en cubierta. Siempre me acerco demasiado al borde del abismo. Dejo que se me ponga el pelo hecho un desastre.

La isla se agranda cada vez más para recibirnos, hasta que llegamos, salimos del ferry en el coche y nos metemos en un atasco desde el muelle hasta nuestro alojamiento. Los coches apenas se mueven, como si fuéramos en procesión. Unas vacaciones de parachoques con parachoques. En todos los coches se oye música: llevamos las ventanillas bajadas. Somos un desfile que conquista las calles anunciando que hemos venido a divertirnos. Llevo un collar de cuentas de porcelana blanca decoradas con tinta azul que era de mi abuela. Un collar largo que me llega hasta el pecho.

❉

Cuatro años después de que Belushi dejara flores en la tumba imaginaria de Danny Aykroyd, Aykroyd fue con su Harley, a algo menos de doscientos ochenta kilómetros por hora, en el cortejo fúnebre de Belushi en Martha's Vineyard. Los coches circulaban despacio por los caminos de tierra. Aykroyd llevaba un chaleco de cuero y una bandana con la bandera de Estados Unidos. Si queréis moriros de pena, mirad las fotos de Aykroyd en su Harley en esta procesión. Mirad las fotos de Aykroyd cargando el féretro.

✻

Las Abejas Asesinas fueron los primeros personajes que repitieron en *Saturday Night Live*. Según Lorne Michaels, la cadena le dijo que cortara la escena después de la primera emisión, simplemente porque era demasiado absurda para emitirla de nuevo. Por cabezonería, o por ganas de presumir de su poder, Michaels se empeñó en convertir a las abejas en un sketch recurrente. En todos los programas, Belushi y el resto del reparto se visten con unas mallas de rayas que parecen obra de unos padres cariñosos pero sin maña. Las abejas llevan unos muelles a modo de antena, con unas bolitas en la punta. Las antenas cabecean de un modo hipnótico a lo largo de la escena, que casi nunca tiene una trama más complicada que «las abejas quieren tu polen». Algunos de estos sketches son muy racistas: las abejas son bandidos mexicanos. Llegaron a hacer una cantidad increíble de sketches de abejas.

En un sketch, Belushi entra a hurtadillas en el plató y se acerca a un sofá donde Gilda Radner está leyendo. Belushi le pone un cuchillo en el cuello a Gilda Radner y ella pone cara de idiota para dar emoción. En una mesa chisporrotea una radio. El locutor alerta a los oyentes para que se protejan de las abejas asesinas. «¡Son abejas con sobrepeso!», dice el locutor. La malla de rayas acentúa la barriga de Belushi.

Los sketches de las abejas se eternizan. Siempre parece que no van a acabar nunca.

—Odio a las putas abejas —dijo una vez Belushi, al parecer porque era un sketch coral en el que él no ocupaba el centro del escenario.

Pero ¿si hubiera sido yo? No me habría conformado con eso.

Hay días en los que lamentas el papel que te han asignado en esta vida.

Hay días en que ser una abeja resulta difícil o humillante.

A veces no te gusta el reparto.

Abrimos con la Graciosilla poniéndose sus mallas. ¡Le quedan muy ceñidas! *La Graciosilla dice: ¿Para quién han hecho estas mallas? [Señal para las risas.] La Graciosilla está en el jardín de la antigua casa de sus abuelos, en Martha's Vineyard, y empieza a trepar por una ventana. Lleva en la bolsa de regalo las cenizas de sus abuelos. Entra en el cuarto de estar y casi se le cae la bolsa con un malabarismo bufonesco. [Señal para las risas.] Gilda Radner está en el sofá y se sobresalta. La Graciosilla y Gilda se miran un largo instante. Las antenas de la Graciosilla cabecean.* ¡Esta es mi casa!, *grita la Graciosilla. ¿Esta es mi casa? Gilda Radner la mira con gesto de duda. El locutor de radio dice:* Anda suelta una mujer de casi cuarenta años que cree que va a formar una familia en esta casa. *Gilda da un grito. [Señal para las risas.] Entra Dan Aykroyd, por la izquierda del escenario, haciendo gestos de reproche con la cabeza. [Señal para las risas.]* ¡Voy a vivir en esta casa!, *dice la Graciosilla.* ¡Voy a comer anchoas con mis hijos en la terraza! *Gilda Radner vuelve a gritar. La Graciosilla se acerca la bolsa de regalo al pecho, tiene la respiración acelerada y le laten las mallas. Dan Aykroyd señala la bolsa.* Deja eso en el suelo, por Dios... Esta no es tu casa. Pero podría serlo, *dice la Graciosilla.* Algún día. *[Señal para las risas.]* No, *dice*

Aykroyd, y le quita la bolsa de cenizas a la Graciosilla. Que fuera su casa no significa que sea tuya, *añade Aykroyd, y sale de escena. [Risas confusas.] [Fundido en negro.]*

Ser una persona que sigue el procedimiento de tener citas, de «intentarlo», «salir ahí fuera» y hablar de un futuro imaginario en el que me casaré y tendré hijos y... escenificar mi fe en todo eso. Escenificar mi certeza, cada vez más endeble, de que *incluso lo quiero.*

Ese es mi sketch de la abeja.

La primera vez que salí al escenario con mi disfraz de abeja creo que me limité a aceptar que quería este guion porque era lo que se hacía en mi familia. Lo que hacía la gente a la que conocía.

Nadie me hizo representar la escena la primera vez. Sencillamente di por hecho que era mi papel.

Pero han pasado unos años y aquí sigo, interpretando las escenas de la abeja. Es el sketch cómico más recurrente de La Graciosilla. Y me pregunto: ¿celebraré *algún día* mi sexagésimo aniversario de bodas, como mis abuelos? ¿Estaré algún día junto al mar, joven, guapa y embarazada?

No, no, no.

Hay muchos futuros posibles pero el tiempo ya ha excluido estos en particular.

Lo sé y, sin embargo, me resulta imposible no guardar las cenizas de esta historia vital que nunca será la mía. Sobre todo, quizá, porque sigo representando el sketch de la abeja para los demás. Porque sigo actuando como si algún día pudiera hacerse realidad.

Y cuanto más se alarga la función, más incómoda resulta. ¡Aquí estoy, con treinta y tantos años y buscando pareja! Aquí estoy, ¡convirtiéndolo todo en anécdotas divertidas! ¿Veis lo mal que se me dan el amor y la vida que creía estar destinada a vivir? ¿Veis lo mal que me quedan estas mallas?

¿Puedo quitarme esto?

¿Para quién es este sketch?

✻

Los sketches de la abeja son quizá uno de los motivos por los que, un día que Belushi y Aykroyd iban a la playa en el jeep de John y pusieron una cinta de un grupo llamado Los Ventures, cuando oyeron la canción titulada «La abeja de mil kilos» se partieron de risa. Es una maravilla de canción, caótica, de surf-rock instrumental distorsionado, con toques protopunk. Es un poco ridícula pero a la vez es la hostia. Según la biografía de Woodward, después de ir todo el camino riéndose con la canción, Aykroyd dijo:

—Tienes que prometerme una cosa... Si me muero antes que tú, tienes que poner esta cinta en mi funeral... Porque es... —No pudo aguantar la risa. Luego añadió—: ¿No sería genial poner esta cinta tan cañera en una iglesia llena de gente?

—Desde luego —dijo John—, y tú harás lo mismo por mí.

Lo decía en serio: era un mensaje perfecto. La abeja de mil kilos.

—Claro —prometió Aykroyd—, claro.

✻

Monica, Marta y yo llegamos a nuestro alojamiento de Menemsha y descargamos las maletas.

En el coche no queda nada más que la bolsa de regalo, y dentro de la bolsa, una caja, y dentro de la caja, las cenizas de mis abuelos. Me parece algo raro entrar con la bolsa y me quedo parada en el aparcamiento pavimentado con conchas marinas machacadas.

—¿Invitamos a entrar a tus abuelos? —dice Marta—. Parece una falta de respeto dejarlos aquí.

Decidimos que mis abuelos residirán al lado del minifrigorífico. Esa tarde vamos a la playa. Extendemos una toalla.

La playa de Menemsha es pequeña y de piedras. En la otra punta de la franja de arena hay unas rocas grandes y negras contra las que rompen las olas. Se forman charcas en las que se alimentan las aves. También hay piedras dentro del agua, miles de piedras pulidas por el mar, del tamaño de guisantes y del tamaño de mandarinas: rojas como un ladrillo, blancas como un globo ocular y verdes como el musgo, todas revueltas por las olas.

Me tengo por una persona de mentalidad científica, aunque reconozco que también soy la hostia de peliculera y sentimental. Quizá por eso me atraiga la idea de que, después de la muerte, todos los átomos de un cuerpo pasan a ser parte de otras cosas. Lo que quiero decir sonaría mejor si lo dijera Carl Sagan: la materia ni se crea ni se destruye, como se repetía a todas horas en *Cosmos,* la famosa serie de televisión de los años setenta.

Me quedo mirando las piedras de colores revolcándose en el oleaje y les digo a mis amigas: «Este es el sitio». No aparece en la lista de las mejores playas de mi tío pero sé que es este. Luego dudo. Mientras pido opinión a mi familia en el chat, va llegando más gente a la playa y extendiendo toallas.

—LO QUE TE PAREZCA BIEN, CIELO —dice al cabo de un buen rato mi padre, el portavoz de la familia.

Levanto la vista del teléfono. La playa está abarrotada.

Creo que está bien. Sé que está bien. Al menos para mí.

—¿Habéis estado alguna vez en una de esas playas donde la gente aplaude cuando se pone el sol? —dice Marta.

—Esta playa es perfecta para eso —señala Monica.

Nos reímos, porque no nos consideramos gente que aplaude a una puesta de sol. Observamos cómo va bajando el sol. En la playa todo el mundo habla en voz baja y hay un bonito ambiente de comunidad. Si mi madre estuviera aquí diría: «Es hora de ver cómo cae la pelota». Me gustaría que mi madre estuviera aquí. Da igual que no esté.

El sol se hunde por debajo de la línea del mar con un último chasquido naranja y todos aplaudimos. Al puto sol. Somos de esa gente. Y quién no, en realidad. Nos falta un hervor. Tenemos esa suerte.

Al salir de la playa recojo unas piedras, y como estoy pensando en mi madre, elijo sus favoritas, las que ella llama piedras de la suerte. Hay una gris oscura en particular que a veces tiene un anillo blanco perfecto. Es el anillo lo que la hace perfecta, dice mi madre: retiene su poder. Encuentro tres piedras de la suerte en la playa y cada vez que me agacho a coger una, las cuentas del collar de mi abuela tintinean.

Salimos de la playa poco después de que se ponga el

sol, pero oscurece más deprisa de lo que esperábamos. Cruzamos entre los juncos y subimos por las dunas y ya ha oscurecido cuando llegamos a la parte trasera del jardín largo y frondoso de la casa. Todo huele a polvo de dunas, a sal pegajosa y a hierba.

Y de pronto, notamos un olor a mofeta.

Nos movemos en grupo, alumbrándonos con la linterna del móvil. Rozamos en la oscuridad algo que podría ser una mofeta, gritamos y echamos a correr con muy poca elegancia, uncidas al rayo de luz de la linterna. Como si corriendo pudiéramos huir de lo inevitable.

❋

Tres días después de que Dan Aykroyd hiciera ese viaje en su Harley, tres días después de que enterraran a Belushi en la isla, hubo un funeral en Nueva York.

La necrológica que escribió Peter Kaplan en 1982 para *The Washington Post* se titula «Belushi, Mutis, Risas». Kaplan empieza diciendo: «A los pies de los arcos de caliza gris de Indiana de treinta y tres metros de altura de la catedral de San Juan el Divino, cerca de un millar de amigos y familiares de John Belushi lo han llorado hoy como creen que a él le habría gustado si estuviera en la ciudad en vez de muy lejos».

La primera vez que leí esta frase lloré. Es uno de esos subterfugios amables que dice la gente como mi familia. «Si estuviera en la ciudad en vez de muy lejos» es lo más parecido a la honestidad. Es un cacito de detergente en la encimera de la cocina.

Aykroyd pronunció unas palabras en el funeral y cumplió su promesa.

Kaplan lo cuenta así:

Aykroyd abrió su mochila azul, sacó una grabadora diminuta y la acercó al micrófono. «Y aquí tenemos una canción instrumental de Los Ventures, "La abeja de mil kilos".» Las guitarras de Los Ventures, como un enjambre de abejas, llenaron la catedral de San Juan el Divino, llegando hasta rincones y naves en los que probablemente nadie se había fijado hasta entonces.

Cientos de personas, al principio desconcertadas, empezaron a reír y a moverse en los asientos. La risa se apoderó de todo, la de verdad, la risa auténtica de la nueva comedia que tiende una emboscada al público, la risa cruda, perversa y también cariñosa de Aykroyd y Belushi. No hubo nadie en la catedral que no pillara la broma, y el homenaje a John Belushi fue que quizá no hubiera en Estados Unidos una sola persona menor de treinta y cinco años que no la entendiera.

Cuando la atronadora y espléndida música y las risas terminaron, Aykroyd levantó la vista y dijo: «Ya está, Johnny, y ten por seguro que tendré las antenas bien dirigidas a lo paranormal y lo espiritual. Y os aseguro —miró al público— que si tengo algún contacto con él os lo haré saber».

❊

El día que vamos a la antigua casa de mis abuelos hay una cuadrilla con máquinas cortadoras de césped aparcadas en la entrada. Echo un vistazo y pienso en la fantasía de la casa, hasta que una de las máquinas se pone en marcha, me sobresalta y vuelvo corriendo al coche, donde me esperan Marta y Monica. Nos quedamos un momento ahí. Coinciden en que es una lástima que la casa no sea nuestra. A lo mejor una de las tres se hace muy rica, de chiripa, y compra la casa.

Yo quería que mi familia estuviera conmigo. Que me enseñara a llorar a mis abuelos. A llorar esa vida que tuvieron mis abuelos y yo también creí que tendría. Que me dijeran que tenía permiso para soltar esa vida.

Pero eso no era lo que *ellos* necesitaban. Era lo que necesitaba *yo*.

Y aquí estoy, con Monica y Marta.

A veces es un Danny Aykroyd, un Bill Murray, quien te ayuda a sortear los días. A veces es tu familia No Apta para Horario de Máxima Audiencia quien tira de ti.

Como estas amigas, que me ayudan a decidir si, cuando tengamos esos millones y compremos esta casa que hoy es terroríficamente cara, habrá que comprar también un bote de remos para el lago o si el bote irá ya incluido en el precio. Por un millón de dólares, debería estar incluido, razonamos, frugales incluso en nuestras fantasías millonarias: por un millón de dólares deberían meter también un bote de remos cochambroso. ¿Y remar en un bote de remos sería como remar en una canoa, algo que nosotras ya sabíamos hacer, o sería distinto? ¿No era magnífica la ubicación? ¿No estábamos muy cerca de esa tienda de sándwiches tan buenos? ¿Qué tienda? Esa en la que hemos visto a Tony Shalhoub en chanclas y nos hemos sentido muy orgullosas por «quedarnos tan tranquilas» al ver a un tipo tan famoso? ¿Nos haríamos amigas de Tony Shalhoub cuando compráramos la casa y viviéramos todo el año en Martha's Vineyard? Tal vez. ¿Qué no sería posible en nuestra nueva vida imaginaria?

No era probable que ocurriera nada de esto. Pero tampoco era *menos* probable que mis hipótesis del sketch de la abeja. Y nos daba una sensación muy poderosa reírnos del mundo tal como nos gustaba imaginar que querríamos vivir en él.

En la entrada de la antigua casa, liberé a mi familia biológica de mis insensatas expectativas sobre lo mucho que podíamos darnos los unos a los otros. Sobre lo mucho que esperaba que me enseñaran. Que hicieran por mí. Y con esto les permití ser lo que son para mí en realidad. Que es muchísimo.

✻

Obituario no autorizado

Maureen Joyce era adicta al Tetris de internet. Tenía una patológica relación erótica online con un especialista japonés en carpas ornamentales y se cruzaba mensajes con él a cualquier hora de la noche sobre los raros colores de los *koi*. A Maureen Joyce le gustaban los pintalabios de color rosa intenso y las sandalias de cuña, y llevaba desde hacía treinta años un peinado al que llamaba su Ondulado Perfecto. Maureen Joyce decía que el día que no pudiera pintarse la raya del ojo a la perfección tendríamos que venir a «hacernos cargo de la situación», ahogándola con una almohada, y en eso le habíamos fallado. Maureen Joyce una vez vio a Marilyn Monroe en un restaurante y dijo que tenía unos pies más grandes de lo que cabía esperar. Maureen Joyce cruzaba las fronteras internacionales con un alijo de esquejes de plantas raras escondidas en la cinta del sombrero. Maureen Joyce era muy deslenguada y soltaba unos tacos exquisitos. Hacia el final de su vida se le olvidaban las cosas, pero siempre les estrujaba las manos a sus nietas y les decía: «Podéis hacer lo que queráis, mientras llevéis una vida interesante de la hostia».

Lo último que le dijimos a Maureen Joyce fue que la queríamos.

Después de eso, por si acaso, le dijimos que no ligara con marineros.

❋

Por un lado yo quería acabar con los sketches de la abeja, dejar de interpretar mi falsa creencia en una fantasía futura a la que mi vida seguramente nunca llegará a parecerse... ni siquiera estoy segura de quererla ya.

Por otro lado, aquí estoy, escribiendo el obituario de mi abuela para vosotros.

Y este obituario es una actuación total. Está lleno de mentiras bonitas.

¿Cuándo es mentira una actuación y cuándo es una celebración? ¿Cuándo una actuación te hace sentir grande y generosa y cuándo te hace sentir que eres una mierda?

❋

Voy con Marta y Monica a la playa por la mañana temprano, para no esparcir restos humanos cerca de los bañistas. No hemos caído en la cuenta de que los niños también son madrugadores y vemos, con cierta alarma, a dos personitas con flotadores nadando cerca de la orilla. Nos alejamos todo lo posible y nos detenemos a tres metros de las rocas donde pensamos esparcir las cenizas.

—¿Quieres que vayamos contigo? —preguntan Marta y Monica.

Les agradezco muchísimo que estén aquí, y quiero decir que sí. Pero esta mañana, en Menemsha, me queda claro que solo se puede acompañar a una persona por la playa hasta cierto punto. Que hay permutaciones del dolor y del amor de las que una tiene que hacerse cargo personalmente. Nadie puede decirte cuándo liberarlas. Nadie puede decirte cómo será vivir sin ellas.

Solo tú, en primera persona, una abejita cansada, puedes hacer eso.

Marta y Monica se quedan vigilando mientras recorro el último tramo de la playa con la caja en la que van mis abuelos.

Llego a una zona de la orilla rocosa y con algas, cerca de un saliente, un sitio donde el agua no cubre y donde nadie iría a nadar. Todo esto es un delirio, claro, porque cuando mis abuelos entren en el agua estarán en todas partes, no solo en este punto, pero ahora no puedo preocuparme por eso.

Me agacho, con mis deportivas, en una roca grande donde el agua lame y golpea la piedra. Veo las piedrecitas de colores en las aguas poco profundas, y esto es bueno, pienso. Esto está bien.

He ido recogiendo piedras por la playa y hago con ellas un montoncito en la roca, a mi lado. Una en representación de cada miembro de mi familia.

Abro la caja.

Dentro encuentro una bolsa de plástico cerrada herméticamente.

—¡Hay que joderse! —digo.

Me desengancho las llaves de los pantalones cortos y rasgo la bolsa con los dientes de la llave de mi casa.

❋

No siempre estuvo claro que las cenizas de mis abuelos se esparcirían en Martha's Vineyard.

Mi abuela no se portó muy bien mientras mi madre cuidaba de ella. El alzhéimer la derrotó muy deprisa. Estaba comprensiblemente asustada y frustrada, y lo pagaba con quien tenía más cerca. Con la persona a quien podía decirle cualquier barbaridad sabiendo que no la abandonaría. *Me alegro de servir al menos para algo.* Fue más o menos por aquel entonces cuando pensamos que teníamos que confirmar con mi abuela si quería mezclar sus cenizas con las de su marido y que las esparcieran los Rancheros. Su respuesta fue: «¡No! ¡De ninguna manera!» y «¿De dónde habéis sacado esa idea?».

Y nos preocupamos, porque la idea la habíamos sacado de ella, pero cuando pierdes los recuerdos te olvidas de las decisiones que has tomado. Así es muy difícil cumplir con los deseos de nadie, porque ¿cuál de las dos versiones de los deseos de mi abuela era lo que ella quería al final? ¿Lo que más quería?

Elegimos Martha's Vineyard por una conversación que tuvieron mi madre y mi abuela muy cerca del final.

—Vuelve a decírmelo —le pidió mi madre—. ¿Dónde quieres que esparzamos tus cenizas?

Mi abuela se lo pensó. Se quedó callada. Por fin dijo, con fastidio:

—¿Dónde vas a estar tú?

Mi madre se quedó sorprendida. Lo pensó.

Lo cierto es que fue mi madre quien dijo que quería que esparcieran sus cenizas en la isla.

—Pues ahí quiero estar yo también —contestó mi abuela.

Fue un gesto muy *suyo*. Reclamaba para sí algo bueno que fuese de mi madre. Se lo pedía ella primero.

Pero con esto también decía que no quería perder a su hija, que se pasaba la mayor parte de los días con ella en una clínica con olor a enfermedad que anunciaba muerte, muerte, muerte por todos los rincones. Su hija, a la que llamaba por teléfono a propósito seis veces al día y otras tres más sin querer. Su hija, que le daba de comer y la aseaba. Con esto también decía que no podía soportar la idea de que sus restos acabaran en distingos lugares. Con esto decía: *Donde quiero estar es contigo.*

✳

Derramo despacio en el agua las cenizas de mis abuelos. Creía que el mar se las llevaría enseguida, pero forman una nube sobre las piedras de colores que dura más de lo que esperaba. Agachada en la roca, observo la nube sin saber qué hacer.

Y me pongo a hablar con ellos.

Es bueno hablar con nuestros muertos.

Y esto es lo que digo cuando hablo con la nube en suspensión de mis abuelos.

Hablamos de vosotros a todas horas. Siempre os recordamos.

Si mis abuelos pueden oírme, creo que es lo que más les gustará saber.

Les cuento: *La casa de la isla ya no es nuestra, y nunca voy a vivir una vida parecida a la vuestra, pero os prometo que procuraré vivir una «vida interesante de la hostia». Os prometo que solo fingiré cuando interprete* vuestras *mejores historias, las que más os gustaban, las que contabais tantas veces, sobre todo de mayores, de quiénes fuisteis o quiénes habríais querido ser... Os prometo que siempre estamos montando algún espectáculo para vosotros, sobre vosotros. Os prometo que nos lo inventamos todo, y eso es precioso.*

Observo las cenizas de mis abuelos, que se quedan flotando demasiado rato, y puede que ese exceso de rato sea lo gracioso del asunto. El tiempo insoportable que se tarda en ir al grano y, cuando por fin llegas, te das cuenta de que toda la gracia está en el desarrollo, en la demora. Al final, lo único que queda es un chiste, y el chiste resulta ser: fundido en negro.

✻

Es el día más caluroso del verano cuando por fin voy en bici a Abel's Hill. Dejo la bici azul apoyada en los barrotes de la verja que delimita una pequeña zona del cementerio.

En esta zona hay una entrada abierta, y comprendo que ahí está la sepultura pública de Belushi. Es lo primero que se ve.

En un extremo hay una roca natural en la que han tallado el nombre de Belushi en letras altas, con remates ornamentales. En el centro hay un banco para sentarse. Al otro lado está la estela. La lápida gris oscura con la calavera y las tibias cruzadas que asegura que ahí hay alguien enterrado (cuando no lo hay) y que el rock and roll continúa.

Las fechas: 24 de enero de1949 – 5 de marzo de 1982.

Alguien ha plantado una banderita de Estados Unidos al lado de la estela. Alguien ha dejado un penique de la suerte. Alguien ha besado la esquina superior derecha de la estela y ha dejado una enorme marca de pintalabios. Delante hay un montón de piedras entre las que crece el trébol. Sobre una piedra plana, alguien ha escrito: CUANDO LOS ALEMANES BOMBARDEARON PEARL HARBOR, que es una cita de *Desmadre a la americana*.

Me siento en el banco y me quedo un rato ahí. Llevo en la mochila las piedras de la suerte que recogí para mi madre. Al levantarme, dejo dos como ofrenda. Una detrás de la estela, la otra en la roca grande donde han grabado el nombre de Belushi. Sé que esa no es la segunda sepultura, pero parece oportuno dividir las ofrendas.

El cementerio es bastante grande, con amplios caminos de tierra entre las distintas zonas de sepulturas, y no veo ningún motivo para no recorrerlos en bici si voy despacio, con respeto.

Quince minutos después sigo sin encontrar a ninguno de los que voy buscando.

En cambio, encuentro dos lápidas cuadradas en el suelo. Marido y mujer. Las fechas indican que a ella la enterraron en 2014 pero él sigue vivo y tiene setenta y siete años.

Debajo del nombre de la mujer, dice: POR FAVOR, RIEGA LAS PLANTAS.

Debajo del nombre del marido, dice: Sí, CARIÑO.

Estoy descansando, mirando estas estelas, cuando tres mujeres se acercan a caballo, despacio, retozando. Uno de los caballos, un pinto salpicado con manchas irregulares de color tostado sobre el fondo blanco, se parece mucho a JR, el que montaba mi abuela. Me acuerdo del cacito de cenizas de mi abuelo que sus amigos rancheros esparcieron en las montañas. Me acuerdo de los arreos de mis abuelos, de sus bridas favoritas, que están colgadas en mi casa y que llevo demasiado tiempo sin enjabonar. Me acuerdo de los *walkie-talkies* que usábamos mi abuelo y yo cuando salíamos a caballo por las montañas de Santa Ynez, para hablar por radio con mi abuela y estar al tanto de la cena, del guiso de maíz con chile verde que siempre tenía en el horno. Nuestros alias para hablar por los *walkie-talkies* eran Lewis y Clark... *o sea, Jerry Lee y Petula,* decía mi abuelo. Muchas veces añoro alguna señal lejana de mis abuelos en el *walkie-talkie*, un chisporroteo que venga de las montañas, donde están, porque, caray, los echo de menos, pero tal vez sea suficiente con estas mujeres que llegan a caballo, con cómodas monturas, la cara bronceada y arrugada asomando bajo el ala. Me alegro de verlas.

—Hace demasiado calor para estar aquí —dice una.

—Deberías beber un poco de agua —dice otra.

—¿Conocen el cementerio? —pregunto, pero no lo conocen.

—Lo siento, cielo —dicen.

❖

Estoy sin resuello, llegando en la bici a la entrada del cementerio, a punto de darme por vencida y salir, cuando dos mujeres se acercan a la tumba de Belushi, susurrando. Turistas con pamelas y sandalias.

Se quedan un rato calladas, hasta que una dice:

—¡Qué locura! —Hace una foto.

—Tienes que ponerlas en tu álbum —sugiere la otra.

—Creo que mucha gente deja aquí ofrendas de sobriedad.

—Yo dejé mi chapa de un año sobria de Alcohólicos Anónimos en la tumba de mi padre. Todos mis amigos vinieron conmigo.

—Qué bonito.

Vuelven al coche y se marchan.

No se me había ocurrido que la tumba fuera un lugar de peregrinación para la sobriedad. Me acordaba de las historias de las fiestas que contaba mi madre. Hasta ahora había pensado que la tumba vacía era una mentira. Pero de pronto me abruma lo generoso que es ofrecérsela a la gente. Para esto, o para lo que la necesiten. No es mentira: es otra clase de verdad.

¿No estoy yo aquí también, llorando, con este calor, utilizando a Belushi para mis propios fines?

❊

Una confesión: cuando mi abuela se estaba muriendo y su pelo ondulado perfecto se había esfumado y su hija le hacía dos trenzas, sin maquillarle los ojos, yo le contaba mentiras.

Estábamos con ella en el hospital la última noche antes de que muriera. Lloramos juntos, sentados a su lado.

En un momento dado, llorar no me pareció suficiente y empecé a contar historias.

Es lo que hacemos en mi familia.

Eran historias de ella: de Maureen Joyce. Las que ella nos contaba y repetíamos mil veces. Y, joder, estoy segura de que ni la mitad eran ciertas. Pero se las conté para que supiera lo mucho que la conocíamos. Lo mucho que seguiríamos conociéndola, recordando y contando en voz alta una y otra vez.

—Abueli —le dije—. ¿Te acuerdas de cuando ayudaste a las Rockettes a ir a la huelga?

—Abueli —le dije—. ¿Te acuerdas de que fuiste la primera mujer que le hizo la reanimación cardiopulmonar a un perro?

Juro por Dios que se echó a reír.

Mi familia también se rio, aunque todos llorábamos a moco tendido, porque no estábamos seguros de si nos oía. Pero en ese momento quedó claro que estaba atenta a lo que contábamos, a esas historias de quién era ella.

Con todo esto quiero decir: la última noche en este mundo que pasamos con Maureen Joyce, interpretamos su vida para ella. Y nuestra interpretación era falsa en los detalles, pero sincera en lo que intentaba transmitir.

❈

La Graciosilla quiere que celebremos una fiesta en la tumba de Belushi.

La Graciosilla quiere emborracharse, gritar y rocanrolear.

La Graciosilla quiere depositar ofrendas y confiar en que sigamos sobrias.

La Graciosilla quiere que esta tumba nos dé todo lo que necesitemos.

La Graciosilla promete dejar de ir en bici por los cementerios.

La Graciosilla reconoce que la realidad y la ficción se han mezclado en la caja de cartón que se llevó a casa de la funeraria.

La Graciosilla admite que a lo mejor no es tan divertido que sus abuelos, en plural, ahora sean sus abuelos, en singular, un montón de cenizas.

Imaginaos: la Graciosilla se araña con la roca que hay en una punta de la playa de Menemsha y escarba en la caja con los dedos, separando las cenizas en dos montones. *¿Tú eres la verdad y tú la mentira?*, dice. *¿Tú eres mi abuela y tú eres mi abuelo?* Pero va a dejar en paz estas cenizas mezcladas. Se dispone a tirarlas al mar.

Por favor, aquí no pongáis risas enlatadas.

La Graciosilla promete dejar de hacer acopio de cenizas.

La Graciosilla acepta que la vida que vivieron sus padres nunca será la suya.

La Graciosilla declara que su fantasía llegó muerta al hospital.

La Graciosilla sabe que disfrazarse de abeja para hacer una broma no la llevará a ninguna parte.

La Graciosilla no lamenta comunicaros que el sketch de las abejas se ha cancelado definitivamente.

La Graciosilla echa hacia atrás la cabeza, *se ríe,* no con una risa enlatada, y piensa: ¿no sería genial ponerles esa *música tan cañera?*

❖

La verdad, tan obvia y absurda, que tanto me ha costado entender es la siguiente: esto no va de fantasía versus realidad... va de vivir en las dos esferas. En las dos a la vez. En las dos simultáneamente. Una tumba para la representación pública, para hacer numeritos y espectáculos y ofrecerte generosamente a los demás. Y otra que no transige. Una especie de tumba en primera persona. Una en exclusiva para ti y para las personas que te quieren sinceramente.

Va de cómo lo uno permite lo otro.

Son dos putas tumbas, en todo momento.

PARTE IV

No hay una lógica que pueda imponerse a la ciudad; son las personas quienes la crean, y es a ellas, no a los edificios, a las que tenemos que adaptar nuestros planes.

Jane Jacobs,
«El centro de la ciudad es para las personas»

El derribo de las murallas del castillo de Jackson

Mi hermana me ha dejado muy claro que tengo que dejar de insinuar que su hija es la reencarnación de Shirley Jackson. Pero:

ALGUNAS RAZONES POR LAS QUE MI SOBRINA
PROBABLEMENTE SEA LA REENCARNACIÓN DE
SHIRLEY JACKSON

Mi sobrina tiene ocho meses. Nació en la que fue la casa de Shirley Jackson en Westport, Connecticut, que mi hermana y mi cuñado compraron cuando decidieron tener hijos. ¿Sabéis quién era Shirley Jackson? Seguro que sí pero, por si acaso, quiero que sepáis que fue una escritora famosa por hablar de dos cosas: 1) niños 2) casas encantadas.

Mi hermana y mi cuñado dicen que el nombre de Theodora «se les ocurrió» sin más, pero cuando pienso en el nombre de Theodora pienso en Theodora Crain, quizá el personaje más cojonudo de la famosa novela de Jackson, *La maldición de Hill House*. Jackson reserva para Theodora los mejores diálogos («¿A quién le estaba dando la mano?») y los actos más temerarios. Así que, si fueras el fantasma de Shirley Jackson y quisieras volver a nacer, si una mujer se quedara embarazada en la que fue tu casa, ¿no te pondrías el nombre que le pusiste una vez a tu personaje más chulo?

Si estuvieras en mi lugar, ¿no mirarías a los infinitos ojos negros de mi sobrina, a su cara inteligente y gordeta, y dudarías?

Imaginad, si podéis, la cara de mi hermana, guapa y agotada, una hora después de dar a luz, cuando llegué al hospital y proclamé mi teoría en voz alta.

—No —dijo.

—Hola, Shirley, chiquitina —le susurré a la perfecta niñita impostora en su moisés de plástico.

Eleanor levantó los ojos, sorprendida; la niña estaba resbalando en la silla, taciturna; se negaba a tomarse la leche.

[…]

—Su tacita —explicaba la madre— […] tiene estrellas en el fondo, y en casa siempre se bebe la leche en esa taza. […] Tomarás la leche en tu taza de estrellas esta noche, cuando volvamos a casa. Pero ahora sé buena y toma un poquito de leche de este vaso.

—No te la bebas —le dijo Eleanor a la niña—; insiste en que quieres tu taza de estrellas; si te hacen caer en la trampa para que seas como todo el mundo, no volverás a ver tu taza de estrellas. […]

La niña […] sonrió con un gesto levemente sutil,

de plena comprensión, que le dibujó dos hoyuelos,
y mirando el vaso, empecinada, negó enérgicamen-
te con la cabeza. Una niña valiente, pensó Leonor;
sabia y valiente.

SHIRLEY JACKSON, *La maldición de Hill House*

La casa de *La maldición de Hill House* está maldita por lo que ocurrió entre Eleanor y su madre muerta. El libro representa los cuidados femeninos entre madre e hija como una especie de uróboro diabólico. Madres que cuidan de las hijas, hijas que cuidan de las madres, y todas acaban solas y sin nada más que dar.

Así es como llega la maldición a las casas de Jackson. La casa se convierte en la representación física de la esfera doméstica. La casa contiene el poder de la decepción, la rabia, el miedo y la violencia de las mujeres.

Jackson fue famosa por sus novelas en vida, si bien se la consideraba ante todo una escritora de género: de terror. Shirley Jackson escribía sobre casas malditas en parte porque la casa era la estructura que contenía y personificaba la vida doméstica. Fue tiempo después cuando críticos y lectores reconocieron la casa maldita de Jackson como una *metáfora irreal* capaz de transmitir la realidad emocional de la maternidad y los cuidados femeninos en 1959. ¿Qué significa percibir la estructura de tu vida como una amenaza? ¿Verte prisionera en ella? ¿Sentir que puede matarte?

Jackson nos pregunta: ¿cómo podrían una madre y una hija vivir en una casa y evitar que se vuelva maldita?

> *Ningún organismo vivo puede conservar la cor-*
> *dura por mucho tiempo en condiciones de realidad*
> *absoluta; incluso las alondras y los saltamontes,*
> *según algunos, sueñan.*

SHIRLEY JACKSON, *La maldición de Hill House*

Cuando mi hermana y mi cuñado volvieron de la Costa Oeste con la idea de formar una familia querían una casa moderna. Todo lo que poseen es elegante y sencillo y/o claramente de buena calidad. Por eso, cuando me dijeron que iban a comprar una rareza histórica de la época victoriana, con torre y porche alrededor, me sorprendió. Pero se habían enamorado de la casa.

El paso de Jackson por esa casa fue breve pero memorable. Jackson y su marido, Stanley Edgar Hyman, crítico del *New Yorker,* vivieron en Westport con sus cuatro hijos entre 1949, justo después de que se publicara *La lotería,* hasta poco después de 1950, cuando a Laurence, su hijo de ocho años, lo atropelló un coche en la puerta de casa cuando estaba montando en bicicleta y lo dejó malherido. A raíz del accidente, la familia denunció al Ayuntamiento de Westport. Según Judy Oppenheimer, una de las biógrafas de Jackson, el accidente «enemistó para siempre a Shirley con Westport», y la familia volvió a Vermont poco después.

Pero no todo fueron cosas malas. A Jackson le encantaba la maternidad, según su biógrafa posterior, Ruth Franklin, y la casa era un foco de diversión, con espacio para los seis de la familia y el elenco de invitados rotativos. La familia acogió una temporada a Ralph Ellison, que por lo visto terminó de escribir *El hombre invisible* en la torre de la casa, en el tercer piso, lo que ahora es el rincón de lectura de Theodora. Dicen que J. D. Salinger (considerado un ermitaño únicamente por quienes no estuvieron en Connecticut en esos años) jugaba al pillapilla con los hijos de los Jackson frente a la casa: desde la ventana del cuarto de Theodora se ve el césped entre los setos, siempre verde y recién cortado.

Jackson y Hyman eran una pareja con poder en los círculos literarios. Daban fiestas en el porche que envolvía la casa por los cuatro costados, y entre sus invitados se encontraba el poeta Dylan Thomas. Cuenta Oppenheimer que después de «beber, fumar y mucha conversación retórica, Jackson y Thomas se quedaron solos en el enorme porche que rodeaba la casa […] [Jackson] me confió que sí, que era una de las mujeres que había echado un polvo con Dylan Thomas en la parte trasera del porche». Ahora, en el porche, hay un falso letrero histórico colgado. Lo hizo mi tío, que es un guasón, imitando el estilo del letrero auténtico del porche de la Sociedad Histórica de West-port. El falso letrero dice: EN 1949 SHIRLEY JACKSON TUVO UN ENCUENTRO LITERARIO CON DYLAN THOMAS EN ESTE PORCHE. Mi hermana tiene una mecedora en el porche, y a veces se sienta ahí a dar el pecho a su hija.

Ahora mi hermana está formando una familia en la casa de los Jackson. Y cuando voy por allí, no puedo evitar preguntarme: si el espíritu de Shirley Jackson ha vuelto a esta casa, reencarnada en mi sobrina, ¿ha sido para maldecir la casa o porque fue feliz aquí?

Reconozco que, al principio, la casa de mi hermana me daba miedo.

> *Nos acercamos a la casa muy despacio, tratando*
> *de entender su fealdad, su ruina y su vergüenza.*
>
> SHIRLEY JACKSON, *Siempre hemos vivido en el castillo*

No me daba miedo porque creyera que la casa estaba maldita. Y tampoco temía que mi hermana pudiera ser infeliz en ella. Mi hermana y mi cuñado son una pareja maravillosa y divertida que ha fabricado una niña maravillosa y divertida.

Me daba miedo porque, como tantos escritores, soy narcisista, y me preocupaba qué significaba todo aquello para mí.

La maldición de Hill House nunca fue mi libro favorito entre los de Jackson. El que más me gusta es *Siempre hemos vivido en el castillo,* que es una casa encantada vista desde otro prisma: relacionado con las hermanas. A la familia de las hermanas Blackwood la han asesinado mientras cenaban; solo dos hermanas y un tío mayor han sobrevivido al cuenco de azúcar envenenado. Tras los asesinatos, Merricat y Constance viven solas en la casa familiar, el «castillo» del título, sin más compañía que la de su achacoso tío. Viven juntas porque se quieren. Merricat, en particular, está locamente enamorada de Constance, y Constance, a su vez, cuida de Merricat, a pesar de su naturaleza extraña y salvaje. Viven juntas porque han visto en su familia horrores que solo ellas comprenden (la matanza, aunque también se adivina entre líneas la relación de Merricat con su padre y el fantasma de los abusos sexuales). ¿Quién desde el otro lado de los muros del castillo puede entender esto? Su desamparada felicidad femenina peligra cuando un hombre viene a cortejar a Constance (con el propósito de robar la fortuna familiar). Es el amor lo que rompe el cariño entre las hermanas. Es un hombre quien destruye su extraño paraíso doméstico. Las cosas descarrilan cuando él se instala en la casa, mientras Merricat pone todo su afán en alejarlo del afecto de su hermana y de su casa.

Al final, el hombre es expulsado y las hermanas levantan literalmente una barricada alrededor de la casa para protegerse de él y de sus vecinos. Se encierran a cal y canto. Viven solas, juntas de nuevo, dentro de las murallas de su castillo.

No sé si soy la única lectora que aplaude su comportamiento. Que piensa que, sabiendo cómo son los relatos de Shirley Jackson, esto equivale casi a un final feliz.

Tal como yo lo entiendo, la casa de las Blackwood nos enseña que un castillo puede ser una estructura que te aísla y encarcela, pero también te brinda protección y te evita enfrentarte a quienes no te entienden.

Cuando mi hermana se casó y se mudó a la casa de Shirley Jackson y tuvo una hija, una parte de mí sintió: pero somos *nosotras* quienes hemos vivido en el castillo. Temía que ella viviera ahora al otro lado de las murallas, con su adorable nueva familia, y yo me convirtiera en una extraña Merricat, abandonada a la intemperie.

—El miedo —dijo el doctor— es la renuncia a la lógica, la renuncia voluntaria a los modelos de la razón. O nos rendimos o combatimos, pero no podemos quedarnos a medio camino.

SHIRLEY JACKSON, *La maldición de Hill House*

La semana que mi hermana volvió a casa con su hija recién nacida comprendí cuánto me había equivocado. «Mis tetas están a punto de hacer acto de presencia», dijo, y se sentó en una mecedora con cojines. Parecía una deslumbrante imagen renacentista de la maternidad, a pesar de que no paraba de soltar tacos y opiniones y mandarnos callar. «¿Puedes lavar esto y traerme uno nuevo?» dijo, y me dio una pezonera. «Dame, ya lo llevo yo», contestó mi cuñado.

Me sentía tan feliz que me faltó poco para llorar. Seguía dentro del castillo.

Cuando mi hermana volvió a su trabajo y mi cuñado se cogió una baja por paternidad, me instalé una semana con ellos para echar una mano. Siempre digo que me ha tocado la lotería de los cuñados: es una de mis personas favoritas. Le cambiábamos los pañales a Theodora, la poníamos a dar brincos, discutíamos la debacle de turno de la CNN y veíamos nuestros dibujos animados favoritos para adultos. Fue una semana apacible y preciosa. Cuando me marché, mi cuñado le dijo a mi hermana que podía entrar y salir cuando quisiera, que no necesitaba invitación.

Así que ahora me quedo en casa de mi hermana siempre que puedo. Cocino. Provoco al perro. Estrujo a mi sobrina. Me intereso sobre el estado de la cuestión en lo tocante a los pezones. Todavía me siento un poco como un vampiro que ha tenido la suerte de que lo inviten a cruzar el umbral. No sé por qué me daba tanto miedo que no fuera así.

O sí lo sé. Por los libros que he leído. Los que nos dicen que hay que proteger a las familias de los extraños, con muros y secretos. Los que describen la maternidad, sobre todo, como un recinto amurallado.

Creo que el motivo por el que me empeño en que mi sobrina sea Shirley Jackson son mis ganas de creer que las mujeres, en especial las madres, no necesitan más libros que hablen de casas encantadas. Que no vivimos tan atrapadas en la esfera doméstica y no callamos tanto lo que ocurre dentro de las murallas. Quiero creer que podemos encontrar una nueva metáfora para esta situación. Sé que no es del todo cierto, o no lo es todavía, pero puede que ya estemos muy cerca de ese momento, lo suficiente para aprender a tener esperanza. Al fin y al cabo, aquí está mi hermana, viviendo en la casa de Shirley Jackson, sin levantar murallas alrededor de su maternidad.

Quiero que mi sobrina sea Shirley Jackson para que ella pueda verlo.

Le leo cuentos a Theodora en la torre donde Ellison terminó *El hombre invisible*. Le tiro una pelota de plástico en el césped donde Salinger jugaba al pillapilla. Me siento con ella en una mecedora en el porche donde Jackson seducía a Dylan Thomas. Desde ese porche podemos mirar atrás y ver la casa de Jackson, pero también podemos mirar hacia fuera y ver tazas de estrellas en el césped y tazas de estrellas más allá de la verja abierta del jardín.

La granja de zorros

Nunca fui de esas niñas que sueñan con bodas. Con lo que yo soñaba era con casas.

Dibujaba casas. Dibujaba pasadizos secretos detrás de estanterías giratorias. Dibujaba ventanas hechas de prismas, para que siempre hubiera arcoíris. Dibujaba un salón lleno de trampolines. Dibujaba pasillos sin explorar en los que crecían bosques antiguos, con una alfombra de musgo y lámparas que daban una luz crepuscular. Estoy segurísima de que nunca dibujé una casa que no tuviera como mínimo una barra de bomberos entre planta y planta, que normalmente terminaban en una sala subterránea cubierta de almohadones, o de gominolas, o de conejillos de angora. Dibujaba habitaciones para todos mis seres queridos. Dibujaba espacios para caballos, espacios para perros, espacios para jirafas y espacios para elefantes, todos ellos con puertas batientes (de distintos tamaños) para que los animales pudieran salir, porque la mía sería una casa con libertad de movimientos, donde nadie tuviera que quedarse si no le apetecía. El truco estaba en que mi casa sería tan estupenda que nunca querrías salir de allí, aunque la puerta siempre estuviera abierta.

No dibujaba un marido, ni una mujer, ni niños. Solo un colectivo infinito de amigos y animales.

Qué decepción hacerme mayor y ver que no vivo en esa casa.

Qué triste que mis amigos se hayan desperdigado por el país, por el mundo, y no podamos vivir juntos, ni siquiera compartir el mismo clima, el mismo horario.

Qué pena me dio, en los primeros años de la vida adulta, ver que tenía muy poco dinero y no podía permitirme una casa.

He vivido en varias casas a lo largo de mi vida, y solo dos se han acercado un poco a la *sensación* que producía la casa de mis sueños infantiles. La primera fue un bungalow alquilado en Tallahassee, Florida, donde viví tres años. La segunda fue una casa en propiedad en lo alto de la calle Johnnycake Hill, en un pueblecito rodeado por las prósperas granjas de la parte central del estado de Nueva York. Johnnycake es el nombre de una especie de tortita de maíz asquerosa, pero la gente se reía cuando le daba mi dirección, y eso en sí mismo era un regalo. «Una mujer necesita dinero y una habitación propia si quiere escribir ficción», dice Virginia Woolf en *Una habitación propia*. Y escribí un libro en esa casa. Gané algo de dinero. La puse más bonita. No era una casa de lujo. No había barras de bomberos ni bosques interiores. Pero era mía. No vivía en una habitación, sino que disponía de *toda la casa* para mí y estaba escribiendo mis libros. Pero —perdóname, Virginia—, aquí cuento cómo lo jodí todo.

Vienna, doce años

Me imagino que mi casa es de madera y muy aco-
gedora, con un patio enorme, un jardín lleno de
flores y un bosque cerca. Viviría con mi mejor
amiga, Autumn, que de mayor quiere ser ingeniera
y jinete. Ella tendría tres caballos y yo, treinta
patos y un despacho para escribir, y ella, un estudio
de ingeniera. Compartiríamos dormitorio, pero
con camas separadas.

—Odio compartir el espacio con los hombres —le dije
a mi amiga Brynn.

Se lo dije porque, a mis treinta y seis años, había cometido el error descomunal de volver a enamorarme y al
parecer había comprado una casa para vivir con el hombre del que me había enamorado.

Compartir casa con un hombre es un destino horroroso. La mayoría de las casas de los hombres son feas y
están llenas de objetos misteriosos que parece que nunca
se mueven: un calcetín perdido en un rincón, un cortaú-
ñas en la mesita de café, montones de correspondencia
sin abrir. Pasan los meses y estos objetos siguen en los
mismos sitios absurdos, dando fe de una manera de existir en el espacio que a mí me resulta incomprensible.

—¿Qué estoy haciendo? ¡Convénceme de que no lo
haga! —le grito a Brynn mientras nuestros perros reto-
zan por el jardín.

Estábamos en el porche de su cabaña, que por dentro
está limpísima y es muy acogedora, y en las paredes hay
obras de arte de calidad. Yo había llevado una botella

de un vino blanco frío y delicioso, y ella había sacado unas copas preciosas.

Brynn negó con la cabeza y dijo:

—Las mujeres saben vivir.

ELI, TRES AÑOS

Yo dormiré en una manzana.

La semana que firmé las escrituras de mi casa nueva —la que mi perro enorme y grandullón y yo compartiríamos con el hombre del que tan inoportunamente me había enamorado y con su encantadora hija, Lydia, de ocho años, de la que también me había enamorado, y con su chihuahua, Princesa Diva, de la que para nada me había enamorado— me dio un ataque y me puse a escribir a todas mis amigas que se habían casado y formado una familia.

—¿Es todo esto una idea horrible? —pregunté—. ¿Es bueno meter a una familia en una casa?

—¿Qué? —dijeron—. Para el carro.

—Quiero decir, ¿no debería quizá tener tres perros más y dejar mi maravillosa casa tal y como es ahora para siempre? O sea, un lugar donde yo tenga el control. ¿No debería hacerme monja con perros? ¿No es mejor plan?

—Creo que ser una monja con perros suena genial —dijo mi gran amiga Cora.

Estábamos haciendo una videollamada. Y entonces Cora acercó a la pantalla a su perfecto bebé, con la cabeza llena de rizos.

—Joder —dije.

Su hijo entró en escena con curiosidad. Tiene tres años.

—Eli —le pregunté—, cuando seas mayor ¿cómo será tu casa?

Eli no tenía mucho que decir sobre el particular, aparte de que dormiría en una manzana.

Fue entonces cuando me obsesioné con preguntar a los niños por las casas. Quería saber si tenían las mismas visiones utópicas de libertad y creación y animales y juegos que yo tenía de pequeña.

—Cuéntame cómo es la casa de tus sueños —preguntaba a los niños.

Como si pudieran enseñarme a vivir mejor.

También preguntaba a los adultos por sus fantasías infantiles. Os sorprendería descubrir cuánta gente tiene la respuesta preparada. Nunca olvidamos esos primeros sueños de los espacios que queremos llamar nuestros.

NORA, SIETE AÑOS

Nora ha dibujado una casa con un rotulador marrón. A un lado hay una gran palmera inclinada sobre la casa como si quisiera protegerla, cargada de exquisitos racimos de frutos naranjas. Ha dibujado un sol enorme. Como es mucho más grande que todo lo demás, quien lo ve piensa que si viviera en la casa de Nora siempre estaría rodeado de sol, de luz y de calor.

Voy a contaros cómo fue la primera vez que viví con un hombre. La cosa no acabó bien. Ni siquiera empezó bien, para ser sincera.

No puedo explicar por qué me fui a vivir con Bob cuando tenía veinticuatro años, más allá de que mi familia biológica estaba pasando por un momento delicado y yo tenía muchas ganas de inventarme una familia propia, para no sentirme tan desastrosa si mi familia biológica implosionaba.

Por aquel entonces, no tenía la creatividad necesaria para contemplar otras alternativas que no fueran salir con chicos como paso previo al matrimonio.

El apartamento que encontramos en Brooklyn era demasiado caro para nosotros, pero Bob me convenció de que entre los dos podríamos pagar el alquiler. La primera noche que pasamos allí, en el segundo piso de la Séptima Avenida de Park Slope, todo me pareció abierto y vacío, imposiblemente adulto.

Esa noche Bob quiso hacerme fotos desnuda. Yo nunca había hecho eso y nunca he vuelto a hacerlo. Pero el apartamento estaba a oscuras, porque aún no teníamos lámparas, y había unas cortinas azules de los antiguos inquilinos que daban intimidad suficiente, pensé, para poder desnudarme. Así que me coloqué, desnuda, delante de la ventana, a contraluz, con la bulliciosa avenida debajo, el resplandor del supermercado Key Foods y de la iglesia, y le dejé que me hiciera unas fotos con la cámara, como una silueta recortada contra las cortinas iluminadas. Luego nos fuimos a la cama. Tumbada en un colchón, en el suelo, tuve la sensación de que quizá nunca más sería capaz de dormir.

No sé qué tipo de celebración o de armonía espiritual

esperaba yo de esa primera noche en nuestra casa, pero no la hubo. Lo que hubo fue un miedo creciente en el corazón que me decía que aquello era un error, un error, un error.

Y, como era de esperar, lo fue. Como era de esperar, tuve que aceptar cuatro empleos, a la vez que hacía el máster, para pagar la mitad del alquiler de un apartamento que, en efecto, era demasiado caro para nosotros. Como era de esperar, me quedé de piedra al saber que la parte de Bob la pagaban sus padres, aunque quizá no tan de piedra como habría debido.

Casi nunca estaba en casa, porque tenía cuatro trabajos. Enseguida dejé de comer. Supongo que a esto se le podría llamar anorexia, pero no tenía tanto que ver con mi cuerpo y el control como con el hecho de que me pasaba el día yendo de un trabajo a otro, sin tiempo de parar a comer, y cuando volvía a casa, me sentía tan mal que pensaba algo así como: ¿para qué voy a comer? Es posible que intentara desaparecer de la vida que había construido en ese apartamento donde me veía atrapada para siempre.

Fueron muchas las razones por las que decidí que tenía que irme de allí. Fue por Bob, pero sobre todo fue por cómo me hacía sentir conmigo misma. Como si siempre lo hiciera todo mal. Como si fuera joven y tonta y no me enterase de nada. Como si lo abochornara y me abochornara a mí misma. Al final decidí que prefería pasar bochorno sola, sin que nadie me viera, así que cogí a mi chinchilla y metí en una mochila lo más necesario, incluidos tres libros.

Era casi medianoche cuando salí de allí, y en el metro me eché a llorar con mi chinchilla, que iba en su transportín, sobre mis rodillas. Había muy poca gente en la línea 2 y, como buenos neoyorquinos, todos hicieron como que no me veían llorar.

Solo un hombre me miró un momento al pasar a mi lado.

Ya era más de medianoche, y pensé que iba a preguntarme por qué lloraba. Pero dijo:

—Eh ¿eso es una chinchilla? ¡Cómo mola!

Dejé de llorar un segundo y asentí. Después me eché a reír. Caí en la cuenta de que no me había reído mucho últimamente. No había hecho nada que me hiciera feliz, por miedo a parecer joven y tonta y visible. Pero a algunos ni siquiera les parecía bochornoso que estuviera llorando en el metro con una chinchilla a media noche. A algunos les parecía que molaba un montón. Quería vivir eternamente en ese vagón de metro con mi chinchilla. No quería volver a caer en la trampa de otra casa que me obligara a ser lo que no era. No quería que un hombre o una casa intentaran reformarme.

El hombre de la línea 2 sonrió y siguió su camino hasta el final del pasillo para abrir la puerta, salir al espacio abierto entre los vagones del tren en marcha y saltar de uno a otro. Era la primera vez que veía hacer eso a alguien. Nunca se me había ocurrido que pudieran abrirse las puertas para pasar de un vagón a otro con el tren dentro del túnel.

BEATA, ONCE AÑOS

Requisitos de la Casa [abreviados]:
—Habitación convertida en estudio de ballet.
—Un piano.
—Puertas que cierren bien.

—*No quiero vivir en una zona expuesta a desastres naturales como huracanes, terremotos, tifones, ciclones, inundaciones, corrimientos de tierras o avalanchas.*

—*Sobre la gente, me gustaría decir unas cuantas cosas:*

- *No quiero casarme. No necesito que nadie intente cambiar mi forma de vivir. Creo que si me casara me pedirían que fuera demasiado «normal». Eso no me apetece.*
- *Me gustan los niños, pero habría algunas normas. Preferiría adoptar niños antes que tenerlos. No estoy segura de que a los niños les gustara tenerme de madre, porque les pondría muchas normas.*
- *Quiero vivir en un barrio de personas amables. Quiero llevarme bien con los vecinos y conocer a cada uno de ellos.*

La primera casa que consideré realmente mía fue un bungalow blanco en Tallahassee. Me mudé, sin haberlo visto, el año que cumplí los treinta. Mi amiga Kilby me había dicho que era precioso, yo pregunté por el precio y me enviaron unas fotos en las que aparecía la inquilina anterior en pleno proceso de quemar la ropa de su futuro exmarido en la barbacoa del jardín. Esta mujer acabó siendo mi primera amiga de verdad en Tallahassee, aparte de Kilby.

Dije que me quedaba con la casa.

Llegué en agosto, una época del año en que no es fácil enamorarse de Florida. Y aun así...

Las ventanas estaban algo empañadas cuando llegué a última hora de la mañana, con lagrimones de condensación resbalando por los cristales. Fui directa al despacho. Una habitación entera exclusivamente para escribir, con una puerta que cerraba bien. Le habían dado una mano de pintura que no llegaba a disimular el olor de los miles de cigarrillos que la inquilina anterior se había fumado allí. Yo había hecho la promesa de dejar de fumar, una vez más, después de la mudanza, y eso no ayudaría.

El bungalow tenía un dormitorio, un baño y un lavadero anexo que bien podía ser un invernadero, por la cantidad de lagartijas y de helechos apretados contra los cristales que vivían allí, y la de abaniquillos verdes con las papadas naranjas relucientes que se colaban en casa cada vez que abrías la puerta. Había una chimenea, aunque solo hacía frío para encenderla un mes al año. Casi todas las habitaciones estaban empapeladas con un papel de flores horrendo.

El jardín estaba invadido por hormigas de fuego, y había un roble enorme, cubierto de largas barbas de musgo plagadas de bichos que picaban y se paseaban por el césped, tan inclinado que cada vez que lo cortaba corría el peligro de caer a la calle, muy transitada. Enfrente del bungalow había un solar vacío, cubierto de escombros y hierbas altas, donde la gente quedaba para comprar droga. A la vuelta de la esquina había un cementerio con las lápidas viejas y torcidas. Al otro lado de la calle vivía una familia, y la Policía se presentaba en su puerta gritando como mínimo una vez al mes, nunca supe por qué. El hombre que vivía en esa casa nunca llevaba camisa, tenía una cicatriz larga en la tripa y daba vueltas en bici alrededor de la manzana, en un bucle infinito, incluso los días de más calor. Siempre decía *Hola* o *Buenos días* o *Buenas tardes* o *Se avecina tormenta*.

La casa de Tallahassee era perfecta en todo.

Los caseros eran un misterio. Hablaba por teléfono con Meredith, y Bill era el que venía en persona, aunque la dueña de la casa era ella.

El día que firmé el contrato, solo por un año, Bill me dijo:

—Es que vamos a vender la casa el año que viene.

—Ah, vale —asentí, horrorizada por perder una casa en la que ni siquiera había empezado a vivir.

El bungalow era de Meredith desde antes de casarse con Bill y mudarse a Georgia, donde tuvieron dos hijos. Esto lo sé porque cuando le pregunté a Meredith, por teléfono, si podía cambiar el papel pintado, me dijo:

—Ah, pero esas flores… Recuerdo cuándo elegí esas flores…

Empezó a contarme algunos recuerdos. Había sido muy joven en esta casa, dijo. Soltera, viviendo su propia vida en su propia casa por primera vez.

Las flores horrendas eran un portal de entrada a esa época. Lo entendía.

—Vale. No te preocupes. Las dejaré en paz.

Viví tres años en el bungalow. Y todos los años Bill me decía que iban a vender la casa, pero no la vendían.

Yo llamaba a Meredith para preguntar si teníamos que renovar el contrato o no, y ella me decía:

—No te preocupes por eso, cielo. ¡He comprado tu nuevo libro! Me hace ilusión saber que vives ahí.

—Me encanta esta casa —decía yo.

—A mí también me encantaba. La sigo considerando mi casa de soltera. Fui muy feliz allí.

No me cabía la menor duda de que Meredith también era feliz ahora. Hablaba de sus hijos con mucho amor. Fingía que estaba enfadada con Bill, pero nunca de mal rollo. Se quejaba por diversión y de una forma saludable. Como seguíamos sin conocernos en persona, yo intentaba imaginar cómo era Meredith. Cómo sería cuando vivía en el bungalow. La segunda vez que renovamos el contrato tácitamente, Bill me dijo:

—Meredith nunca venderá esta casa. —Y suspiró—. Y podríamos pegar un buen pelotazo.

Tenía razón. La casa estaba cerca de la universidad y había escasez de vivienda para los estudiantes. Los promotores no paraban de husmear.

—¿Por qué no? —pregunté.

—Necesita un sitio donde meterse si yo no le funciono —dijo, y se echó a reír.

Sus hijos estaban en el coche. Tenían seis y ocho años.

SIMON, SEIS AÑOS (TRANSCRIPCIÓN DE VÍDEO)

[Simon se ha construido una casa con cajas de cartón y material de manualidades en la terraza de su apartamento.]

Simon: Esta es la puerta de la casa y este es el pomo de la puerta.

El papá de Simon: ¿Qué animal es el pomo?

Simon: Es un ciervo. [Lo abraza con cariño y luego abre la puerta.] *Y aquí dentro* [entra gateando] *hay cuadros* [ha dibujado arcoíris y flores y los ha puesto en las paredes con pinzas de colgar la ropa] *y paredes, y aquí tengo un agujerito para ver pasar a la gente.* [Mira el mundo exterior por un cilindro de cartón que es su catalejo.] *Y esto es un volante.* [Señala una ruedecita de plástico pegada a la pared.] *Y esto es el acuario. Y tengo una manta raya.* [Del acuario solo puedo decir que es una maravilla.] *Y este es el almohadón para tumbarse a leer.* [Simon tira el almohadón al suelo y sopesa su comodidad.] *Y esto es una cosa para el agua y cuando se llena de agua la vierte.* [Hay un sistema de cartones y cinta adhesiva acoplado al canalón para recoger el agua de lluvia y que forme una cascada interior.]

Cuando conseguí un puesto de profesora al norte del estado de Nueva York, llegó el momento de dejar mi bungalow. Nick, mi novio, me pidió que nos casáramos, y fuimos a Nueva York a comprar una casa, un proyecto que era superestresante pero también superilusionante. Contábamos los dormitorios de las viviendas para asegurarnos de que eran suficientes para los niños que podríamos tener.

Iba a volver a convivir con alguien.

Aviso a mis caseros.

—Es el momento perfecto para vender —dijo Bill.

Meredith me preguntó si conocía a alguna estudiante de posgrado interesada en alquilar el bungalow.

Una o dos semanas antes de mudarme, al aparcar el coche, vi la furgoneta de Bill pero no a Bill. Una mujer muy guapa había puesto una escalera en la fachada. Estaba lavando a presión el revestimiento de vinilo, que había cobrado un tono verdoso con los años: en la zona de Florida la vida vegetal se abre camino en cualquier parte; es el sitio más *vivo* en el que he vivido nunca. De hecho, se parecía mucho a la casa de mis sueños infantiles, donde el exterior estaba *dentro*.

La mujer que limpiaba la fachada parecía fuerte. Llevaba un traje de baño azul y unos pantalones de deporte negros. Tenía una buena mata de pelo castaño recogido en una coleta. Estaba muy bronceada. Un soplo de brisa hizo que la cortina de agua pulverizada se quedara unos instantes suspendida en el aire antes de salpicar a la mujer. Sacudió la cabeza, y los aros de plata que llevaba en las orejas resplandecieron con la luz del sol.

—Joder —protestó, porque se le había atascado la boquilla. Sacudió la manguera.

—¿Meredith? —dije.

—¡Ay! Perdona. Estoy... —Volvió a sacudir la manguera—. ¡Qué alegría conocerte por fin! Lo raro es que sea para despedirnos.

—Sí.

Tendría unos diez años más que yo, quizá algo menos. La diferencia suficiente para ver que iba una etapa por delante de mí en la vida. Como si viniera de mi futuro o volviera a poner en orden su pasado. Señaló la parte limpia y blanca que había lavado.

—Quería dejarlo bonito para la próxima chica —explicó.

Aún no sabíamos quién iba a alquilar el bungalow, pero me gustó que ella ya supiera que sería una chica. Era, en muchos aspectos, una casa para una mujer soltera.

—Creía que a lo mejor la vendíais. Bill siempre dice que vais a venderla.

—Sí. Deberíamos. Sacaríamos algo de dinero.

Bajó de la escalera. Estaba toda salpicada de agua.

—Fui muy feliz aquí. Y ahora también lo soy. Pero creo que si puedo ser feliz ahora, entre otros motivos, es porque sé que existe esta casa. Sé que está aquí y que está a mi nombre, que es mía, y si en algún momento los niños me vuelven loca o me enfado con Bill, tengo esta casa, que es solo mía, y puedo venir. Entonces me siento mejor, porque sé que tengo esa posibilidad y los niños ya no me parecen tan malos y veo a Bill con otros ojos. —Movió la cabeza enérgicamente y salpicó agua alrededor—. ¿Es una locura? —dijo, y me miró como si hubiera olvidado con quién estaba hablando.

Me eché a reír.

—No, entiendo lo que quieres decir.

Entramos en casa y Meredith sacó dos vasos de mi armario y los llenó con agua del grifo. Nos la bebimos.

—Me da pena irme de aquí —dije—. Bueno, me hace ilusión irme a vivir con mi prometido, pero esta época ha sido muy especial para mí.

Asintió.

—¿Cuántos dormitorios tienes en tu nueva casa?

—Tres. El norte es barato.

—Bien. Pues haz que uno de ellos sea solo para ti.

ANDY, SEIS AÑOS

Para su casa, Andy dibuja una estación espacial en la que hay una habitación abarrotada de golden retrievers. Hay cien perros. [No los ha dibujado a todos, dice, solo los suficientes para hacerse una idea.] *Y por supuesto están en gravedad cero. Por eso flotan, con su pelaje dorado ingrávido, y tú vuelas con ellos en este espacio perfecto.*

La primera noche de mi segunda experiencia de vida en común, en Johnnycake Hill, al norte del estado de Nueva York, también supe inmediatamente que algo no iba bien.

Nick y yo íbamos a dormir en un colchón en el suelo, y esa noche, al acostarnos, yo estaba eufórica por la idea de que *toda la casa* ahora era *nuestra casa*, que la habíamos *comprado.*

—Me parece un regalo muy generoso —dije, en la oscuridad de nuestro dormitorio—. Espero sentir siempre lo mismo. Espero que nunca nos acostumbremos a lo increíble que es.

Nick no dijo nada. Luego me recordó que teníamos que mirar la tubería del garaje. Y se quedó dormido.

Cuando nos separamos, menos de un año después, Nick volvió a Ohio y yo me quedé con la hipoteca.

Cuando la polvareda emocional se fue asentando poco a poco y pude pararme a pensar en lo más elemental, lo que pensé fue: tengo que vender esta casa.

Era absurdo, me dije, que una mujer y un perro enorme vivieran solos en una casa de tres dormitorios. Lo que me había parecido *abundante* para crear una familia con Nick era demasiado para mí sola. La propia estructura de la casa hablaba de crear una familia. Era simplemente demasiado para una persona sola.

Pero en el pueblo había pocas viviendas en alquiler, en

general no mucho más baratas que mi hipoteca, y como me había quedado con la parte de mi ex, ahora tenía un préstamo que devolver.

Y estaba cansada. Me había comprado una casa, me había mudado desde la otra punta de la Costa Este y había empezado a organizar la boda con Nick. La idea de vender y comprar otra casa y volver a mudarme se me hacía insoportable. Me quedaría hasta final de curso, pensé. Y entonces la vendería.

Seguía teniendo la sensación de vivir una vida que no se correspondía con una casa como la mía, y no era yo la única.

Cuando alguien venía a verme, normalmente decía:

Ah, ¿vives aquí sola?

Ah, ¿estás de alquiler o la has comprado?

Y cuando aclaraba que sí, que la casa era mía y que sí, vivía sola, todo el mundo se quedaba sorprendido, incluso se asustaba.

¿Pero qué vas a hacer con tanto espacio?, preguntaban.

Lo que hice al principio con tanto espacio fue llorar. Lloré en todas las putas habitaciones de la casa.

Se había quedado muy vacía sin la mitad de los muebles. Distribuí los muebles de segunda mano de mi bungalow por todas las habitaciones, como si quisiera justificar su existencia. Pero todo me recordaba la vida que supuestamente tendría que estar viviendo, la familia que pretendía formar en esa casa, y que no lo estaba consiguiendo.

A veces, cuando una persona a la que no conocía demasiado me decía: *No me digas que vives aquí sola*, le contaba la historia de pe a pa, como para excusarme o explicarme por ser dueña de tanto espacio. Para pedir disculpas. Y resultó que el hecho de que una persona relativamente desconocida les contara que había cancelado su boda resultaba menos irritante, para la mayoría, que la idea de que viviera sola en una casa *a propósito*.

JOE, TREINTA Y OCHO AÑOS

[Joe, padre de Andy, de seis años, ha encontrado en los archivos familiares dibujos de la casa de sus sueños.]

Me parecía mucho a Andy. Dibujaba naves espaciales con muchos detalles, como este transbordador espacial de triple cubierta. Esa parte que parece el colon de una persona es el sistema de propulsión. En cada nivel de la casa-transbordador hay un panel de control de reserva. Creo que lo puse para poder pilotar, pero también para que pilotaran mis hermanos. Porque si no hubiera habido tres paneles de control no creo que me hubieran dejado dar una vuelta.

Necesitaba a toda costa una habitación donde me sintiera bien y, como no soportaba el dormitorio principal, me instalé en un cuarto pequeño del segundo piso que era como una madriguera. Monté la antigua cama de hierro forjado en la que dormía en mi bungalow de soltera. Subí la cama del perro y colgué en la pared unas láminas de un calendario antiguo, con ilustraciones a lápiz de conejos acompañadas de letras de canciones.

A un conejo rechoncho y enano con ojillos curiosos le correspondía una canción de Smog: ERES UN LUCHADOR, ERES UN LUCHADOR. A una elegante pareja de conejos silvestres le correspondía Seger: SOLO SÉ QUE SOY JOVEN Y TUS NORMAS SON VIEJAS.

Unas semanas después de que mi ex se llevara sus cosas, mis amigas Emily y Olivia vinieron a pasar unos días conmigo. «Vamos para allá», me anunciaron, no hubo más que hablar. Nadie podría haber hecho nada más bonito por mí. Fuimos al mercado de invierno de los agricultores y probamos unos desodorantes naturales que olían de maravilla pero no funcionaban. Vimos nuestro programa favorito de drag queens en el sofá pequeño del cuarto de estar, a pesar de que no cabían tres personas y una tenía que sentarse en el suelo y recostarse en las piernas de las otras. Yo encendía la chimenea y bebíamos mucho mientras cotilleábamos al lado del fuego.

Parecía que la casa mejoraba cuando había ahí personas queridas.

Así que empecé a organizar un montón de fiestas.

Organizamos una cena para gente deprimida cuando Trump ganó las elecciones y la llamamos el Festín de la Maestranza. La llamamos «Maestranza» en alusión a la gente que se alía en la lucha por el bien común, y decoramos la casa con ramas, hojas y troncos que trajimos de fuera, para que nuestros amigos supieran lo locas que estábamos y cuánto los queríamos. La mesa era tan larga que ocupaba tres habitaciones. Hicimos una fiesta de Halloween para que los adultos buenos se emborracharan y besaran a desconocidos disfrazados mientras bailaban en mi cocina. Organicé un *baby shower* para unas amigas científicas en el que nos bebimos como

mínimo dos barriles de cerveza. En mi fiesta de intercambio de regalos de Navidad preparé tarta de granada
para treinta y cinco personas y la misma cantidad de
sidra, y casi todo el mundo terminó poniéndose una
capucha de unicornio en algún momento de la noche.

Al ver que me sentía mejor cuando en casa había personas queridas, decidí intentar enamorarme. Me permití enamorarme de un chico guapo y divertido que me
gustaba desde hacía muchos años, en realidad desde la
primera vez que lo vi, aunque sabía que vivía en el
extranjero. Fui a París, lo localicé y subimos todas las escaleras de Montmartre para ir a los bares marroquíes,
escuchar desde la calle las canciones que cantaban en el
Lapin Agile y sentarnos en la entrada de la estación de
metro a beber cerveza y mirar las riadas de gente que
entraba y salía. Él vino a pasar unos días a mitad del
invierno, y nevó tanto que no podíamos hacer nada, y a
mí me preocupaba que mi casa no estuviera a la altura
de París. Pero mientras nevaba a mansalva nos pasábamos el día follando y tocando la guitarra, y fue perfecto.
Y mi casa volvió a ser una casa en la que podía sentir,
donde volver a disfrutar del sexo. Y cuando él se marchó, lloré, aunque una casa en la que has llorado muchas
penas es infinitamente mejor que una casa en la que solo
has llorado por una cosa mala y decisiva.

Una vez, una amiga vino a recuperarse de una operación
mientras yo estaba fuera y me dejó el congelador lleno de
rollitos caseros rellenos de pesto y tomates secos. Otra
vez llegué a casa y me encontré con que los amigos a los
que esperaba poco después ya estaban ahí, tomando el
aperitivo en la cocina. «Es que el bar estaba cerrado», dijo
uno. «Nunca cierras la puerta», dijo otro. Otra vez, una

alumna a la que quería mucho, que cuidaba de mi perro y estaba pasando una racha horrible con los exámenes trimestrales, me escribió llorando, a las nueve de la noche, para decirme que creía que quizá se sentiría mejor si pudiera abrazar a mi perro gigante. Le dije que aún tardaría una hora en llegar a casa, pero que la puerta no estaba cerrada con llave. Al llegar la encontré sentada en el suelo al lado de mi perro, y a él con las patas en su regazo, tan feliz, echándole el aliento en la cara. «¿Te encuentras un poco mejor?», le pregunté. Y dijo que sí.

Empecé a salir otra vez. Maxim, mi nuevo novio, tenía una hija encantadora y escenificábamos épicas batallas con pistolas Nerf en mi casa, que, como tenía los pasillos anchos y muchas esquinas en las que emboscarse, era ideal para este juego. Qué risa tan perfecta la de esa niña cuando aparecía de repente en la escalera para atacarnos a su padre y a mí con una lluvia de dardos. Incluso después de que salieran de mi vida, de vez en cuando encontraba un dardo pendenciero entre los almohadones del sofá o detrás de las estanterías. Los fui guardando todos juntos y a veces pensaba en meterlos en un sobre y devolvérselos… como una última volea.

Todas estas personas —que en realidad no vivían conmigo— llegaron a ser parte de la vida que se vivía en mi casa. Y era eso lo que la hacía habitable para mí. Kurt Vonnegut escribió una vez que cuando una pareja grita y se pelea, lo que en el fondo se están diciendo el uno al otro es: «No eres suficiente». Porque nos hemos creído la ilusión de que una persona puede ser feliz viviendo solo con una o dos personas en este mundo.

Pero necesitamos mucho más que eso.

ANDY, CUARENTA Y TRES AÑOS

Andy recuerda que, en el colegio, un amigo y él dibujaban muchos laberintos. Un día dibujaron un laberinto con una casa en el centro. Luego empezaron a dibujar la casa y Andy la dividió.
—Tú vivirás en este lado y yo en este —dijo.
—Sabes que no viviremos juntos cuando seamos mayores —dijo su amigo.
—Sí —contestó Andy—, lo sé.
Andy recuerda cómo procesó esta información. Que de mayor no viviría con su mejor amigo. Dice que en ese momento interiorizó que no tendría que haberlo sugerido. Ni siquiera tendría que haberlo imaginado. Esta historia me rompe el corazón.

Hubo una temporada, después de cancelar mi boda, en la que me sorprendía de repente hablando en plural cuando ya no había ningún «nosotros»: pagamos demasiado para que pase la quitanieves; nunca hemos ido al planetario. Esos momentos me resultaban humillantes y dolorosos. Como si llamara la atención sobre un defecto que esperaba que los demás no advirtieran. «Pago demasiado por la quitanieves», me corregía.

Y practicaba para hablar solo por mí.

Pero con el paso del tiempo, cuando la vida y el día a día trajeron gente a mi casa, lo normal era que siempre hubiese un grupo de amigos, familiares, colegas o alumnos. Un «nosotros» del que hablar, aunque un desconocido tendría dificultades para entender a qué colectivo me refería.

Un desconocido podría malinterpretar mi plural en sentido romántico. Pero aquello era mucho mejor.

Tal vez me gustara tanto mi casa porque no era muy distinta de las que dibujaba de pequeña, con sus infinitas habitaciones y criaturas y amigos que entraban sin llamar y se quedaban a pasar la noche. Esas casas nunca estaban hechas solo para dos personas.

Nunca he sido capaz de imaginar una vida en la que quisiera solo a una persona y excluyera a las demás. Me adapto bien a la monogamia del cuerpo, pero no a la de la casa.

¿Soñaba de pequeña con estar *enamorada*? Ya lo creo: a todas horas. A los doce años me empeñaba en definirme como una «romántica empedernida». Siempre he estado enamorada del amor.

Pero conviene recordar que de pequeña no soñaba con bodas sino con casas llenas de gente a la que quería.

Seguramente recordaréis por qué estoy escribiendo este capítulo. Recordaréis que estaba a punto de joderlo todo.

NINA, DOS AÑOS, ENTREVISTADA POR SU MADRE

—*Entonces, Nina, si pudieras vivir en cualquier casa, ¿en qué tipo de casa vivirías?*

—*Mamá, estoy pisando un trapo.*

—*Sí, es verdad. ¿Cómo olería tu casa?*

—*Olería como una mamá.*

—*¿A qué huele una mamá?*

—*A hormigas.*

—*Oye, ¿qué haces con ese trapo?*

Empecé a salir con Peter y, después de la primera cita, él empezó a hablar de vivir juntos. Yo estaba emocionada y aterrorizada. Me parecía una locura. Me parecía bien.

Pero cambiaba de tema cada vez que él hablaba de vivir juntos, le decía que pisara el freno. Intentaba ser sensata. Le decía: «Esperemos un año como mínimo».

También intentaba protegerme. Porque casi me muero cuando no volví a volver a ver a la hija de Maxim después de separarnos. Y Peter también tenía una hija. Lydia también tenía ocho años, y me asustaba que una niña estupenda volviera a romperme el corazón. Yo le daba largas. Pero un día, Peter me contó una conversación sobre casas que había tenido con Lydia.

Lydia le dijo que creía que nunca querría casarse.

No pasa nada, contestó él. Mucha gente no se casa.

La niña dijo que, en vez de casarse, cuando fuera mayor quería vivir en una granja con montones de caballos y zorros del desierto.

—IGUALITA QUE YO —le dije a Peter en un mensaje—. QUIERO ESA VIDA.

Y contestó:

—PODRÍAMOS VIVIR EN UNA GRANJA Y TÚ TENDRÍAS CABALLOS Y ZORROS DEL DESIERTO, PERO ¿YO TAMBIÉN PODRÍA ESTAR ALLÍ?

—NO —contesté.

Porque en esta fantasía que Lydia y yo entendíamos, lo esencial era que, si vivías sola con tus animales y tus amigos, estarías rodeada de alegría y tranquilidad. También de seguridad. Y yo había encontrado el modo de regresar a esa vida en Johnnycake Hill.

Pero cuando volvimos a vernos, Lydia me enseñó

la casa que estaba construyendo en Minecraft. Era nuestra casa. La casa en la que decíamos que algún día viviríamos todos juntos. Asomó la cabeza por detrás de un monitor enorme, con unos auriculares de gatitos rosas, y anunció:

—Voy a criar zorros en nuestra casa. ¿Queréis verlo?

No sabía qué pinta podía tener el juego de Lydia, pero cuando me acerqué a mirar por encima de su hombro, me eché a reír.

Nuestra casa estaba abarrotada de zorros.

Lydia corría por los pasillos, cada vez más deprisa, entre cientos de cachorritos regordetes amontonados en su camino.

—Si los molesto demasiado me matarán —dijo—, pero quiero criar muchos más.

Poco después vendí mi casa de Johnnycake Hill y compré una nueva para nosotros.

SABINE, DOS AÑOS Y NUEVE MESES

—*¿De qué color es tu casa?*
—*¡Marrón!*
—*¿De qué color son los árboles?*
—*¡Marrones!*
—*¿Dónde vas a dormir?*
—*¡En un columpio!*
—*Te encantan los columpios... Te pasarías el día entero columpiándote.*
—*¡Sí!*
—*¿Tienes un orinal?*
—*Tengo un orinal alto. Subo por la escalera y*

luego bajo al orinal y lo tiro con el pie y digo:
¡jajajajaja!
—*¿Solo en esa casa te dejan tirar cosas con el pie?*
—*Sí.*
—*Sabine, muchas gracias por hablarnos de tu*
casa: suena genial.
—*Ahora... ahora quiero una nueva... ¡una casa*
naranja!

Conocí a Peter durante la pandemia de la covid, y por aquel entonces mi amiga Ndinda, que es escritora, estaba viviendo conmigo. Daba clases en nuestra universidad en el momento en que estalló la pandemia, y cuando intentó volver a Nairobi todos los vuelos se habían cancelado. «Ven a vivir conmigo hasta que sea seguro viajar», le propuse. La pandemia había suspendido la política de puertas abiertas de la casa de Johnnycake, y agradecí la compañía de una mujer a la que adoraba.

Pasamos ese largo verano prácticamente aisladas del mundo, menos de Peter y Lydia. Aprendimos los cuatro a teñir telas y a hacer rollitos de primavera. Ndinda se obsesionó con los puzles y le enseñó a Lydia a hacerlos. Lydia le enseñó a Ndinda a jugar al Monopoly como una buena capitalista yanqui y Ndinda reinventó las reglas y nombró a Lydia su agente de bolsa, una maniobra muy ventajosa en sus negocios inmobiliarios con Peter. Ndinda y yo desarrollamos un idioma personal inspirado en Tyra Banks y en las reposiciones de *La próxima top model de Estados Unidos*.

Unas semanas antes de que Peter, Lydia y yo nos mudáramos a nuestra nueva casa, Kenia empezó a aceptar vuelos provenientes de Estados Unidos y Ndinda reservó un billete para volver a casa. Organizamos una cena de despedida para los cuatro. Pero cuando se lo dijimos a Lydia, se puso muy triste y no lo entendía.

Cuando hablábamos de vivir juntos, ella creía que Ndinda también estaba incluida.

¿Y por qué no? Éramos una familia.

—Sabes que Ndinda puede venir a vivir con nosotros, por supuesto —dijo Peter.

Ndinda tenía su propia vida, pero me encantó que Peter dijera eso.

Porque, mientras embalaba mis bártulos y hacía unos mapas muy detallados de las plantas perennes que les dejaría a los nuevos dueños, me sentí como Meredith cuando vino a limpiar con tanto cariño la fachada de su bungalow con chorro a presión, pensando en la nueva inquilina, intentando imaginar que lo que viniera a continuación, fuera lo que fuese, podía ser tan bueno como lo anterior. Y cuando Peter dijo que Ndinda también podía venir con nosotros si quería, me dio algo menos de miedo. Tuve la sensación de que quizá fuera posible dibujar la casa perfecta, con sus habitaciones y animales y amigos, y cuando ya no quedara espacio suficiente, coger otro papel y dibujar un túnel que comunicara tu antigua vida con la nueva. Tal vez esta nueva vida podía ampliar la que yo había construido, con mis amigos y mis familias, pero no sustituirla. Tal vez las buenas historias de amor son las que no expulsan de casa todos los demás relatos.

Desenredar las tramas

Cuando me crecieron las tetas, en quinto curso, muchas veces soñaba despierta e imaginaba que desaparecían. En estos sueños maravillosos iba corriendo entre las hierbas altas del prado de mi jardín, donde los pavos salvajes salían de su escondite con un ruido que parecía una explosión, y llevaba mi camiseta favorita, una de soles rojos salpicados de gotas blancas, y la tela caía, completamente plana, sobre mi pecho, y no llevaba sujetador, iba descalza y corría a toda velocidad. Sabía que a esta edad podías empezar a convertirte en una versión de la persona adulta del futuro, y *esta* era la versión que yo quería ser. Pero el futuro ya había llegado a por mí. El futuro eran un par de tetas enormes que odio desde el día en que aparecieron.

«Pechos» es una palabra que nunca me ha gustado. Y del mismo modo que me di cuenta de que no me gustaba llamarme «Christie» y empecé a llamarme por el apodo que me puso mi madre, «CJ», también en algún momento comprendí que tenía a mi alcance remediar la indignidad de emplear una palabra que odiaba para referirme a una parte de mi cuerpo. Por eso, desde entonces, siempre que pienso en mis tetas las llamo mis «tetas», porque es una palabra que me gusta. Me parece una palabra muy valiente.

Voy a deciros algunas palabras con las que otras personas se han dirigido a mí o a mis tetas y que no me han gustado. A algunas de estas personas las quería y a otras no, aunque no les guardo rencor. Domingas. Tetas porno. Gatitas. Pechugas. Tetastículos. Peras. Melones. Flotadores. Manolas. Suma Sacerdotisa de los Pechos que Desafían la Gravedad o SSPDG.

En este libro todo el mundo dirá «tetas», aunque en la vida real todos emplearan otros términos. ¡Porque es mi puto libro! Y desde ya os advierto que, si os incomoda que diga «tetas», nunca saldremos con vida de estas páginas.

✷

No os podría decir la cantidad de horas que he pasado en el ordenador buscando cirugías reductoras, porque son demasiadas para llevar la cuenta. He estado viendo fotos del antes y el después y me han preocupado. Me ha preocupado de dónde sacar el tiempo que requiere la convalecencia. Me he obsesionado con la idea de que la lactancia materna sería imposible después de la operación. He pensado en las diminutas cicatrices, y otras mujeres me han enseñado las suyas, como arbolitos, como piruletas, alrededor de los pezones. He visto la marca blanca inferior de la costura de mis amigas que ahora tienen unas tetas pequeñas y maravillosas y las he admirado. He visto a amigas trans que se sentían menos cómodas que yo con su cuerpo hacerse cirugías de calidad y he celebrado sus fotos en Instagram y he sentido alegría y envidia cuando hemos ido juntas a la playa y las he visto en bañador con esos cuerpos nuevos que permiten diferentes formas de ser vistos y diferentes posibilidades. He decidido en broma, con una amiga, que nos operaremos juntas, crearemos una secta femenina de mujeres sin tetas que solo visten con monos, unos monos con las cintas justo a la altura del pecho, y haremos todas las buenas obras que nos dé la gana con nuestro nuevo cuerpo libre de obstáculos. Me han recomendado médicos y me han dado referencias. Pero nunca he llegado siquiera a llamar por teléfono. Cuando me acerco, dudo, y decido salvar mis tetas un poquito más.

Porque resulta que hay un montón de personajes imaginarios que por lo visto creo que podrían necesitarlas.

❉

Tengo doce años y estoy sentada con otras cuatro chicas en el bordillo del aparcamiento, al otro lado del patio del colegio. Estamos mirando a unos chicos mayores que hacen *skateboard*. Fingimos que no hemos ido a verlos expresamente. Los chicos se acercan y me pongo a hablar con uno que se llama Marcus; le pregunto si sabe hacer un truco con el patín. Todavía no sabe, pero le falta poco, dice.

Vamos andando a casa de una de las chicas, donde nos quedaremos a dormir. Esa tarde me viene la regla. Encuentro compresas debajo del lavabo de la madre de mi amiga y me hago cargo de la situación. En cuestión de un año me habrán salido unas tetas de copa doble D y las odiaré, pero por ahora todo es nuevo y emocionante.

Luego, mientras jugamos a Verdad o Reto, despatarradas en una cama de niña llena de almohadones, en un cuarto de niña pintado con esponja en color malva, donde huele a loción de frambuesa y al popurrí de canela que hay en un platito del que una de nosotras comió una vez, creyendo que eran Fritos, quiero contarles a mis amigas que me ha venido la regla, pero estamos escuchando a Whitney Houston en un CD puesto en bucle, con la música muy alta y cantando sin parar, y al final tengo que bajarle el volumen a Whitney e inventarme una pregunta de Verdad que me permita contarlo.

¡Madre mía! Nos ponemos a dar gritos porque me ha venido la regla.

—Ya eres una mujer —dice una.

—Ay, eras ya una mujer *con Marcus* —dice otra—. Eras mujer mientras hablaba contigo y él ni siquiera sabía que era *el primero* con el que estabas siendo mujer.

Y nos reímos, quiero mucho a estas chicas.

No sé por qué no se me ocurre que fui mujer *con ellas* antes de serlo *con* él. Por qué eso no cuenta. Por qué ser «una mujer» físicamente es siempre, lo era entonces y lo sigue siendo ahora, *para alguien,* y ese alguien no soy yo. No somos nosotras. Las cinco lo sabemos, intuitivamente, a los doce años, aunque después le subamos el volumen a Whitney incluso más que antes y sigamos con nuestros juegos y nuestras canciones.

❖

De pequeña odiaba jugar con muñecas, en vez de eso jugaba a ser Jane Goodall y cuidaba de mi colección de animales imaginarios en la selva. Aun así, siempre he sabido que quería tener hijos. Siempre he querido tanto ser madre como usar mi cuerpo para ser madre. Son dos cosas distintas y siempre las he entendido así. Me interesaba ser madre y punto. Pero el embarazo es una experiencia que siempre he sabido que a mi cuerpo le interesaba vivir.

A los veintitantos decía que quería tener una manada de lobos salvajes, un montón de niños a los que llamaría a cenar con una campanilla cuando empezara a oscurecer. Pasados los treinta decía que en realidad quería dos hijos, y por favor, que fueran niñas. Ahora, con casi cuarenta, pienso: un hijo, y que tenga la suerte de nacer en un cuerpo que le guste.

A veces no sé si seré capaz de tener un hijo con mi cuerpo y, si lo tengo, tampoco sé cómo ocurrirá. En este punto de mi vida me cuesta imaginar que encontraré una pareja y tendré un hijo. A veces pienso que si no tengo o no puedo tener un hijo con mi cuerpo, me gustaría criar a un hijo de otra manera. Y luego, claro, cuando pienso en criar a un hijo sin otra persona que también lo sienta como suyo, me resulta igual de difícil imaginarlo. No es que haya escasez de familias monoparentales en mi vida que, por elección o necesidad, estén criando a sus hijos de maravilla. Es porque estar en pareja era parte del relato que me contaba a todas horas sobre mi futura maternidad.

¿Y otras veces? Es verano, estoy remando en mi kayak por el lago que hay cerca de mi casa y me quedo mucho rato observando tranquilamente a los peces moteados que nadan entre las plantas acuáticas. A veces me llevo una cerveza y un libro de poesía cuando salgo en el

kayak y floto a la deriva. A veces voy con mi perro a tomar un helado de cucurucho con bolitas de colores. A veces compro un billete de avión de última hora para ir a un campamento de surf en Costa Rica con mi amiga Marie-Helene y nos pasamos las semanas previas enviándonos música de rock surfero, llenas de ilusión. A veces tengo mucho que ofrecer de mí misma a mis amigos y a mis alumnos y me gusta hacerlo. A veces pienso lo que significaría cambiar esta libertad y esta movilidad por las estructuras de la maternidad.

❧

Hay algo así como un reloj de la fertilidad del que muchas mujeres son conscientes, y el mío es como un reloj de Schrödinger. Es posible, por ejemplo, que mi reloj se haya quedado sin cuerda y sea demasiado tarde para que mi cuerpo pueda engendrar un hijo. O es posible que siga funcionando. No saberlo me sumía en la ansiedad, la impaciencia y la desesperación. De vez en cuando todavía me ocurre. Pero en general, mi reloj de Schrödinger me hace sentir que soy una nihilista feliz: *qué será*. Porque he tomado las suficientes decisiones precipitadas en la vida para saber que el único resultado negativo sería entregarme a este reloj a cualquier precio, embarcando en la aventura a otra persona cuya presencia en mi vida me haga sufrir.

Con todo esto quiero decir que he llegado a verme en la necesidad de considerar qué partes de «tener hijos» son las que siempre he creído desear.

Porque resulta que hay más de una opción, más de un concepto, implícitos en la expresión *tener hijos*.

La mayoría de la gente, al parecer, no necesita considerarlo por separado. Sin embargo, para quienes estamos solas y lidiamos con relojes de Schrödinger, o con muchas otras circunstancias añadidas, puede ser revelador comprender la multiplicidad de la experiencia. Y cuando separo las partes de «tener hijos» relacionadas con la vida en pareja, o con el deseo de mezclar los genes con un ser amado en particular, de las partes relacionadas con ser madre y las partes relacionadas con ser una persona con un cuerpo que quiere crear vida, me da la sensación de que hay en todo esto más elementos, y más diversos, de los que me he visto inducida a creer.

Creo que podría haber seguido pensando eternamente en ello como una unidad indisociable, de no haber sido por la crisis brutal que tuve en terapia.

Las catalizadoras de la crisis y, por tanto, del desacoplamiento de estas ideas fueron, claro está, mis tetas.

❊

Lloré mucho en terapia. Me sienta bien una buena llorera. Pero normalmente se me saltan las lágrimas y finjo que no necesito un pañuelo, y mi terapeuta señala la caja de pañuelos y eso me ayuda en muchos aspectos.

El día que me derrumbé por culpa de mis tetas no me sirvió de nada la ayuda de los pañuelos.

Mi relación con Peter, con quien creía que iba a tener un hijo, había terminado. Yo le había puesto fin. Había llegado a la conclusión de que no funcionaba. De que estábamos bien juntos, pero no lo suficiente. Y esto es una modalidad específica de tragedia. Porque Peter era adorable y, por cierto, quería tener un hijo conmigo, pero a mí no me bastaba. Era la segunda vez en cinco años que tenía una relación con un hombre que era padre, planeaba tener un hijo con ese padre y luego dejaba escapar esa posibilidad.

Y ahora estaba llorando y monologando en la consulta de mi psiquiatra:

—Leí en un artículo que los treinta y cinco años era la edad en que una mujer debía empezar a perder la puta cabeza si quería tener hijos, y me aferré a ese número con todas mis fuerzas, y ahora tengo treinta y siete y pienso: ¡vaya mierda, se me ha olvidado tener hijos!

—Haciendo un esfuerzo por animarme, añadí—: Bueno, al menos ahora puedo librarme de mis tetas. —Y sin dar tiempo a que mi terapeuta pudiera preguntarme qué narices quería decir con eso, le solté todo el rollo—: *¿Para qué son mis tetas?* O sea, ¿qué sentido tienen? ¿Para qué he estado cargando con ellas todos estos años, si las odio, y ahora ni siquiera voy a poder utilizarlas?

—¿Qué quieres decir con lo de «utilizarlas»? —preguntó mi terapeuta.

Era una buena pregunta.

Me sorprendieron mis propias palabras. Traté de explicar lo que mi boca había reconocido sin que mi cerebro lo supiera.

Y resultó que, en mi cabeza, la única razón por la que seguía teniendo mis tetas, aunque las odiara, era porque iba a *ofrecérselas a alguien.*

A hipotéticos amores con querencia por las tetas y posible aversión a las cicatrices.

A mi hipotético hijo.

A la vida hipotética que tendría con ese amor y ese hijo.

Ahora sé que no todo el mundo siente lo mismo por sus tetas.

Pero yo sí. Siempre lo he sentido. Solo que no me di cuenta hasta que esa hipotética vida que yo reservaba para ellas peligró de repente. Por la ruptura, y por mi edad, vi cómo peligraba. Y al peligrar, la posibilidad de ser madre con mi cuerpo, la posibilidad de compartir mi cuerpo de preembarazada con un amante, la posibilidad de tener una pareja con la que compartir la experiencia del embarazo y la crianza... dejó de parecer *posible*. Y, definitivamente, dejó de parecer *probable*. Y ¿qué pensé cuando la existencia de estas personas imaginarias se vio amenazada, en ese instante de llanto terapéutico, cuando estas personas se desvanecieron y me quedé a solas conmigo misma?

Mi primer pensamiento fue: ¿para quién coño son estas tetas?

Sentí que alguien me había engañado para cargar con ellas (¿quién?, ¡yo!) durante tantos años, y para nada.

—Ahora puedes operarte, si lo decides —dijo mi terapeuta—. Y aun así podrías tener un hijo con tu cuerpo, y no darle el pecho.

—¿Y las cicatrices? ¿Y si a alguien no le gustan?

—¿A alguien?

—A alguna pareja.

—¿A ti te molesta tener cicatrices?

—No, son como arbolitos.

—¿Te molestaría que alguien a quien quieres tuviera cicatrices?

—Por supuesto que no.

—¿Cicatrices de una operación que se hicieron para ser felices?

—Menos aún.

—¿Y por qué no sentiría lo mismo por tu cuerpo otra persona? ¿Por qué no eres capaz de imaginar que alguien te acepta tal como eres, igual que te imaginas que tú lo aceptas?

Porque quería que mi cuerpo conservara todas sus posibilidades.

No quería arriesgarme a definir con demasiada precisión qué era o qué no era, por si acaso lo que hiciera con mi cuerpo no fuese lo que alguien, algún día, quisiera o necesitara de mí.

Esos amores imaginarios. Esos hijos imaginarios.

Me ha costado mucho comprender que mi cuerpo es para mí, que es mío, que no tiene por qué gustar a los demás. Llevo mucho tiempo trabajando este asunto. Mis piercings y mis tatuajes me han ayudado. Son como banderitas que planto en el territorio de mi cuerpo. Para reivindicar que es mío. Mío, digo. Hago con él lo que me apetezca. *Mío,* y me trae sin cuidado lo que piensen los demás. Alguien que me vea mañana. Un alguien imaginario algún día. Esto no tiene nada que ver con nadie. Planto una bandera. Y otra. Esto es mío.

Estas fueron las tres tramas que separé ese día:

Mi cuerpo, tal como existe para mí.

Mi deseo de ser una amante con este cuerpo, de vivir mi sexualidad y hasta de enamorarme.

Mi deseo de tener hijos, a ser posible, con este cuerpo.

¿Qué pasaría si desligara las tres cosas y las pensara por separado?

❋

Fue Nick, mi exprometido, quien descubrió el bulto en mi pecho. No es cáncer. Estoy bien. Os lo digo de antemano. Soy muy afortunada y esta historia no va de eso, y no voy a teneros en vilo con la duda de si tengo cáncer.

El caso es que estábamos en la cama, yo acababa de cumplir treinta años y él me estaba tocando las tetas, de una manera nada desagradable, cuando de pronto dijo:

—Tienes un bulto en esta teta: ¿lo sabías?

No lo sabía. Le agradecí la franqueza. Me acompañó a que me vieran el bulto, y ese fue un gesto bonito y considerado de su parte. Hay gente en este mundo que comprende que tener un bulto en una teta es existencialmente aterrador y gente que no. Nick era de los primeros, y eso fue una suerte para mí.

Después del suplicio de la mamografía, que, por si no lo sabéis, consiste en que te estrujen la teta, no sin dolor, entre dos placas de cristal, por los dos lados, de tal modo que lo que antes era una uva gorda ahora es una loncha de carne vertical en la vitrina de un delicatesen, las enfermeras me dijeron:

—No tenemos ni idea de lo que está pasando ahí.

Y yo pregunté:

—¿Queréis decir que no estáis seguras de lo que es?

—No, queremos decir que tus tetas son superdensas y están llenas de cosas misteriosas, pero no vemos nada malo, así que vamos a pedirte una ecografía.

—¿Como las que se hacen para ver a los bebés?

—Sí, pero para ver tus tetas.

—Vale.

Desde entonces he tenido que pelearme con las clínicas y las aseguradoras una vez cada seis meses para buscar un oráculo y ver el corazón de las tinieblas. Unas veces gano la batalla y me hacen una ecografía, y otras veces la pierdo y me hacen una mamografía inútil, hasta que se dan cuenta de que no ven nada malo y me mandan a hacerme la ecografía que siempre necesito de todos modos. Otra manera de decirlo es que cada seis meses me someto a un procedimiento médico rutinario en el que vuelven a decirme que mis tetas están llenas de misterios que probablemente no sean nada malignos pero que también podrían matarme, así que seguiremos con este ciclo semestral de duda y exploración, para asegurarnos.

Tetas de Schrödinger.

Unas semanas después de mi crisis en terapia por mis tetas, de que me echara a llorar y le preguntara a mi terapeuta para qué servían, me encontré otro bulto. Me había mudado de casa poco antes, y esta vez me mandaron a un hospital distinto, con un centro especializado en salud mamaria y una sala de espera donde todo estaba lleno de lazos rosas y flores rosas y afirmaciones de fortaleza impresas con letras rosas, y estando allí, en ese vórtice de color rosa, se me ocurrió una idea retorcida: *al menos, si es cáncer, esta vez el seguro a lo mejor me paga para que me libre de mis tetas.* Luego caí en la cuenta de que era una idea de lo más bestia y de lo menos respetuosa. Me acordé de mis amigas que habían tenido cáncer de mama y de otros tipos de cáncer, y dije mentalmente: *perdón, perdón, perdón.* Les pedí perdón a todas por haberlo pensado siquiera.

Al final me rescataron de la sala de espera y me llevaron a la sala de ecografía, donde me quité la camiseta y el sujetador a medida de cien dólares, copa doble D, porque ese año había engordado y los sujetadores normales de las tiendas no me valían. Esperé, con mi bata de papel azul, a que me viera el oráculo.

La mujer que entró en la sala era muy tranquila y muy directa, y se lo agradecí mucho. Me extendió el gel con delicadeza alrededor de la curva de las tetas y me pasó la sonda por encima con una presión regular. El informe de mis entresijos apareció en el monitor de ultrasonido, negro, blanco, granulado y parpadeante, y me eché a llorar.

Estoy segura de que la ecografista creyó que lloraba porque tenía miedo. En realidad lloraba porque todo parecía una escena de una película que conocía demasiado bien. A todos nos pasa. Es el momento en el que una mujer va con su pareja a hacerse una ecografía y la pringan con gel, y hay una sonda, y hay un monitor y en el monitor la pareja ve *a su bebé*. Me había imaginado muchas veces como protagonista de esta escena. Me había imaginado lo que sentiría.

Pero esto no era *eso*.

La ecografista, que era una santa, que me había embadurnado las tetas con delicadeza, vio que estaba llorando y me dijo que ya casi habíamos terminado, y también elogió mi tatuaje en el antebrazo. Luego me explicó que no tenía autorización para decirme nada, pero que personalmente no veía nada malo en mis tetas. El médico me llamaría después de ver las pruebas, pero si ella estuviera en mi lugar, dijo esta hermosa sacerdotisa del oráculo de las tetas, le gustaría saber que probablemente todo iría bien.

Le di las gracias por este quizá poco ético pero profundo acto de compasión. Cuando se marchó lloré en condiciones. Lloré de alivio. Lloré porque me había tratado como a un ser humano. Lloré porque era la protagonista de esta rocambolesca versión de una escena de mi vida que siempre había imaginado, pero en lugar de una enfermera moviendo una sonda para mostrarnos a un bebé a mí y a la persona a quien yo quería, había una enfermera diciéndome que esos bultos tan extraños eran posiblemente benignos. Que eran un misterio, pero que no me mataría no resolver el misterio.

❊

He estado yendo con mi amiga Brynn a la clínica de fertilidad. Brynn quiere ser madre. Madre soltera. Sale con hombres. Tiene relaciones. Pero ha desligado todo eso de su deseo de ser madre. Por la oportunidad y por la vida y por el aprendizaje. Voy con ella porque estoy ilusionada y espero que le salga un bombo y que algún día, cuando esté con la persona a la que Brynn ha dado vida, las mire a las dos y me acuerde de las veces que fuimos juntas a la clínica y de toda esta puta magia científica.

Pero Brynn, ante todo, es generosa. Me está enseñando cómo es este proceso, porque sabe que quiero conocer todas las posibilidades. Quiero verlo y entenderlo y planteármelo también.

Siempre me imaginé que tendría un hijo en pareja. Cuando me imagino siendo madre sin otra persona a mi lado, lo que me asusta no es tanto soportar sola la tarea como la alegría de tener un hijo. ¿Quién sentirá la misma emoción que yo cuando mi hijo haga cualquier tontería? ¿Cómo me sentiría sin nadie a quien contárselo, con quien compartirlo?

Y entonces pienso: ¡qué boba eres! ¿Y qué hay de esta hermosa amiga que te lleva con ella a la clínica? ¿Que ya está compartiendo contigo una experiencia tan íntima? ¿Qué hay de la comunidad de la familia biológica y la familia elegida y de otras personas de tu vida que también estarían en la vida de tu hijo?

Y entonces, una parte de mi cerebro reptiliano dice: pero esas personas podrían irse. Podrían no estar para siempre. No tienen por qué quedarse a tu lado.

¿Qué me hace pensar que el matrimonio es mucho más seguro que todo lo demás?

¿Por qué esa ceremonia significa mucha más estabilidad que estas otras relaciones de mi vida, estas otras historias de amor, que han sido tan constantes, que aparecen, desaparecen y reaparecen, que evolucionan, estas relaciones que he cuidado y que me han dado tanto amor y consuelo? ¿Por qué no confío en este *colectivo de personas reales* tanto como confío en esa crianza imaginaria en pareja que creo que podría llegar algún día?

El caso es que Brynn hace un trayecto de una hora en coche hasta mi casa, que está cerca de la clínica. Tomamos café, hablamos de cualquier cosa y comemos melón con las ventanas abiertas para que entren los sonidos de la mañana de verano mientras mi perro me persigue para que nos lo llevemos por ahí. Entonces le explicamos que no puede entrar en la clínica de fertilidad, y nos marchamos, y Brynn conduce.

Esta clínica, tengo que decirlo, es estupenda y muy prestigiosa. Los profesionales son muy buenos en su campo y muy amables. Pero también quiero que sepáis que, cuando Brynn abre la puerta, me dice en voz baja:

—No estás preparada para esto.

—¿Para qué?

—Para la onda que hay aquí.

En la entrada, una foto del médico principal nos da la bienvenida sonriendo. Tiene el pelo plateado y lleva cadenas en el cuello y un suéter negro con el cuello de pico.

En la sala de espera hay un libro con sus motivaciones, sobre una mesita parecida a las que usan para esnifar farlopa los personajes de una película de los años ochenta que viven a lo grande. Hay unos sofás enormes de cuero negro, y las butacas también son de cuero negro. Una araña muy ostentosa cuelga del techo. La chimenea de gas tiene un marco tan alto que no me veo en el espejo que hay encima. Hay adornos de cristal ahumado, cuencos con peonías y enormes fotografías artísticas de peonías rosas sobre un fondo negro. Imágenes de fertilidad floreciente por todas partes.

—Me recuerda a Las Vegas —digo en voz baja.

Y Brynn dice que la clínica es un tipo de lotería, pero que a ella siempre le ha parecido más bien un asador de lujo.

Seguimos a una enfermera hasta una sala que hay al fondo. Como todas las demás enfermeras, lleva una camiseta que dice: CREE.

Le lanzo una miradita a Brynn. Me la devuelve. Cuando la enfermera se va, le digo:

—Sería un sentimiento bonito si no estuviera escrito en una camiseta.

La enfermera vuelve y enciende el monitor del ecógrafo.

Observo mientras explora los ovarios de Brynn con un ultrasonido vaginal. El terreno de la pantalla es granuloso, con pendientes que suben y bajan y se pierden en la distancia, y la enfermera empieza a dibujar en el monitor unos mapas pequeños con unas líneas verdes fluorescentes que hacen tictac al clicar en ellas. Es de una belleza hipnótica.

—Te pareces a la superficie de la luna, Brynn —le digo.

Se ríe, y la enfermera sigue haciendo clic y señalando. Está trazando un mapa de los folículos que crecen dentro de Brynn, folículos que podrían llegar a ser un bebé este mes, o no. Esperamos que alguno tome la iniciativa. Y cuando uno o varios la toman, «la cosa se pone a cien», me dice Brynn. Más tarde, en casa, Brynn tendrá que ver un vídeo de YouTube que explica con mucho detalle cómo mezclar una combinación de fármacos en un vial, y luego se pondrá una inyección en las nalgas, para activar la ovulación.

La enfermera anota las medidas de los folículos. Apaga el monitor, el mapa de posibilidades. Le dice a Brynn que vuelva al final de la semana. Brynn me deja en casa.

—Tus folículos tienen todo mi apoyo —le digo mientras entro corriendo en el jardín.

❊

¿De quién me enamoraría, con quién me *liaría* si no me imaginara a esa persona como padre de mi futuro hijo? ¿Si descartara ese factor? ¿Habría salido con las mismas personas si no me las hubiera imaginado como parte de mi vida futura, en la que me imaginaba siendo madre?

Creo que la respuesta podría ser no.

No tengo claro si esta forma de pensar es lo más obvio del mundo o si es rotunda y profundamente perturbadora.

Si os parece raro que pensara en los hombres con los que salía como posibles padres, recordad, por favor, que dos de ellos, con los que había salido en los últimos cinco años, Maxim y Peter, eran padres. Ser padre era una parte de su identidad, y su paternidad era una parte enorme de nuestra vida en común. Los dos eran buenos padres. Y a mí eso me encantaba. Cuando los veía con sus hijas, pensaba: *madre mía, qué bueno es*.

Nunca he estado embarazada, nunca he sido la cuidadora principal de un niño, y no soy madre. Pero dos veces en mi vida, por espacio de cinco años, he estado enamorada de una niña que luego se ha marchado. Esto ocurrió porque yo era la novia de sus padres. Y yo era la novia de sus padres porque, en gran medida, me enamoré de ellos *como padres*.

Os cuento esto porque, aunque creo sinceramente que empiezo a entender algo importante sobre estas facetas distintas de lo que significa «tener hijos», aunque creo que separar la maternidad del sexo y el amor es muy importante para mí, también es muy posible que no tenga ni puñetera idea. Que solo intente protegerme. Y que lo que de verdad no puedo soportar es enamorarme de una niña que luego desaparezca de mi vida.

Digo enamorarme y lo digo en serio. Esas también fueron historias de amor.

A estas alturas soy casi una profesional de las rupturas. El dolor de una ruptura siempre es nuevo, aunque ya lo he vivido antes. Sé cómo evoluciona. Sé lo que tengo que hacer. Lo que no sabía cómo hacer, la primera vez, y la segunda, era aceptar la desaparición de dos niñas creativas y divertidas a las que quería muchísimo, su desaparición de mi vida y de mi casa. Ninguna película habla de este tipo de ruptura. Tampoco he leído ningún libro que hable de eso. Me cuesta mucho entender qué hacer con el dolor de interpretar un papel secundario, aunque real, en la vida de una niña y que esa parte de mí se quede sin propósito a raíz de la ruptura.

¿Para quién es este amor?, ¿este amor que nunca es del todo el de una madre postiza? Lo sigo sintiendo. Y he interpretado mi papel en estas rupturas. Es culpa mía que estas niñas ya no estén en mi vida. Aun así, haberlas perdido me parte el alma, es el dolor más desconcertante que he sentido nunca. El que menos consigo entender.

En otras épocas decía de mí que era una adulta impostora. Aunque en realidad es una especie de armadura. Da la idea de que soy una persona libre, abierta y sin complicaciones, cuando lo cierto es que nunca he sido así. Pero al margen de cómo fuese antes, de que no haya una palabra exacta para definirlo, ya no soy así.

¿Cómo hablamos de una pérdida para la que no existe una palabra? Que no exista una palabra implica que nunca existió nada. Que nunca fue real. Pero estoy en mi cocina, y en el marco de la puerta siguen las marcas de la estatura de una niña. Estoy en el cuarto de estar y sigo encontrando dardos de las pistolas Nerf detrás del sofá. Están ahí, son pruebas de mi amor. De mi dolor. Las encuentro. Las veo. Hay algo que alguna vez estuvo aquí. Y ya no está.

✳

Cuando Brynn viene a buscarme para volver a la clínica, le pido que antes de salir me ayude a subir un colchón al tercer piso, donde he instalado mi nueva habitación de invitados.

—Lo he intentado —digo—. La cama la subí yo sola, pero cuando intenté subir el colchón se me cayó encima, y me sentí ridícula por pensar que podía hacerlo sin ayuda.

Cuando vi que no podía subir yo sola el colchón de uno cincuenta, cuando se me cayó encima al pie de las escaleras del sótano, me quedé un rato ahí tumbada. Tumbada en el sótano, debajo del colchón, pensando en la rabia que me daba reconocer que había algo en el mundo para lo que quizá necesitaba la ayuda de otra persona.

—¿Será malo para tus folículos cargar con un colchón antes del tratamiento? —pregunté.

—Para nada, tía —dijo Brynn.

En el último piso de mi casa está la habitación que pinté de naranja melón cuando se fue Peter. Fue lo primero que hice. Era el dormitorio de Lydia, una niña genial, y me estaba haciendo polvo. Me estaba rompiendo el alma. Así que lo transformé en el cuarto de invitados. Decidí que allí volverían a vivir personas queridas.

Solo puedes quedarte en mi cuarto de invitados si lo llamas por su verdadero nombre, que, como es del color naranja encendido del sol poniente y está lleno de muebles de ratán de Florida y de plantas del desierto es: Habitación Útero de Georgia O'Keeffe. Esa es la norma.

Brynn y yo acabamos resoplando y sudando un poco cuando el colchón, que pesa y es poco manejable, está por fin encima de la cama. Le doy las gracias por su ayuda y digo: «Me da rabia que ciertas cosas resulten mucho más fáciles entre dos», pero enseguida cierro el pico, al caer en la cuenta de lo inoportuno que es mi comentario cuando estamos a punto de ir a la clínica.

Pero Brynn me cuenta que el otro día, hablando por teléfono con una amiga, le entró un poco de agobio por quedarse embarazada sola. Y entonces miró por la ventana y vio a nuestra amiga E., que había ido a ayudarla en el huerto. Vio a E. en el jardín, tan guapa, cavando la tierra. Echando palas de compost. Luego se iluminó su teléfono, y era yo, que llamaba para acompañarla a la próxima cita en la clínica. Y se echó a reír. Porque decía que no necesitaba ayuda, pero ahí estábamos las dos ayudándola.

¿Por qué tenemos la sensación, incluso entre nosotras, de que no contamos?

¿Por qué yo fui una mujer por primera vez con Marcus y no con aquellas chicas que cantaban canciones de Whitney Houston? ¿Cómo es posible que estemos rodeadas de amigos de distintos géneros y aun así la gente nos vea y crea que estamos solas porque no tenemos pareja?

A veces incluso a nosotras se nos olvida.

En la Habitación Útero de Georgia O'Keeffe, con un rotulador permanente en la mano, como una diminuta pintada vandálica escribo en la pared: ESTUVIMOS AQUÍ. Ahora hay varios nombres debajo de la pintada. Porque cuando alguien se queda en mi casa, firma en la pared. Y así, a lo mejor consigo acordarme. Así, a lo mejor no nos olvidamos de contarnos.

Ese día, cuando vamos a la clínica, Brynn lleva una sudadera azul de Adidas, de las antiguas, y las enfermeras dicen que es muy bonita y yo digo que me recuerda a las fotos de mi padre de los años setenta, y Brynn dice que en realidad ella *es* el padre de los años setenta de todo el mundo, y la sala de esta clínica me parece el sitio perfecto para reivindicar ese poder.

Miden una vez más los folículos de Brynn. Han crecido, pero no lo suficiente. Tiene que repetir el viaje de dos horas en coche hasta que estén listos para activar la ovulación. Uno o dos días después tendrá que volver para la inseminación. La enfermera, con su camiseta que dice CREE y un turbante en la cabeza, toquetea la mesa con las uñas pintadas de rosa, mira a Brynn, sentada en el estribo, y luego me mira a mí. Piensa, vuelve a pensar. Al final me pregunta:

—¿Tenemos un plan para el esperma?

Abro los ojos de par en par, y me vuelvo hacia Brynn, que con mucha calma, tanta que sé que está haciendo todo lo posible por no reírse, dice: «Tenéis esperma congelado reservado para mí». La enfermera asiente y sale.

—Un plan —digo, procurando reírme sin hacer ruido—. Siento no tener un plan para el esperma.

Brynn se ríe mientras se pone los vaqueros.

—Un plan — repite, moviendo la cabeza con incredulidad.

✢

Tanto si lo mío era autoprotección como si no, las cosas cambiaron en cuanto desligué la idea de la maternidad de la idea del sexo y el amor. Cuando dejé de pensar en las personas a las que besaba como parte de una especie de camino compartido hacia la maternidad vi que me interesaba otro tipo de gente. Me abrí a relacionarme con gente poliamorosa. Quedaba más con mujeres. Y los hombres cisgénero monógamos que me interesaban también eran diferentes.

En una jugada de desenfreno sexual performativo que siempre creo que me hará sentir libre pero que rara vez es así porque siempre termino saliendo con esa persona en lugar de largarme, probé a acostarme en un hotel de lujo con un tipo relativamente desconocido que había conocido en internet, y no volver a verlo.

La primera parte con Adam fue un éxito. Quedamos en el precioso bar del vestíbulo del hotel de lujo donde yo me alojaba. Adam era guapísimo. Tomamos unos cócteles, hablamos de libros, de nuestra familia y del mar. Me puso una mano en la nuca y al ver que yo levantaba la cara me acercó y me besó como un salvaje en el sofá de terciopelo del vestíbulo. Enseguida lo invité a subir a la habitación.

Echamos un polvo que me gustó más que la mayoría. Follamos con mucho movimiento y muchas acrobacias, diciendo sí muchas veces. Él me mordió los hombros y yo le aplasté el pecho, y nos dimos la vuelta varias veces el uno al otro. Y no es que no hubiera hecho lo mismo antes, pero ese día tenía la sensación de que en la cama *solo estaba yo,* no una persona que quizá algún día quisiera salir con esa otra persona, o casarse con ella, o tener hijos con ella; solo yo, en ese momento, y eso hacía que todo me resultara mucho más libre y mejor.

¿Qué fue de las demás partes y versiones de mí misma que esperaba ser algún día? No las invité a esa cama. Lo cierto es que no estoy segura de que hubiera llegado a darme cuenta de cuántos otros yos míos andaban por mi vida —haciendo preguntas, emitiendo juicios, proyectando simulaciones de futuros hipotéticos— hasta que de repente se esfumaron de aquella habitación.

Adam me estrujó las tetas, luego me preguntó si me gustaba, dije que sí, y volvió a estrujármelas con más fuerza, y a preguntar si así también me gustaba, y volví a decir que sí, y volvió a estrujarme, y sentí mucho placer.

Amanecí con unas manchas en las tetas como florecillas lilas y verdes. Adam me observaba en el espejo del hotel.

—¿Eso te lo he hecho yo? —preguntó.

Dije que sí.

—¿Estuvo bien? Tendré que ser más delicado —dijo.

—No. No, por favor —le pedí.

Al día siguiente, en casa, examiné las manchas en el espejo y pensé: a lo mejor si solo soy yo misma, y no siempre/también la futura madre de los hijos que podría tener con mi pareja, eso que me ha dado placer puede ser parte de nuestra dinámica. A lo mejor tengo permiso para que esto me guste.

No había ningún motivo, ninguno en absoluto, para limitar todo lo que mi cuerpo quisiera ser o hacer y que yo hasta entonces había considerado excluyente de cierto papel que en mi imaginación tendría que interpretar algún día.

Y como se me da fatal lo de un solo episodio de desenfreno sexual, enseguida volví a ver a Adam. Me invitó a quedarme con él en Nueva York y fuimos al Met en una scooter. Nos pusimos unos cascos absurdos y cruzamos el parque, y era primavera, e incluso a toda velocidad nos llegaba el olor a lilas.

Mientras esperábamos en la cola del museo estuvimos mirando los chorros de la fuente, que formaban al saltar unos dibujos a los que era imposible seguir el rastro.

En la sala del antiguo Egipto, dentro de una vitrina, vimos una estatuilla de una pareja. Una mujer con un brazo alrededor de la cintura de un hombre mucho más alto, que a su vez le envolvía los hombros con un brazo muy largo hasta apoyar la mano perfectamente en la teta de ella. Parecían cómodos y orgullosos.

—Me gusta —dijo Adam.

—A mí también —asentí.

Se inclinó a mi lado y le pasé un brazo por la cintura, como la mujer de la estatuilla. Él me pasó un brazo por los hombros, posó la mano en mi teta, con delicadeza, y me acercó.

Leyó el cartel.

—Se llama «abrazo recíproco» —dijo.

—Sí —asentí.

❖

El día previsto para la inseminación de Brynn, las enfermeras se muestran amabilísimas. Una le desea buena suerte. Otra cruza los dedos al salir por la puerta. La que va a encargarse de la inseminación ya es nuestra favorita, porque es una mujer que no tiene filtro. Lleva uno de esos condones que brillan en la oscuridad sujeto con un clip a su tarjeta de identificación. Pide disculpas por la presencia del espéculo. Dice que su hijo tiene mentalidad de ingeniero y a lo mejor podría inventar una solución mejor que el espéculo, que si no tuviera solo siete años ya lo habría puesto a la tarea. Le dice a Brynn que hay trece millones de espermatozoides en el vial que está a punto de abrir para inseminarla y Brynn confirma que sí, que efectivamente es el vial de esperma con el que le gustaría inseminarse.

Después de la inseminación, le dice a Brynn que se quede diez minutos tumbada. Luego le pregunta si quiere guardar el vial.

—¿Sí? —duda Brynn.

—Yo me olvidé de guardar todas las cosas de mis hijos —explica la enfermera— y ahora preguntan por ellas. Se va.

—Nadie me ha preguntado eso las otras veces —dice Brynn, todavía tumbada en la camilla—. Lo del vial.

—Podrías usarlo de adorno de Navidad —digo—. Colgarlo del árbol todos los años como recuerdo.

Brynn se ríe.

—O guardarlo en un cajón para sacarlo cuando me pidan algo y yo les diga: «¿Por qué no se lo pides a tu padre?».

Me quedo sin aire de tanto reírme.

*

Si estáis esperando a que ahora os cuente cómo se relaciona la historia de mis visitas a la clínica de fertilidad con la del hombre que me llevó por el parque con las lilas en flor y con la de si quiero conservar o no mis tetas, no lo estáis entendiendo.

No voy a hilar las tres tramas para vosotros.

No voy a hilar para mí.

Me costó *mucho trabajo* separarlas. Y no quiero trenzarlas de nuevo para que la narración resulte más convincente. Porque desenredar las tramas de la historia del amor y los amores, y la de la vida, y la de la maternidad y la de mí misma, me permite dar espacio a cada una para que reciba lo que necesita.

Si os decepciona que no teja estas tramas, que insista en tratarlas por separado, que no resuelva la situación, pensad: ¿quién os ha dicho que todo esto iba junto? ¿Qué os han contado y qué no os han contado sobre la forma del amor, la forma de uno mismo, la forma de una vida feliz?

¿Sabéis? Ni siquiera os voy a decir si Brynn se quedó embarazada o no ese día que fuimos a la clínica.

¿Qué os han dicho que tenía que pasar en un relato para que parezca completo?

No os lo voy a decir porque no quiero que os concentréis en eso. Quiero que os concentréis en esto: ese día, en el aparcamiento, después de la inseminación, le dije a Brynn: «¿No debería hacerte una foto?». Brynn se rio. Sacó de mi bolso el vial de esperma vacío y le hice una foto en el aparcamiento, delante de un arbusto en flor, con el sol en la cara, los ojos entrecerrados, una sonrisa risueña y el vial en la mano.

Luego le envié la foto, con este mensaje: ¡LA PRUEBA DE LAS ETAPAS DEL PROCESO!

Y Brynn contestó: ¡HA OCURRIDO ALGO!

Intentar, dudar, elegir, *de eso se trata*.

Intento pediros que miréis esta foto de Brynn que os enseño. No penséis en lo que podría significar más adelante. Pensad en lo que esta foto significa por sí sola.

❉

Estoy haciendo las paces con mis tetas. Descubriendo que hay maneras de que mis amantes me las toquen y estrujen que me hacen alegrarme de que sigan aquí. Estoy marcando mi cuerpo con tatuajes, poniéndome aritos de oro en la nariz y bolitas de oro en las orejas, porque me gustan, y me trae sin cuidado lo que pueda pensar un ser imaginario cualquiera. Y a lo mejor algún día me quedaré embarazada, con este cuerpo, o seré madre, con este cuerpo o no. Y a lo mejor algún día me operaré y mi cuerpo tendrá otro aspecto, con cicatrices, y esas cicatrices serán la prueba de mi esfuerzo para dar forma a mi felicidad en este cuerpo, que es el mío. Dar forma a esta vida. Que es la mía. Y si conozco a más personas buenas que acepten la forma de mi cuerpo, la forma de mi vida, que sepan ver que me complacen y se alegren por mí, las acogeré con inmenso cariño en una especie de abrazo recíproco.

La sandía siberiana

Esto es un recuerdo que me cuenta mi padre:

Son los años sesenta. Está en el instituto, en clase de geometría. El profesor se acerca a la pizarra y dibuja un círculo. Ha dibujado cientos de círculos a lo largo de su vida y lo hace sin esfuerzo. Pero después de dibujarlo se aleja de la pizarra y lo mira. Todos, mi padre, también lo miran.

—Es un círculo *perfecto* —dice alguien.

Todos aplauden.

Y cuando termina la clase, no lo borran. Lo dejan en la pizarra todo el curso. Una mancha polvorienta en la pizarra rodea el círculo.

Y ya está. Ese es todo el recuerdo, tal como lo cuenta mi padre.

Veamos de qué manera una escritora de ficción como yo podría destrozar esta historia. Un día le ocurre algo tremendo a nuestro protagonista, su equipo ha perdido un partido importante en la Liguilla, por ejemplo, y viendo que se ha acabado la buena racha, entra a escondidas en el aula y borra el círculo.

O a ver qué tal esto otro: el profesor que dibujó el

círculo muere trágicamente, qué sé yo, en un accidente de tráfico, o quizá se suicida. Y luego, la profesora que viene a sustituirlo intenta borrar el círculo perfecto. Los alumnos se empeñan en conservarlo, como un legado. O a lo mejor no. A lo mejor ven cómo lo borra y el círculo desaparece sin dejar rastro.

A mi padre le espantarían estas historias. De hecho, si alguna de estas dos versiones de los hechos hubiera llegado a ocurrir, apuesto a que ni siquiera me lo habría contado.

La verdadera historia del círculo ni siquiera es una historia en realidad: es tan solo un detalle, un momento. Y por eso mi padre lo cuenta. Porque mientras que yo siempre ando buscando dramas, una narración bien formada, él prefiere esta no historia de un círculo independiente y perfecto. Y eso es muy, muy propio de él.

Estoy obsesionada con un artículo de Charles Baxter: «A propósito de la felicidad». Baxter, compañero y profesor de escritura creativa, dice: «Los alumnos se quejan de que los textos que les doy a leer son "deprimentes". Los relatos son "morbosos". Los finales son "tristes". A veces los alumnos se vuelven más agresivos en su búsqueda de alegría. Preguntan: "¿Por qué no leemos alguna novela o algún relato sobre la felicidad?"».

Me identifico con esta anécdota. En mis talleres de licenciatura trabajamos con montones de autores y estilos distintos. Yo creía que las lecturas en mis clases eran variadas en los aspectos esenciales. Hasta el día en que una alumna repartió unas fotocopias para la presentación de su relato, y en el borde superior de la hoja había incluido una versión del meme de Selena Gomez llorando en el que decía:

LO QUE SE SIENTE CUANDO LA PROFESORA HAUSER NOS PIDE OTRO RELATO SOBRE LA MUERTE.

No le faltaba razón.

El caso es que Baxter les da a sus alumnos lo que quieren. Les pide que lean «El gran río de los dos corazones», de Hemingway, donde, como dice Baxter, «Nick Adams va caminando hasta un río, pesca truchas, y a lo largo de once páginas es moderadamente feliz y luego no cabe en sí de dicha». La reacción de los alumnos de Baxter es decepcionante. «No hay historia», dicen. O: «¿Dónde está la trama?». O: «No pasa nada».

Y Baxter contesta: «¿No me habíais pedido un relato sobre la felicidad? Pues aquí lo tenéis».

Estoy segurísima de que la historia del círculo que cuenta mi padre habla de la felicidad.

Y durante la mayor parte de mi vida he sido como los alumnos de Baxter: la encontraba aburrida, sin acción. Pero he empezado a pensar que, si pudiera llegar a ser una persona fascinada con la historia del círculo, fascinada con la pesca de Nick Adams, incluso si lograra que mi vida se pareciera un poco más a estos relatos, quizá sería más feliz. Empiezo a pensar que la felicidad y vivir una vida dramática, digna de un relato, son cosas que, en el peor de los casos, se excluyen mutuamente y, en el mejor, se lo ponen difícil la una a la otra.

Yo era adolescente cuando leí por primera vez a Emerson, y tuve que buscar muchas de las palabras que empleaba, pero el término *naturlangsamkeit* casi me mata.

Respetad la *naturlangsamkeit* que endurece el rubí en un millón de años y que opera a lo largo del tiempo, en la que los Alpes y los Andes van y vienen como arcoíris. El buen espíritu de nuestra vida no tiene un cielo que sea la recompensa de la precipitación. El amor, que es la esencia de Dios, no está al servicio de la levedad, ni del valor absoluto del hombre. No tomemos en consideración este lujo infantil, sino el valor más austero; acerquémonos al amigo con audaz confianza en la verdad de su corazón, en la amplitud, indestructible, de sus cimientos.

«La lentitud del desarrollo natural.» Esta fue la definición que encontré cuando busqué el término. O, más exactamente, la «lentitud de la naturaleza». Y al momento pensé: *papá*.

Mi padre es jardinero. No de profesión sino de espíritu. Con esto no quiero decir que tiene un jardín y que cultiva plantas y alimentos: quiero decir que es su identidad. *Es* jardinero. Mi fotografía favorita de mi padre: con unos vaqueros sucios volviendo del huerto. En las manos en alto lleva dos enormes manojos de zanahorias. Son raíces elegantes, adornadas con un suntuoso penacho rizado.

No sabría decir cuántas veces a lo largo de los años habré hecho un tour por el huerto de mi padre. Mi padre te ofrece un tour en cualquier época del año. Nunca se le ocurriría, por ejemplo, que un bancal de tierra negra no sea digno de ver. Porque ha plantado las semillas. Allí hay futuras judías verdes, futuros tomatillos, futuras remolachas y, sobre todo, futuros tomates de nombres fantásticos como Tomate Cebra, Negro de Crimea y Levanta Hipotecas.

Mi padre diseña personalmente sus bancales. No son de estilo libre. Los dibuja en papel cuadriculado, a lápiz. *Solo* en papel cuadriculado, solo con un portaminas. (Por cierto, hasta donde me alcanza la memoria, cada vez que mi hermana y yo preguntábamos a nuestro padre qué regalo le gustaría para su cumpleaños o en Navidad, contestaba invariablemente, medio en broma medio en serio, que no le vendrían mal «unos cuantos portaminas más».)

Yo también tengo un huerto. Lo cuido con cierta paciencia y habilidad transmitidas de generación en generación. Pero el huerto, más allá de sí mismo, para mí significa disfrutar de la sensación de estar cerca de mi padre, de pensar en él cuando está lejos, de tratar de pensar más *como* él.

Ahora, con casi cuarenta años, quiero aprender la lentitud de la naturaleza que ha desarrollado mi padre. Esto es una novedad para mí. Es lo contrario del dramatismo que antes me producía la reconfortante sensación de estar viva. Creo que por fin empiezo a entenderlo. Este modo de vivir no significa ausencia de una trama o de vida. Lo que pasa es que la narración se desarrolla tan despacio que no ves lo que sucede. Avanza, cambia y crece a un ritmo tan lento que la mayoría de la gente pierde el interés. Pero yo creo que lo tiene. Creo que es posible. Y creo que si existe semejante felicidad es un fruto de crecimiento lento. Creo que la felicidad sostenida, habitada, se parecería mucho, a simple vista, a la quietud.

La primera vez que oí la historia del círculo pensé:

Un día alguien dibujó por azar un círculo muy bueno.

Pero ahora pensaría más bien:

Puedes pasarte toda la vida dibujando círculos en una pizarra hasta que un día, después de tantas horas de dedicación, surge el momento de perfección que has ido construyendo poco a poco con el paso del tiempo. Y todo el mundo lo percibe. Todo el mundo dice: *Es bueno.* Y da igual que dure solo un momento, porque ese círculo contiene todos los anteriores. Ese momento ya estaba sucediendo, aunque entonces no lo pareciera.

Los alumnos no son los únicos que piensan que los escritores somos deprimentes.

También nuestros padres nos consideran inexplicablemente morbosos.

Mi padre me ha dicho, más de una vez, que tiene ganas de que escriba algo agradable y divertido.

—Eres muy agradable y divertida en la vida real —dice—, ¡pero lo que escribes no lo es!

En «A propósito de la felicidad», la madre de Baxter es quien plantea la cuestión de la felicidad y la trama:

> —Tengo solo una pregunta —dijo, buscando un cigarrillo en un paquete casi vacío—… Mi pregunta es: ¿cuándo vas a escribir un poema feliz?
>
> Treinta y siete años después, no recuerdo qué le dije, pero espero no haber dicho lo que seguramente se me ocurrió:
>
> —Bueno, vale, cuando sea feliz escribiré un poema feliz.

Lo que yo espero no haberle dicho a mi padre es: *Cuando tenga la distancia suficiente para reírme del mundo en que vivimos escribiré algo agradable y divertido.* Espero no haberle dicho: *Yo escribo sobre el amor. Y las historias de amor no son así.*

No sé, quizá habría dicho mi padre si yo le hubiera contestado, volviendo a hacer el crucigrama del *Times* dominical, con bolígrafo. *Solo creo que podrías intentarlo.*

¿Cómo interpretar estos deseos paternos? Creo que no se relacionan tanto con el arte como con el hecho de que sus temores sobre nosotros puedan ser ciertos. Nuestras expectativas de cómo debe ser un relato, una vida, hacen que parezcamos tristes, o muy distintos, o muy alejados del niño que fuimos. O, quizá, muy alejados de la generación que nos crio.

Este verano planté una sandía siberiana. Como vivo muy al norte, mi temporada de cultivo es demasiado corta para plantar sandías normales sin tener un invernadero, así que encargué unas semillas de estas sandías pequeñas, que por dentro son una sinfonía de tonos coralinos anaranjados. Una fruta para los veranos cortos, pensada tal vez para sembrar sandías en Siberia, ya sea literal o metafóricamente. Para ser sincera, también encargué las semillas por el nombre. Hay algo precioso en este nombre. Una dulzura imposible y frívola ligada a la difícil realidad del clima y el mundo.

Esto fue en el verano de 2020, mi verano de sandías, nuestro verano pandémico, y llevaba meses sin ver a mi padre. Como pasaba tanto tiempo en casa, decidí que ese sería el año de poner el huerto en condiciones. Empecé, como habría hecho mi padre, con un papel cuadriculado. Un plano. Me puse delante de las ruinas del huerto del año anterior, con las espalderas de los tomates todavía levantadas, las plantas muertas que daban taimado testimonio de mi negligencia, algo que mi padre no haría jamás. Pero eso da igual, da igual. Dibujé los bancales que tenía. Después dibujé los que quería hacer nuevos. Entonces me acordé de que uno de los bancales del año anterior fue un desastre, porque estaba demasiado cerca de la casa, así que me propuse trasladarlo. Luego me acordé de que los tomates del año anterior habían salido mejor en los bancales que tenían el doble de altura. Dibujé la nueva disposición de los bancales. Calculé cuántos maderos necesitaría para el nuevo. Cuánta tierra para cubrir los viejos y llenar los nuevos. Intenté aprender de tantos años de errores previos, con la certeza de estar cometiendo nuevos errores.

Mi dibujo a lápiz en papel cuadriculado se parecía mucho a los pulcros bocetos de los bancales de verduras y plantas perennes de mi padre. Pero entonces los genes de mi madre estallaron dentro de mí y puse unas pegatinas fluorescentes para señalar qué plantas irían en cada bancal, con un código de colores que parecía un arcoíris. Le envié a mi madre una foto de mis planos.

Contestó: ¡HE TRANSMITIDO MI LEGADO!

¿Por qué, cuando mi padre me pide que escriba algo agradable y divertido, lo interpreto como una condena de mi forma de escribir? ¿Por qué la felicidad no es digna de una página aunque no tenga el atractivo del dramatismo? A veces pienso que así es como funciona la narración. Como funciona el amor. Pero luego me acuerdo del «Índice de la Suerte de Sutherland Dunthorne».

Ross Sutherland es poeta, dramaturgo, y un loco maravilloso en todos los aspectos. Tiene un pódcast que se llama *Imaginary Advice,* y el «Índice de la Suerte de Sutherland Dunthorne» es mi episodio favorito. Es una broma recurrente entre su grupo de amigos en la que cada vez que al escritor Joe Dunthorne le pasa algo bueno, a Ross le pasa algo malo. Y deciden idear un test para comprobar si es verdad. Van juntos a un casino. Por supuesto, Joe gana algo de dinero y Ross lo pierde todo. ¡Teoría demostrada! Luego hablan de lo que pasó en el casino. Ross le pregunta a Joe por qué decidió retirarse en un momento dado, y Joe contesta que porque ya había ganado algo. No se retiró por prudencia económica sino porque había alcanzado una especie de plenitud narrativa: un tipo va a un casino, juega a las cartas, gana dinero, fin. Ross, por su parte, también había tenido altibajos a lo largo de la noche, pero no había dejado de jugar. No porque le encantara apostar sino porque —parece caer en la cuenta mientras lo dice— no podía dar por *terminado* el relato de la noche hasta que hubiera perdido todo el dinero.

No tenía nada que ver con la suerte. Tenía que ver con las expectativas narrativas que cada cual llevaba dentro. Para Joe, el relato que estaba viviendo no parecía concluido hasta que le hubiera pasado algo bueno. Para Ross, únicamente perderlo todo parecía el final.

Las normas narrativas vienen de dentro de la casa.

Y la casa siempre gana.

Para mí, una historia de amor no es una historia de amor si no está llena de dramatismo y emoción. Si la acción narrativa no está atravesada por un hilo de buena y mala suerte. El amor sin dramatismo no es tan deslumbrante como los romances majestuosos y trágicos, a veces frustrados, y llevo toda la vida eligiendo ese amor dramático y novelesco. Lo he cortejado, me he quedado allí más de lo conveniente, incluso cuando me ha hecho infeliz. Y creo que esa es mi versión del «Índice de la Suerte de Sutherland Dunthorne». No tiene tanto que ver con el amor como con cómo creo que actúa el amor.

Y el caso es que esto es una estupidez descomunal, porque el amor de mi padre ha estado ahí, literalmente, toda mi vida. Este amor no se parece en nada a las formas dramáticas que yo me empeñaba en creer que exigía el amor. No se parece en nada a las cosas de las que escribo normalmente.

El amor puro y sincero de mi padre debería haber bastado para enseñarme esta lección hace mucho tiempo, pero no ha sido así. A lo mejor es porque no escribimos relatos sobre este tipo de amor. Rara vez escribimos relatos sobre padres buenos. No hay drama. No hay necesidad. ¿Qué se puede contar?

Esto: siempre he sentido y he sabido que podía confiar en el amor de mi padre, y si eso no os parece *radical,* si no os parece que merezca la pena escribir sobre eso, os equivocáis.

Tener una persona, cualquiera, en esta vida, que te ofrezca ese tipo de amor es un puto milagro. Es más de lo que recibimos la mayoría.

He decidido que esto también es una historia de amor. Puede que incluso la mejor a la que cualquiera pueda aspirar.

Mi secadora cascó hace poco. O, mejor dicho, ha entrado en un inevitable proceso de achaques que la han llevado a una muerte inoportuna sin que yo haya hecho nada por impedirlo. Como las aletas se han soltado de tanto girar, la secadora ya no es tanto una máquina que seca la ropa como un útero caliente donde la ropa húmeda pasa un rato resbalando. El caso es que en algún momento del proceso, mi secadora sin aletas desarrolló la habilidad de producir unas *bolas de pelusa perfectas.* Es decir, abría la puerta, y de la secadora salía una bola perfecta, redonda y de un tono gris homogéneo, como de fieltro suave, del tamaño de una pelota de ping-pong.

A mí me obsesionaba esta bola de pelusa.

Me obsesionaba tanto que quería contárselo a alguien, hasta que pensé que a nadie le interesaría mi bola de pelusa perfecta. *Hablar con alguien* de tus bolas de pelusa parece una forma eufemística de contar los detalles más patéticos y aburridos de tu vida. Pero es que era *perfecta.* Me gustaba muchísimo. Y entonces caí en la cuenta de que conocía a una persona que sabría apreciar esta maravilla. Hice una foto y se la envié a mi padre.

—¡ES UNA BOLA DE PELUSA PERFECTA! —contestó.

—¿¿¿VERDAD QUE SÍ???

—¿QUÉ VAS A HACER CON ELLA?

—GUARDARLA PARA SIEMPRE.

Planté mis semillas de sandía siberiana la última semana de mayo. Fue una decisión optimista y prematura, considerando que vivo en una zona en la que el clima tiene la crueldad de Narnia.

Envié a mi padre una foto de la tierra negra.

—ESTO SERÁN SANDÍAS —le dije.

Cuando el primer zarcillo rizado asomó de la tierra,

lancé un grito y envié una foto a mi padre. Cuando aparecieron las primeras yemas, le envié otra. Cuando se abrieron las flores, otra. Cuando en el centro de la yema salió un bulto pequeño que algún día sería una sandía, otra. Al final, el tallo se dobló con el peso de una sandía del tamaño de una canica gorda.

Debí de enviarle a mi padre docenas de fotos de esa sandía a lo largo del verano pandémico. Seguro que todas parecían iguales, pero no lo eran. Siempre estaba pasando algo, un proceso natural demasiado lento para la lente narrativa, pero igualmente digno de atención y de celebración. Y mi padre lo entendía. Cada vez que le enviaba una foto de sandía, me contestaba algo bonito, como: BUEN TRABAJO, COLEGA.

Es invierno de nuevo mientras os escribo y quizá sea un buen momento para entregarse a narraciones que avancen menos deprisa de lo que nos gustaría. Ahora tengo más aprecio por lo lento y lo constante, por la omnipresente pequeña bondad, por ese amor que los elementos no derriban con facilidad, incluso por lo *aburrido*. Son estos relatos y estas maneras de ser lo que ahora me hace seguir adelante. Estas conversaciones con mi padre. Estas sandías siberianas. El registro de algo dulce, pequeño, casi invisible, que crece poco a poco hasta formar un círculo cada vez más perfecto, la posibilidad de un fruto que todos podríamos comer.

Agradecimientos

Este es un libro totalmente improbable. Mi intención era seguir inventando gente, islas y patos en una ficción perpetua, sin hablar nunca de mí misma. Y creo que no lo habría hecho si no me hubieran animado tantas personas. Y si muchas más, cuando ya había arrancado un poco, no hubieran proclamado con tanto cariño que tenía que hacerlo como fuera.

Incluso puede que entre esas personas te encuentres tú, querido lector. Así que gracias a *ti* en primer lugar. Porque el motivo por el que decidí que sí quería escribir un libro como este fue ver que había tanta gente con ganas de hablar de las cosas difíciles, desagradables y auténticas de la vida después de que leyeran el artículo de «La novia grulla». Quizá no conmigo pero tal vez con otras personas. Y en cierto modo, vivo para eso. Sentí que este libro podía ser para los lectores como esos teléfonos hechos con dos latas y un cordel. Que si decía algunas verdades a través de una lata de sopa, aquí en mi casa, quizá hubiera alguien con ganas de oírlas, que resonarían en su lata de melocotones vacía en el otro extremo de un cordel tembloroso.

A quienes me escribisteis cartas, os alegrasteis y me dijisteis cosas bonitas de estos primeros artículos cuando se publicaron por primera vez: ojalá hubiera podido responderos a todos para haceros saber que estaba muy ocupada escribiendo este libro para vosotros. ¡Hola! ¡Te veo! Y he leído tu carta. Gracias por tu carta. Te lo agradezco mucho.

El proceso de creación de este libro fue más colaborativo de lo que nunca habría podido soñar. Y me asombra el cerebro colmena de tantas mujeres potentes, divertidas y empáticas que han hecho este libro conmigo:

Lee Boudreaux: eres mi llamada favorita cuando suena el teléfono, porque siempre nos reímos y gritamos en el mejor sentido posible, y lo cierto es que nadie pilla mis mayúsculas y exclamaciones orales tan bien como tú. Y no sabes cuánto te agradezco tu inteligencia editorial y tu energía en estado puro. Gracias por la curiosidad con la que te has acercado siempre a este libro: por tratarlo como algo vivo y en crecimiento que podíamos crear juntas, como una planta en una preciosa espaldera que hasta ahora no habíamos imaginado.

Isabel Wall: no me puedo creer que este libro vaya a cruzar el mar a nado hasta el Reino Unido. Desde que hablamos del manuscrito por primera vez, vi lo afortunada que era por contar con tu inteligencia y tu corazón en este proyecto. Tus observaciones, tu elegancia, tus profundas reflexiones sobre este libro (y a veces, ¡sobre mi vida!), lo han hecho infinitamente mejor. ¡Cuánto me alegro de haberte conocido! Mil gracias.

Meredith Kaffel Simonoff: no puedo dirigirme a ti sin emocionarme de alegría y gratitud por nuestra amistad y por los años que hemos pasado trabajando juntas. Se parece un poco a ese momento que siempre me hace llorar, cuando Dorothy está a punto de embarcarse en el globo, en Oz, y le dice al Espantapájaros: *Tú más que nadie, amigo. Tú más que nadie.* Miembro de la tribu. Campeona de la humanidad a la que iluminas con tu corazón apasionado. Qué suerte tengo de que seamos cómplices y cuánto te admiro, ¡joder! Gracias por ayudarme a encontrar la voz y el espacio para hablar como yo misma. Eso me ha transformado.

¡Madre mía, hay demasiados seres queridos a los que nombrar! Soy de esas personas a las que echarían de los Oscar. Pero está claro que enrollarse tanto para expresar la gratitud es ser una persona muy afortunada y yo lo soy y tengo que enrollarme:

Le estoy muy agradecida a Bill Thomas, por hacer de Doubleday un sitio al que puedo llamar con orgullo mi casa.

Cara Reilly: eres genial, y este libro no existiría sin ti. Creo que deberíamos fundar una secta con Courtney Barnett y el fantasma de Katharine Hepburn.

Todd Doughty: eres pura energía, y te estoy profundamente agradecida por tu delicadeza y tu potencia. (Gracias también, a ti y a Emma Joss, por decirme que el barco iba en último lugar.)

Toda mi gratitud a Elena Hershey, Lindsay Mandel, Rosie Safaty, Poppy North y Alexia Thomaidis, por iluminar el mundo con tanta claridad para que este libro pudiera encontrar su camino.

Mi gratitud a todos los que trabajan en Doubleday, Viking UK, DeFiore y la Gernet Company, por su ayuda para poner en pie este proyecto.

Nadja Spiegelman, Emily Nemens y *The Paris Review*: gracias a vosotras, este libro echó a volar.

Muchos de estos textos han cobrado su forma definitiva con la colaboración de editoras tan geniales como Nadja Spiegelman, Celia Blue Johnson, Melissa Denes y Jess Zimmerman. Emma Komlos-Hrobsky y Rob Spillman: gracias por la edición y publicación de «Sangre», y también por conseguirme el pase de prensa para participar en las pruebas robóticas de DARPA. Siento haber tardado ocho años en escribir el artículo... Supongo que no cumplí el plazo de entrega.

Millones de gracias a la Universidad de Colgate por ofrecerme un hogar maravilloso como escritora y profesora. Sobre todo a mis colegas-escritores: Peter Balakian, Jennifer Brice y Greg Ames, cuyo trabajo tanto admiro. Gracias también en especial a Constance Harsh, que me ha guiado a lo largo de los últimos años con tanta elegancia, y a Brian Casey, enamorado de los libros.

Tengo que expresarte mi agradecimiento particular a ti, Jennifer Brice: estoy segura de haber recibido una lección magistral dando clases contigo a los alumnos de matrícula de honor: gracias por el constante regalo de tu amistad, por ser para mí un modelo de todo lo que espero llegar a ser, y por enseñarme a escribir este libro a lo largo del proceso.

Brooke Ehrlich, ¡reina B! Dulce guerrera, maga, compañera absoluta: te estoy profundamente agradecida. Besos y abrazos, Harriet.

Monica Garwood, Emily Mahon y Charlotte Daniels: gracias por Sweaterboi y por lanzar este libro al mundo con sus varias y estupendas cubiertas, con un aspecto mucho mejor de lo que habría podido soñar.

Niki Keating: estoy segurísima de que esa primera

noche que nevaba, cuando entré en tu consulta con la cremallera del anorak Carhartt subida hasta la barbilla, a la defensiva, y te pregunté *si la terapia cambiaría mi expresión artística, porque no sé si sabes que David Lynch no cree en la terapia porque cree que cambia la expresión artística...* ¡Madre mía! El tiempo que he pasado contigo ha cambiado, efectivamente, mi expresión artística, a mejor. Le abrió la puerta a este libro. Gracias, gracias.

Gracias a la Comunidad de Yaddo, a todos los artistas y a los empleados, con quienes conviví allí unas semanas, por el cariño, la inspiración y las zanahorias diminutas que me ofrecieron. Este libro se convirtió en un libro en la Sala de Pechos.

Gracias a la Conferencia de Escritores de Sewanee, por vuestro apoyo y por hacer de ese espacio el lugar donde siempre me siento más yo misma como escritora. Gracias por reunir a los artistas de esa manera tan valiosa y auténtica.

Gracias a la residencia Pocoapoco y a la ciudad de Oaxaca, y a todos los que nos reunimos allí en marzo de 2020. Gracias por ayudarme a bajar el ritmo y por darme cariño durante una época difícil para todos. Gracias también por los grillos, estaban deliciosos. Y el mezcal, muy necesario.

Gracias a Jeff y a Lindsay y a Jan y a Warren y a Earthwatch y a todos los que trabajan en la Reserva Natural de Aransas, y a las grullas y, como mínimo, a veinte jabalíes. Nunca me habría imaginado que el tiempo que pasamos juntos tendría tantas consecuencias en mi vida posterior, lo que sí tuve claro desde el principio es que fue un regalo que me llegó en el momento más oportuno.

Gracias a todos los autores y artistas que me han ayudado a sobrevivir con su trabajo, en especial a los artistas vivos de los que hablo en estas páginas: Brian Christian, Ross Sutherland y Charles Baxter. Tengo una deuda con Marie Howe, por su poema «*Practicing*», en el que me inspiré para escribir «Desenredar las tramas». «La abeja de mil kilos» está inspirado en *Abandon Me,* de Melissa Febos. Gracias, Paige Lewis, por prestar tu poesía a este libro.

Gracias, como siempre, al programa de Bellas Artes y Escritura Creativa del Brooklyn College y al Museo Trout. Gracias, como siempre, al programa de Humanidades de la Universidad Estatal de Florida, en especial a Mark Winegardner. Gracias siempre, Janice Garvey, *por nosotras las pocas nosotras las contentas.* Gracias, Marie-Helene Bertino, por ser una chica surfera. Gracias, Ndinda Kioko, por nuestra residencia de escritores nudistas. Gracias, Laura Mucha, por un verano de investigación y humor. Gracias, Olivia Milch, por obsesionarte con los pájaros. Gracias, Intercambio de Alfiles. Gracias, Maria Dascālu, por hablarme del Efecto Zeigarnik. Gracias, Darcy y Heather y Kat y Bea y Briana y Morgan, por vuestra sabiduría sobre los comienzos queer. Gracias, Jessi, por el jazz. Gracias, Tonia Davis y Alex Pitz, por creer en las grullas. Gracias, Eric Simonoff y Kelly Farber: sois maravillosos. Gracias, Cora, amiga de mi corazón, por todo, siempre. Gracias, Brynn, por ayudarme a crear la Habitación Útero de Georgia O'Keeffe y por más cosas. Gracias, Matthew, por el vino de lila. Gracias, Andy y Joe, por contarme cómo eran las casas de vuestros sueños infantiles. Gracias, Jon Hickey y Edgar Paleo, por hablarme de los pedales de distor-

sión y del *fuzz,* aunque al final no se considerara perti-
nente incluir en este libro tres páginas sobre la historia
del *fuzz.* Gracias, James, por cuatro años tan buenos que
ni siquiera hizo falta hablar de ellos en este libro. Gracias, Erik y Sheela, por las ostras y la nostalgia. Gracias,
Judy Jacklin, por tus recuerdos. Gracias, ingenieros
robóticos de DARPA. Gracias, Agente Especial Dana Scully. Gracias a Los Fantasticks de Sullivan Street. Gracias,
fantasma de John Belushi. Gracias, fantasma de Shirley
Jackson. Gracias, fantasma de Katharine Hepburn. Gracias, fantasma de Daphne du Maurier.

Cuando escribí mi último libro alguien dijo que era
muy grosero que no le diera las gracias a mi perro,
Moriarty, y yo le dije que mi perro es analfabeto. Aun
así. Gracias a esta peluda alma animal que tantas veces
suspira de aburrimiento cuando me paso el día escribiendo y no voy de excursión por el bosque con él. Supongo
que también tengo que darle las gracias a *Mori* por sus-
tituirme en las redes sociales.

Gracias a todos mis polluelos: queridos alumnos, vuestra pasión y vuestra forma de cuestionar y reinventar el
mundo me da fuerzas para seguir adelante.

Gracias en especial a los polluelos de The Write-In, que
trabajaron a mi lado mientras escribía este libro. Un
reconocimiento especial a la brigada en línea de Write-In
durante la pandemia, que dio un poco de luz a algunas
tardes muy oscuras.

Liv y Meg: gracias por dejarme plagiar vuestra boda
en este libro. Y por enseñarme una historia de amor en
la que resultaba fácil creer.

Gracias a todos los niños que me habéis hablado de
las casas con las que soñabais. Todos me habéis ayuda-

do a escribir este libro. Gracias: Simon, Nora, Claire, Beata, Eli, Nina, Andy, Sabine y Juniper.

Gracias a todas mis familias:

Gracias a mis Amigas sin fronteras: Marta Pérez-Carbonell, Monica Mercado y Laura Moure Cecchini, por su cariño, por las plantas de interior y por la rabia.

Gracias a los de SUV 12b, por el buen humor, la solidaridad, los aperitivos y por los monos ignífugos de Carhartt que combinan con todo.

Gracias, Emily Alford, Charlie Beckerman y Olivia Wolfgang-Smith, las Firefeet, por ser mis amigos y escritores que me inspiran, mis terapeutas, mis astrólogos, y por crear todas las semanas los textos más divertidos y sabios que leo, disponibles solo en mi teléfono.

Teddy y Ro: sois demasiado pequeños para leer este libro. Dejadlo ahora mismo. Os quiero mucho.

Tom Hauser, Boo Hauser, Leslie Caputo, Pat Caputo y Randall Joyce están convencidos de que todo el mundo, cuando lea este libro, pensará que nuestra familia es una panda de chiflados. Bueno, es verdad. Y os quiero un montón. Gracias por vivir vidas tan interesantes. Gracias por dejarme hablar de vosotros. Gracias por todo el cariño, la escucha, la valentía y los cuentos que me habéis contado.

Envío mi amor a las montañas, a través de un *walkie-talkie* chisporroteante, a los espíritus errantes de Ed y Maureen Joyce.

Nota de la autora

Este libro es una obra de no ficción personal. Los textos que aquí se incluyen reflejan mi vida, tal como la recuerdo, y los relatos que he creado con esa vida para entender cómo seguir viviéndola. En beneficio de la narración me he tomado algunas libertades propias del género: agrupar la cronología de sucesos menores, fundir muchas conversaciones en una, modelar los diálogos, por ejemplo, de amables enfermeras que por supuesto jamás pronunciaron la palabra *tetas,* incluso imaginar el diálogo directo de personajes como mi bisabuelo, cuyas desventuras no presencié porque aún no había nacido.

He cambiado los nombres de algunas personas que aparecen en este libro, sobre todo los de quienes ya no forman parte de mi vida. Todas las relaciones de las que hablo aparecen aquí como parte de historias más amplias que quería contar: algunas tienen más que ver con mi complicado modo de navegar por el mundo que con una pareja en particular. No son la historia completa de esas relaciones. No pretenden serlo. Muchas cosas buenas y muchas que no lo fueron se eliminaron en la sala de montaje, pero no me he inventado nada.

Este libro, ante todo, trata de cómo modelamos nuestra vida y nuestra comprensión de los demás a través de los relatos. Reconozco que habrá, probablemente, en un entrelazamiento cuántico, muchas otras versiones alternativas, complementarias y divergentes de estos relatos. Tantas versiones distintas como personas hay en el libro. Quizá. Y esos otros relatos son tan verdaderos como estos. También puede que en ellos salgan menos pájaros y menos robots.

«Todas las parejas felices se parecen, pero son las infelices
las que crean historias.»
CHARLES BAXTER

Desde LIBROS DEL ASTEROIDE queremos agradecerle el tiempo
que ha dedicado a la lectura de *La novia grulla*.
Esperamos que el libro le haya gustado y le animamos
a que, si así ha sido, lo recomiende a otro lector.

Al final de este volumen nos permitimos proponerle otros títulos de
nuestra colección.

Queremos animarle también a que nos visite en
www.librosdelasteroide.com y en nuestros perfiles de Facebook, Twitter
e Instagram, donde encontrará información completa y detallada sobre
todas nuestras publicaciones y podrá ponerse en contacto con nosotros
para hacernos llegar sus opiniones y sugerencias.
Le esperamos.

�֍